大数据环境下高校教育
管理信息化改革研究

范良辰　著

中国原子能出版社

图书在版编目（CIP）数据

大数据环境下高校教育管理信息化改革研究 / 范良
辰著 . -- 北京：中国原子能出版社，2022.6
ISBN 978-7-5221-1983-0

Ⅰ . ①大… Ⅱ . ①范… Ⅲ . ①高等学校 – 教育管理 –
信息化 – 研究 – 中国 Ⅳ . ① G640-39

中国版本图书馆 CIP 数据核字 (2022) 第 103764 号

内容简介

本书属于大数据环境下高校教育管理信息化改革方面的著作，由大数据环境下高校教育管理概述、大数据环境下高等教育信息化的基础理论、大数据环境下的信息化教学设计、大数据环境下的信息化教学模式、大数据环境下信息化发展对推进高校教育管理创新的现实意义、大数据时代教学模式的创新、大数据环境下高等教育信息化平台建设、大数据环境下高校数字化智能校园的信息安全建设等部分构成。全书主要研究大数据环境下高校教育管理信息化改革，探索大数据环境下促进高校教育管理工作质量不断提升的可靠途径。

大数据环境下高校教育管理信息化改革研究

出版发行	中国原子能出版社（北京市海淀区阜成路 43 号　100048）
责任编辑	王齐飞
装帧设计	河北优盛文化传播有限公司
责任印制	赵　明
印　　刷	北京天恒嘉业印刷有限公司
开　　本	710 mm×1000 mm　1/16
印　　张	13.75
字　　数	258 千字
版　　次	2022 年 6 月第 1 版　　2022 年 6 月第 1 次印刷
书　　号	ISBN 978-7-5221-1983-0
定　　价	78.00 元

前　言

　　互联网技术的发展和现代信息技术的变革，促进了教育的在线化和网络化发展。全球任何愿意接受教育的人未来都可以低成本地获得优质教育资源，免费享受全球一流大学开放的优质课程。这种方式可以对学习过程中产生的大规模数据进行收集、分析、整理、归纳，可以促进课程资源的反复检验和改进，提升在线教学资源的质量。也就是说，大数据是教育未来的根基。作为我国当前教学方式的主要发展方向之一，信息化教学如果没有数据的留存和深度挖掘，就只能流于形式。大数据时代的到来必然会引发教育教学的改革，而基于大数据技术的数据分析、预测必定能为信息化教学带来便利。

　　近年来，高等教育领域的创新改革正在全速推进，信息化建设已经成为高校改革、创新和开放的重要方向。作为实现教育公平和提高教育质量的重要手段，教育信息化在推动改革创新方面发挥着越来越重要的作用，对教学理念、教学方法和教学评价等方面都产生了深远的影响。

　　本书属于大数据环境下高校教育管理信息化改革方面的著作，由大数据环境下高校教育管理概述、大数据环境下高等教育信息化的基础理论、大数据环境下的信息化教学设计、大数据环境下的信息化教学模式、大数据环境下信息化发展对推进高校教育管理创新的现实意义、大数据时代教学模式的创新、大数据环境下高等教育信息化平台建设、大数据环境下高校数字化智能校园的信息安全建设等部分构成。全书主要研究大数据环境下的高校教育管理信息化改革，分析大数据环境下信息化发展对推进高校教育管理改革创新，找到大数据环境下促进高校教育管理工作质量不断提升的可靠途径。

目　录

第一章 大数据环境下高校教育管理概述

第一节 高校教育管理的内容及本质

一、教学管理的组织系统

教学管理的组织系统是教学管理群体为共同达成目标，利用权责分配、层级关系与团队精神构成的可以实现自我发展与调节的社会系统，用于解决谁管理与如何管理的问题。管理体制是指组织机构安排、隶属关系与权责规划等组织制度体系化建设。要想充分发挥教学管理组织功能，就要从根本上优化管理体制，促进组织结构的科学合理建设。管理系统属于结构性关系组织，是组织成员彼此之间的行为关系构成的一个行为系统，更是一个随时代变迁而调整适应的生态化组织以及成员角色关系网。教学管理组织建设的根本目的是构建全面科学的教学管理系统，构建质量管理系统与运行机制，更好地为广大师生以及教育教学工作提供助力。教学管理系统关注的是过程管理纵向系列与横向系列的整合。纵向系列指学校、二级学院（部）、教学系部和教研室；横向系列包括教务部门、科研部门、学生管理部门、人事部门、政工部门、后勤保障部门等。要促进教学目标的达成，培育出更多优秀人才，必须确保以上两个系列得到有效协调。

要构建教学管理组织系统，保证该系统工作可以顺利高效地开展、灵活创新地运行，一定要打造高素质的教学管理队伍，明确机构设置，确定岗位责任。

二、教学管理的本质

从本质角度上进行分析，教学管理是指在高等学校系统中，以教学子系统为研究管理对象，组织应用有限资源，科学安排教学过程，优化资源配置，提升教学效益。

三、教学管理的基本任务和职能

从基本任务上看，教学管理要严格遵照教育教学规律，搞好教学管理系统规划，运用现代科技和现代化管理方法对所有教学活动实施动态目标管理。与此同时，强调要发挥管理协调的巨大价值，调动各方参与主动性，确保人才培养进程中教学任务的顺利完成。

教学管理职能主要包括"决策规划、组织指导、控制协调、评估激励、研究创新"，这些职能之间有交叉，同时也有着密切的内部关联，共同构成了一个有机整体。

四、教学管理内容体系

要想真正做好教学管理，提升管理质量，其核心在于管理者要清楚管的内容、重点管的内容以及如何能够管理好。教学管理内容体系可以归纳成四项，分别是教学计划管理、教学运行管理、教学行政管理以及教学质量管理与评价。

（一）教学计划管理

人才培养方案是学校提升教育教学质量，确保培养规格的关键性文件，是安排教学活动，设置教学任务，维护有序教学编制的依据所在。教学计划是在教育部宏观指引下，学校组织专家自主制订的，所以每所学校都拥有很大的自主权。教学计划在确定之后必须全面贯彻落实。教学计划管理的核心在于合理设计人才培养蓝图，要求学校在其中注入极大精力，开展基本调查研究，尤其是在获取新的教育观点、教学内容、培养模式等方面，需要组织学校各学科专业的学术带头人、骨干教师先进行课程结构体系的研究。只有保证课程结构体系的优化与全面，对人才培养的总体规划进行有效定位，才能够为培育优秀毕业生奠定坚实的基础。其中特别要注意，在制订了教学计划后，必须严格贯彻，切忌随意、散乱。

（二）教学运行管理

教学管理的根本目的在于利用规范化管理确保教育教学活动顺利有序地进行，提升教学水平。教学运行管理是围绕教学计划开展的教学过程与有关辅助工作的组织管理。教学过程指的是学生在教师引导下进行认知的过程，也是学生通过教学活动获得综合发展能力的过程。高校教学过程在组织管理方面的特征最为明显的有如下内容：第一，大学生学习自主性与探究性特征明显；第二，教学科研不断整合。以这些特点作为重要根据，要想做好教学过程组织管理，便要设计好组织管理内容、程序、规范要求等，做好课程大纲的设置，以便对教学过程进行检验。

（三）教学行政管理

教学行政管理是学校、二级学院、教学系部等教学管理部门结合教育规律与学校规章行使管理方面的职权，对教学活动与有关辅助工作实施科学化组织、指挥、协调调度，确保教学稳定持续运转的过程。

（四）教学质量管理与评价

教学质量的概念具有很强的综合性，判断教学质量水平的指标应是涵盖教学、学习与管理质量的综合性指标，这样才能够得到客观准确的评估。教学质量是渐进累积的产物，是动态与静态管理结合，因此要关注动态与过程管理，实现过程与结果的统一。革新教育思想，提升教学水平，是做好教学质量管理的基本前提，要做好质量监控，设计全程质量管理，构建与校情相适应的质量监控体系与运行机制，首先必须对质量监控概念、要素、组织体系等进行梳理，认真研究质量监控与保障的全部有关问题。其次，高校要积极构建高度科学化与可操作性强的质量管理模式。

第二节　高校教育管理的理论依据与基本原则

一、高校学生管理的理论依据

管理科学化在提升高校管理效率与教育质量方面意义重大。管理科学化的实现依赖于与客观实际相符的人性化与规范化的管理制度，而这些均离不开科学管理思想。科学化的管理思想共分三个层次，分别是认知理论的管理思想、管理遵照的基本原则与实践中运用的方法。

（一）管理思想

管理思想是关于管理的观点、理论或观念，是管理理论与实践在人的头脑中的一种反应。思想是行动的先导，管理思想能够对管理实践发挥重要的指导作用。管理思想会伴随社会和管理实践的产生、发展与变化而发生改变。古代朴素管理思想在四大文明古国等国家中非常兴盛。公元前1000多年，古巴比伦的《汉穆拉比法典》就体现出了远古法规管理的思想。我国在公元前1000多年诞生了相关管理思想，在这之后又有人治、法治等管理思想产生。19世纪后期，受机器大工业生产的影响，欧洲产生了过程管理、古典科学管理等思想。20世纪60年代之后，产生了大量管理学派，促进了管理思想的繁荣。

高校学生管理是教育管理的重要组成部分，管理思想和教育管理思想均为复杂综合的重要理论课题，高校应将二者与一定的思想理论进行紧密关联，以确定基本管理方向。站在哲学的角度进行分析，高校学生管理思想主要包括下以内容。

1. 运用相互联系的管理思想

高校学生管理属于社会现象，具有很强的综合性与复杂性。从宏观角度来看，高校和社会、家庭乃至于整个时代都存在密切关联的，广大高校学生也不是孤立和隔绝于世的，因此高校学生管理会涉及社会、家庭，在影响时代的同时也会受到时代的影响或制约。

从微观角度来看，高校学生管理的各个要素之间存在着相互联系与制约的关系，如管理和教育之间的关系、管理和服务之间的关系等。

2. 运用动态平衡的管理思想

管理是一个系统性过程，该过程处在持续不断的发展变化中，不仅会受政治、经济、文化等诸多要素的影响，还受到高校本身诸多因素的影响。管理工作也是如此，其是在发展过程中不断地完善与进步的。另外，被管理者以及被管理者的思想行为、人格等也会在管理过程中被发展完善。因而，将动态平衡管理理念应用到管理实践当中，就要用哲学中的发展观点，做到与时俱进，立足现实，着眼未来，探究新情况，解决新问题。

3. 运用对立统一的管理思想

高校学生管理实践活动中包含着多元化的矛盾关系，因而要借助对立统一的管理思想来处理问题与矛盾，如管理者和管理对象之间存在着矛盾，这时便要用对立统一思想指导管理实践。

4. 运用实践探索的管理思想

实践是检验真理的唯一标准，实践也是正确认识的主要来源。高校学生管理具有极强的实践性，同时对操作性也提出了极高的要求。所以在推进高校学生管理时，必须树立实践意识，培养管理者探究、创造的勇气，在实践当中把经验提升为理论，以便更好地指导学生管理实践，促进学生管理的全面进步。

（二）指导思想

在对我国高校学生管理指导思想进行研究的过程中，需要特别注意运用以下观点与思想。

第一，坚持马克思主义中关于人的全面发展理论，培育"四有"人才是社会主义大学教育根本任务所在。想要保证研究工作质量，首先一定要明确培养什么样的人才、怎样培养人才和为谁培养怎样的人才这几个问题。我国社会主义大学的性质决定高校培育出的人才要具备扎实的科学文化知识与良好的身体素质，要具有极高的社会主义觉悟。要完成"四有"新人才的培育目标，就要严格根据马克思主义的人的全面发展教育思想，推动教育发展。有效培育德智体美劳全面进步的优秀的中国特色社会主义事业建设者与接班人，是最重要的教育方针，也是马克思主义理论精华在具体应用中的表现。高校要把培育全面发展的"四有"人才作为根本任务和落脚点。

第二，运用马克思主义关于辩证唯物主义的理论，用对立统一观点对高校学生管理工作进行引导，在管理实践中贯彻整体观念。马克思主义辩证唯物主义哲学是所有社会与自然科学的理论根基。马克思主义方法论与认识论渗透在全部社会与自然科学中，因而必然也渗透在高校的学生管理中。高校要利用对立统一观点，明确整体管理观念。从纵向上看，整体观念是局部与整体的统一。从学生管理工作都是支系统和局部构成的有机整体。学生管理系统的整体功能最终是由局部组合形式决定的，虽然局部拥有特定功能，但都应服务于系统的整体目标与功能，局部要素要以整体目标为基准建立起来。从横向上看，秉持整体观念是指处理局部间分工合作的一致性，将各部门进行有效协调，共同为培育全面发展人才的管理目标服务。

第三，利用高等教育与现代科学管理理论指导学生管理，推动管理科学化。现代治校理念要求要运用现代科学进行学校与学生的管理。具体而言，一就是要遵照教育内外部规律办事。例如，高等教育规模是由经济基础决定的，又会反作用于经济基础。高等院校是高等教育的重要平台和有效载体，当今人才竞争激烈程度逐步提高，市场化竞争更是空前激烈，思想观念、结构、体制等多个方面都出现了一系列的改革。高校一定要把握时代脉搏，面向市场办学。高校学生管理要持续不断地研究新情况与解决新问题，面向新时代培育复合型人才；要运用现代管理科学理论完成管理活动，确保学生管理组织机构完善，管理制度健全，人员责任、岗位分工恰当，职责明确，奖罚分明，动作协调一致，管理高效。运用现代管理科学理论指导学生管理，主要是应用基本原理，包括人的能动性、规律效应性、时空变化性、系统整体性原理。在具体的管理实践中，一定要促进组织系统化建设，决策科学化发展，方法规范化进步与手段现代化改革。

第四，继承发扬我国70多年来高校学生管理的成功经验。中华人民共和国成立70多年来，在高校学生管理实践当中积累的大量成功经验与成果，是如今学生管理的宝贵财富。首先，社会主义大学要始终坚持共产党领导，走社会主义道路，这是最为基本的成功经验。所谓坚持党的领导，实际上就是利用党的方针、政策、路线等指导大学管理，确保大学坚定社会主义方向，充分调动师生的热情，为培育素质过硬的复合型人才不懈努力。之所以强调坚持社会主义方向，是因为我国大学具有社会主义性质，因此所有管理都要坚持党的领导，所有规章制度的制定与落实都必须始终坚持一个中心与两个基本点，这样才能够激发管理参与者的热情，而这也是衡量管理功能与效益的基本点所在。其次，管理规范化与制度化就是将与社会主义方向相符，经实践检验的成熟的民主与科学管理方法等用制度形式进行固定，构成工作规范，实现权责利的统一，让制度在思想性与科学性上达到统一。最后，秉持理论与实际相联系的原则，面向社会实践与社会需要，确保教育和生产的整合。社会主义大学培育的人才一定要满足市场经济的需求，在思想方面要拥有极高的社会主义觉悟与共产主义献身精神；在业务方面除了要具备扎实理论之外，还要具备极强的分析与解决问题的能力。

二、高校学生管理的基本原则和方法

原则是客观规律的反映，是观察与处理问题的根本准绳。社会主义大学管理的重要原则是学生管理内在规律的体现，不是主观臆造的。在整个学生管理体系当中，管理原则的地位十分关键，有承上启下的作用，为管理目标与实现目标的手段搭建了桥梁，是运用有效方法推进管理实践的根本要求。管理原则与管理目标、过程、方法、制度、管理者等要素存在紧密关联，同时处于指导地位。

（一）高校学生管理的基本原则

1. 方向性原则

管理是一种有目的的实践活动，实际管理工作一定要具有方向性。把社会主义方向作为根本准绳，是我国学生管理的本质特征。我国是社会主义国家，因此要将高校变成社会主义性质的育人平台。社会性质制约了学校性质，决定了学校所有管理活动的性质，所以高校学生管理一定要坚持党的领导，走社会主义道路，坚持邓小平理论、"三个代表"的重要思想和科学发展观、习近平新时代中国特色社会主义思想，为社会主义现代化建设培养大批合格人才。这是高校学生管理最根本和最重要的原则。

2. 理论与实践相结合的原则

理论与实践结合，坚持实践是检验真理的唯一标准，是马克思主义基本原理，更是高校学生管理基本准则所在。有效领悟与把握马克思主义科学和有关管理原理，掌握其精神实质，是做好学生管理的基础与前提条件。但管理原理、应用范围与实际价值会受诸多因素制约。党和国家在社会主义现代化建设过程中，制定了基本教育方针政策，在不同时期会结合差异化的特征，提出具体要求。这些方针政策与具体要求，应在高校学生管理的方法中进行有效体现。但是学生管理科学化，还要坚持从本校实际出发，考虑学生的实际特征，制订出针对性强的方法、策略。

3. 行政管理与思想教育相结合的原则

要培养学生的共产主义思想，不仅要靠说服教育，还必须持续不断地进行行为训练，让学生养成正确的行为习惯，否则教育效果是无法得到有效巩固与提升的。假如规章制度以及行为规范等设置得不够科学，思想政治教育实践就会丧失动力。行政管理在培育社会主义合格人才的进程中作用巨大，给教育实践提供了重要的规范与纪律保障，但高校具体的学生管理是借助规章制度与行为规律等科学指导与约束学生的思想行为。这些制度措施以及纪律表现为社会和高校集体意志对高校学生的要求，还体现为对高校学生行为的外部限制。所以，单一借助管理制度解决高校学生群体复杂的精神领域问题不切实际，同时也违背了科学规律。正确管理措施的制订与落实，一定要把提升学生的认知能力，提高学生遵章守纪的自觉性当作基础前提。学生自觉地遵章守纪来自其拥有的科学、正确的认知，离不开科学化的教育实践。只有利用科学、合理的思想政治教育方式，才能够提升学生遵守纪律的自觉性，从而有效提升管理质量与效率。

4. 民主管理原则

社会主义高校学生管理体系中一项非常关键的内容，是要对学生进行自我控制与管理能力的培养，使学生能够在管理实践中拥有主人翁意识，积极主动地参与管理活动，充分调动学生的主观能动性。为了保证学生自主管理的实现，一定要在学生管理中落实民主管理原则，保证整体目标的达成。

就高校学生心理发展的特点而言，大学生正处在自我发现的阶段。这个阶段的学生拥有非常强的支配自我与环境的意识，他们的思想行为和中学阶段的学生有着非常明显的差异，特别是在独立性方面，他们渴望个人人格与意志得到尊重。面对高校制订的规章制度以及纪律等方面的内容，高校学生会主动思考其合理性，通常不希望被动服从，渴望直接参与到管理当中。结合高校学生的心理特征，在学生管理中一定要发扬民主，让学生既是管理对象，又是管理主体。在落实民主管理原则时，特别要关注党团员学生作用的发挥，合理选拔优秀学生干部。

（二）高校学生管理方法

高校学生管理方法是以管理原则作为有效依据，为保证学生培养目标的实现在具体管理环节运用的所有方法、步骤、途径、手段等，通常情况下有以下几种：

1. 调查研究

高校要经常性地调查和了解学生的实际情况，有效选取针对性强的处理方法。在调查研究过程当中，一定要针对调查对象、目的、方法等内容，做好科学规划，不可敷衍了事；必须做到实事求是，有效运用马克思主义立场、观点、方法，注重综合性地研究分析调查材料与调查事物。

2. 建立规章制度

在高校学生管理过程中，应逐步建立科学化的管理制度体系，这是确保学生管理工作有章可循的基础。制度建设一定要与高校学生身心特征相符，同时要与整个教育规律及学生管理目标相适应。与此同时，高校管理制度要随着教育的改革与进步不断地进行完善，还要维持相对稳定性。

3. 实施行政权限

高校要结合学生管理目标、内容等制订规章制度与相关的行为规范，利用行政方法实施有效管理，通过有关管理部门与师生、员工共同监督检查的方式，促使学生集体或个人符合管理目标规范。行政方法通常有惩治和褒扬两种：在具体的管理过程中，针对能够认真遵守相关管理制度，思想行为与规范相符的个人或集体，应大力褒扬；对于违规违纪，思想行为不符合管理要求的个人或集体，要给出限制措施，同时要用严格的制度惩治行为极度恶劣者。

4.适当运用经济手段

经济手段实际上是补充行政方法的一种策略。在具体的学生管理环节，经济手段是指给予必要的物质奖励或物质上的惩罚。选用经济手段并不表示行政方法难以确保管理工作的有效实施，而是因为经济手段会直接触及学生的物质利益，能够发挥极大的作用，而这种作用是行政方法无法代替的。在选用经济手段进行学生管理工作时，不能只关注经济手段的奖惩而忽略日常教育指导与行政管理，也不能只注重采用经济手段奖励优秀学生，忽略用同样的手段处罚违规违纪学生，更不能只关注处罚而忽略奖励，否则会直接影响经济手段作用的发挥。

第三节 高校教育管理的重点与意义

一、高校教育管理的重点

（一）高校教学管理的特点

教学管理在高校管理实践中占有不可替代的地位，同时管理活动带有明显的特殊性、这也决定了教学管理有以下几个明显特点。

1.高校教学管理的能动性

能动性是教学管理的一个显著特点，这里指的是人的主观能动性。教学管理的主要对象是师生，能否有效调动师生的积极性是衡量教学管理质量的关键标准。在整个教学管理体系中，师生拥有双重身份。教师在对学生进行教学指导时扮演的是管理者角色，而教师在作为高校教育教学执行者时，属于管理对象。学生是学校与教师的管理对象，同时也是自己学习的自我管理者。不管师生扮演着怎样的角色，承担着怎样的身份，他们都具有主观能动性。

2.高校教学管理的动态性

动态性指的是教学管理各环节均处在动态发展进程当中。比如，人才培养方案要随着社会经济变迁而不断地更新完善，教学质量评价系统要伴随建设内容的改变而更新。正是在持续不断的总结提升和动态化的协调处理中，才使教学管理水平与质量得以提升。

3. 高校教学管理的协同性

教学管理担负的重要任务是协调学生个体与学校、教师之间的集体活动，有效发挥师生个性，推动个人与集体的协同进步。

4. 高校教学管理的教育性

教学管理者利用科学制订管理制度、优化管理过程、设置奖惩制度等方式，指导学生进行自我教育与管理，推动学生自我服务，最终实现育人目标。

5. 高校教学管理的服务性

高校的中心工作在于育人，教学管理要紧紧围绕教与学，并为其提供良好的服务。树立正确的服务意识是对教学管理者提出的根本要求。

（二）高校教学管理队伍的结构

高等学校教育教学管理队伍由分管教学副校长、教务处全体人员、学院（系）主管教学副院长（副主任）、教学秘书（教学办全体人员）和教务员组成。教学管理人员的结构主要包括学历结构、职称结构、年龄结构、学员结构等指标。学历结构上科级以上管理人员岗位应具备硕士及硕士以上学历，博士占一定比例；职称结构上处级岗位、教学副院长（副主任）和重要科级岗位应具备副教授以上职称，教授占较大比例；年龄结构上老中青各层次人员合理分布，教学管理队伍既要有教学管理经验丰富的中老年专家，又要有充满活力、信息技术强的青年骨干；学员结构上非本校人员应占多数比例，以有利于发挥不同的管理思想，承担重要工作的教学管理人员应具有基层教学管理工作经历。

（三）高校教学管理的重点

1. 注重提高教学管理人员的职业道德和业务能力

高校要意识到教学管理者在学校长远发展建设中扮演的角色和发挥的不可替代作用，要有效培育其思想政治素质，使其树立事业心与责任心，始终秉持奉献精神。

首先，教育管理者所处的位置非常关键。教育管理者要发挥承上启下的作用，担当上传下达的责任，不仅要贯彻落实上级部门给出的工作安排与文件精神，还必须协调组织教学管理活动，同时要面对教师，处在和学生沟通互动的前沿，这样的工作定位与职责呼吁教学管理者要具备职业道德与高度的责任意识。教学工作涉及范围广，内容多而复杂，很多事都要关注细节，有些事情看似很小，但实际上却关系深远。就拿传达上级文件精神来说，这样的工作年年重复，特别容易引起认知层面的麻痹大意。这件事情看似很小，但是如果在这样的事情上出现管理差错，会直接导致院部甚至全校教学秩序发生混乱，使教育教学难以有效推进，危害极大。因此教学管理者必须具备精诚合作的精神。高校教学管理的一个重要特征是层次化管理，既有独立，又有彼此的团结配合。只有具备团队协作精神，懂得如何合作和协调，才能够全方位地处理好实际工作，做好分工，有条不紊地解决好诸多问题。其次，要有极强业务素质能力。教学管理者的业务水平与能力素质是独立开展教学管理工作、有效突破实际难题、完成各项管理任务的根本。学校要关注教学管理者业务素质水平的提升，使其能够熟练把握以及运用高等教育的专业化知识，把握教学管理基本理论与专业知识，有效评估教育教学的发展态势，协调不同部门与不同因素之间的关系，推动信息的顺畅流动，革新管理策略，全面提升管理水平，从实际出发开展教育科学研究和实验活动，有效推动教育管理现代化与科学化。

2. 正确处理教学管理与教学质量的关系

教学管理是学校针对教学工作不同环节开展的管理活动，是结合既定管理目标与原则对教育教学实施的有效调控。教学管理各环节均与教学质量存在着密不可分的关系。教学管理涉及的内容非常广泛，从教学质量评价系统来看，包括培养方案、教学计划的制订、教学任务的安排、教学跟踪监测、信息收集、信息统计分析、质量评价等内容，同时也要特别注意结合反馈信息以及评估获得的结果进行教学计划的革新调控，其中每一项具体工作又会包括很多不同的方面。教学管理一定要紧紧围绕全面提升教学质量这个中心工作。高校应该全面革新与健全教学管理体制，积极建立有助于培养新型人才的教学管理制度。

3. 正确处理教学管理人员与教师教学任务的关系

教学管理者与教师共同担负着教育使命，前者以整合利用教育资源为主，后者以传播知识和启迪思想为主。管理育人与教书育人相辅相成，二者存在互相影响与作用的关系，属于同一个目的之下的不同层面，主要体现在以下几个方面。

第一，教学管理者是衔接教师和学生的纽带，负责协调处理二者之间的矛盾，从而有效营造优质的教学环境，确保教学和学习活动的有序开展。

第二，教学管理者可以通过整理分析教师教学质量信息，反馈教学和学习的实际情况，给出科学合理的评定，检查教师在教育教学中体现出来的学术与教学水平，评估其敬业精神，归纳、评估教师是否认真完成了教育任务及指标、规划，促使教师结合社会发展与市场需要，提升教学水平，培养高质量人才。

第三，教学管理者与教师共同参与学校各项事业的建设过程，如课程建设和教材建设等。教学管理者与教师应通过对教学的调查研究与分析工作，提出改革和优化教学的方案。

第四，大学管理者可以为教师提供教育教学方面的帮助，营造优良的教学环境，促使教师可以集中注意力投入到教学活动当中。

4.注重教学管理与教学研究的关系

教学管理是一项系统性工程，需要长期的建设与积累。高校完成日常教学管理，维护教学秩序，只是完成了第一层次的工作，标志着拥有了良好的工作基础与教学环境。要想真正提升人才培养质量与教学管理质量，还必须积极促进教育教学研究工作的开展。大量教育实践表明：关注教育教学研究的高校，其教学工作的指导思想明确、目标选择恰当，能审时度势地从国情、校情出发确立新思想、新思路、新措施、新制度，教学工作和管理工作处于较高水平；而教学管理和教学管理研究开展较差的学校，其教学改革往往比较落后，抓不住教学改革的重点与核心。因此高校要特别关注教育教学研究工作，把握好提升教学管理效益与质量的关键点。

二、高校教育管理的意义

教学管理是高校教育工作的重要组成部分，对培养高质量的人才起着重要的作用。教育部在第二次全国普通高等学校本科教学工作会议上指出：当前加强教学工作的主要任务和基本举措是加大教学投入，强化教学管理，深化教学改革。这既需要各高校结合本校实际，健全和完善各项教学工作的规章制度，还需要各高校采取措施，确保各项规章制度的严格执行。高校实施先进有效的教学管理，离不开高素质的教学管理人员。只有具备一支业务能力强、创新意识强、实干精神强的教学管理队伍，高校的教学管理水平才能不断地提高。

（一）教学管理人员具备的素质能力

现代教育要求高校教学管理必须适应时代的发展，因此处于第一线的教学管理工作者提出了更高的要求，要求他们具备多方面的综合能力和素质，具体表现在以下几个方面。

1. 高尚的道德素质

良好的道德素质是搞好教学管理工作的基本条件。高校教学管理人员的道德素质如何，直接关系到学校教书育人的成效。"学为人师，行为世范"，教学管理人员应以自身的思想、学识和言行以及道德人格力量直接影响学生，做到管理育人。

2. 强烈的责任心

教学管理工作既有较强的连续性，又会遇到新情况、新问题，工作头绪多、任务重。强烈的责任心能产生工作主动性，是教学管理人员必备的品德。例如，每学期的期末考试，从安排、组织考试，到上报各种考试报表，再到各科试卷、成绩单的整理归档，每个环节都必须认真负责，才能较好地完成工作。

3. 扎实的业务知识素质

首先，要掌握系统的管理学知识。随着教学体制改革的深入，教学管理人员应掌握系统的管理学知识，按照管理规律办事，采用科学的管理方法，合理地分配人力、物力、财力，提高教学管理工作的效率。其次，要掌握相关学科知识，这是搞好教学管理工作的基础。院级教学管理人员应了解本院各专业的培养目标、课程体系及各教学环节的有关内容。再次，随着科学技术的飞速发展，办公自动化的程度越来越高，教学管理人员应学习和掌握相关的信息手段与技术，如掌握学籍管理系统、教材管理系统、教务管理系统、教学评估系统、毕业证书管理系统的应用及有关日常文书处理软件的使用等，促进教学管理方法的创新，保证教学管理工作的规范化、科学化和现代化。

4. 较强的工作能力素质

能力是使教学管理活动顺利完成并获得预期效果的基础和保障，能力培养和提高甚为重要，一名优秀的教学管理人员应具备一定的组织管理能力，较强的协调应变能力，利用现代化设备获取信息、处理信息的能力，较强的调查研究能力及团队协作能力等。这些能力是教学管理人员准确评估教学的发展趋势，协调各教学单位之间的相互关系，促进教学信息良性流动所应该具备的基本素质能力。

（二）教学管理的重要性

从世界高等教育的发展趋势看，深化教学管理是当今世界高等教育发展趋势的客观要求。提高人才培养质量是世界各国面临的共同课题，高等学校也都在思考 21 世纪的高等教育应该如何发展。严格规范的教学管理，特别是加强教学质量的控制，是提高高等教育质量的重要保证，向管理要质量是教学改革的重要任务之一。

从高等学校教学管理的实际需要来看，近年来，我国高等教育得到了快速的发展。2009 年，中国高等教育在学总规模达到 2 979 万人，在校生达到 2 826 万人。2017 年 9 月，中国高等教育在学总规模达到 3 699 万人，占世界高等教育总规模的 1/5，规模位居世界第一。但教育大国不等于教育强国。我国有相当一批院校还没有形成健全、完善的科学管理制度。由于办学规模的不断扩大，师资队伍的结构发生了较大的变化，教学和管理的经验不足，对传统的研究不够，教学管理队伍的建设还没得到充分的重视，且教学管理干部变更频繁，管理干部的素质结构和水平、教育思想的观念还不能适应现代化高等教育快速发展的要求，这在一定程度上制约了教育教学改革的深入和健康发展。

从高等学校教学和管理队伍的历史、发展和形成来看，目前绝大多数从事教学管理工作的人员在校学习期间都缺乏系统的"教育学""心理学""教育管理学"等方面专业技术知识的学习。大部分人员是通过实际工作的不断探索而逐渐积累经验的，因此不能从理论上、教学规律上更好地把握教育工作和教学改革的建设工作。

从高等教育科学的发展来看，许多学校没有把高等教育教学管理作为一门科学来对待。学校的教育教学管理不到位，没有形成必要的校内外教育研究信息沟通机制。学校缺乏教育教学研究的氛围，缺乏有组织、有计划、有目的的教育教学及管理研究，对学习、借鉴、继承、发展等一系列问题缺乏系统的思考和具体安排。

（三）管理队伍建设的意义

建设一支综合素质过硬的教学管理团队，是有效提升高校核心竞争力的重要举措。当前，我国共有普通高等学校 2 738 余所，各种形式的在校生总规模超过 4 183 万人。随着社会的发展，高校间的竞争越来越激烈。"如何招到更多的优秀学生，如何培养出更多的高素质学生，如何使本校的学生在就业市场占据有利的地位"，成为各高校普遍关注的重要问题。从新生入学到毕业生离校的整个学习过程，任何一个环节都离不开教学管理的保障。教学管理队伍实力强，则贯穿于教学过程中的理念就先进，制度就健全，教与学的环境就更严谨、公正，学生掌握的知识和技能就更全面，加强管理队伍建设将使教学质量得到提高和保障。

加强教学管理队伍建设是提升学校教学工作水平的必由之路。2006 年，教育部颁布的《普通高等学校本科教学工作水平评估方案》列出了 19 项二级指标，"管理队伍"是其中的考核项目之一；2004 年，教育召开的第二次全国普通高等学校本科教学工作会议后出台的《关于进一步加强高等学校本科教学工作若干意见》中，教育部共提出 16 项具体要求，其中"强化教学管理……加强教学管理队伍建设"是其中之一。由此可见，在考查教学管理水平时，教学管理队伍的建设是重要的评价指标。在实际工作中，教学管理队伍也确实为提升教学工作水平发挥了关键性的作用。无论是办学指导思想、师资队伍建设、教学条件和利用、专业建设与教学改革，还是教学管理、学风与教学效果，所有这些决定教学水平的项目，都与教学管理人员的工作息息相关。只有加强教学管理队伍建设，并将高素质的教师队伍与高质量的教学组织管理有机地结合起来，才能不断地提升教育教学质量和教学工作水平。

加强教学管理队伍建设是提高人才培养质量的重要手段。人才培养是高等学校的根本任务，人才培养质量是高等学校的生命线。为全面提高人才培养质量，必须强化教学管理，深化教学改革，积极推进教育创新。尤其要推进人才培养模式、课程体系、教学内容和教学方法的改革，促进传授知识、培养能力、素质提高的协调发展。教学管理人员是深化改革、推进创新的主要策划者、实施者和监督者。教学管理队伍的水平直接决定了学校教学改革的广度、深度和力度。所以，提高人才培养质量必须加强教学管理队伍的建设。

第四节　高校大数据教育管理一般性分析

高校大数据教育管理是教育现代化的客观要求，具有科学性、及时性、互动性、差异性及权变性等特点，从而具有传统高校教育管理无法比拟的优势。在高校大数据教育管理实践中，相关关系和因果关系仍是高校事务之间最主要的两种关系，它们并不是相互排斥的，相关关系不仅不能取代因果关系，反而是快速清晰的相关关系分析可以为寻找因果关系提供指导和帮助。值得注意的是，高校教育管理中的大数据与商业领域中的大数据运用有着根本区别：商业领域不太重视因果关系，比较重视相关关系；而高校教育管理中的大数据以相关关系为切入点，最终目的是寻找特殊的相关关系——因果关系。

一、高校教育管理大数据的类型

大数据技术是高校教育管理由传统的科学管理向文化管理进化的重要力量，随着高校大数据平台的建设，教育信息技术在校园的广泛运用，高校教育管理大数据呈现多样化、复杂化、动态化的趋势。从不同的角度划分，高校教育管理大数据具有不同类型。

（一）按性质划分

按性质划分，我国高校教育管理大数据可分为结构化数据、非结构化数据和半结构化数据。结构化数据是工整的数据，其可以用二维表的结构来进行逻辑表达，属于关系型数据。非结构化数据包括所有格式的办公文档、文本、图片、智能硬件结合数据、标准通用标记语言下的子集 XML、HTML、各类报表、GPS 数据、图像和音频/视频信息等教学资源，不适合用二维表存储。而半结构化数据，顾名思义，其既不属于结构工整数据，也不属于非结构工整数据，而是介于二者之间的数据，如 HTML 文档就属于半结构化数据。半结构化数据一般是自描述的，数据的结构和内容混在一起，是用树、图来表达的数据。和其他领域的大数据有着相似的特征，目前，在我国高校大数据中，非结构化数据占主流，达到 80% 左右。据相关研究预测，未来我国高校非结构化数据将占到 95%。

（二）按来源划分

按数据来源划分，我国高校教育管理大数据可分为两类：一类是来自教育系统内部与教育教学有关的数据，包括高校教学、科研、人事、学工、党团、后勤、图书等部门生产的大数据，这是教育管理大数据的主要来源；另一类是来自外部数据源的数据，特别是互联网和社交媒体产生的数据。随着Facebook、QQ、微信及微博等社交媒体的发展和移动 5G、宽带及局域网的发展，大学生对网络化的依赖性越来越高，学生 24 小时上网的现象不断增加，与此同时产生的大数据也在不断增加。根据数据产生的部门，也可把高校教育大数据分为四类：教学类数据、管理类数据、科研类数据以及服务类数据。

（三）按主体划分

按采集业务划分，我国高校教育管理大数据可分为学生教育管理类大数据、教师教育管理类大数据、综合教育管理类大数据和第三方应用大数据四类。学生教育管理类大数据主要来源于学生的学习和生活及社交活动，如学生的基本信息、考勤、作业、成绩、评奖评优、参加的各级各类活动表现及学生网络轨迹及表现等。教师教育管理类大数据主要包括教师基本信息、备课教案、课堂教学、作业批改、答疑解惑、科研数据、评奖评优、进修培训、参加的各类活动及社交活动、网络活动的数据等。综合教育管理类大数据包括学校基本信息数据、学校各项评比类数据、学校各项奖励等。第三方应用大数据包括金融缴费、教学资源、生活服务、云课堂、微课及慕课资源等。

（四）按数据结构划分

高校教育管理大数据的结构可分为四层，从内到外分别是基础层（教育基础数据）、状态层（教育装备、环境与业务的运行状态数据）、资源层（各种形态的教学资源）和行为层（教育用户的行为数据）。一般而言，基础层和资源层数据属于结果性数据，状态层和行为层数据属于过程性数据。基础层大数据主要包括人事系统、学籍系统、资产系统数据等，主要服务于高校管理者宏观掌握高校发展状态进行科学决策，一般是结构性数据；状态层数据在智慧校园中主要靠传感器获取，主要服务于高校管理者掌握各项教学业务运行状况，优化教育环境；资源层数据以非结构化数据为主，主要包括网络教学资源（以慕课、微课、APP、电子书等形式存在），也包括上课过程中产生的笔记、试题等动态生成性资源；行为层数据包括教师行为和学生行为数据，教师行为数据占主体，主要服务于个性化学习、学习路径推送、行为预测和发展性评价。

二、高校大数据教育管理的特点

传统高校教育管理存在形式单一、反馈不足等诸多弊端，这与教育管理现代化的发展要求是相悖的。高校大数据教育管理则可成功破解以上难题，发挥科学性、及时性、差异性、整合性、权变性等特点和优势，彰显数据管理的魅力。

（一）高校大数据教育管理的科学性

传统高校教育管理决策模式大致有四种：依靠决策者的理性认知来决策的"官僚主义模式"，通过"合意"过程来平衡大学内部多方群体利益的"学院型"模式，通过"扩散"程序表达不同群体利益的"政治型"模式，决策程序无章可循、随意性大的"有组织的无政府型"模式。这四种模式的共同弱点是决策者的"有限理性"，缺乏科学性。大数据的核心是预测规律，高校大数据克服了传统小数据的局限性和不能反映整体情况的弊端，通过全面的考量，洞察隐藏在师生复杂、混乱的数据背后的行为规律，从而提高教育管理的科学性。马克·吐温说过，历史不会重演，却自有其韵律。预测人类的行为是一个经久不衰的梦想，科学家为之努力了上千年，大数据使这个梦想变为现实。人类行为的 93% 是可以预测的，是有规律的，美国人艾伯特－拉斯洛·巴拉巴西认为，人类的大部分行为都受制于规律、模型以及原理法则，而且它们的可重现性和可预测性与自然科学不相上下。人类跟悬浮在水中的花粉微粒其实没有什么不同。受到某种跟左右花粉运动一样神秘的原因的驱动，人类大部分时间也是在运动不止。不同的是，人类不是受到微小而不可见的原子撞击，而是被转化为一系列任务、责任以及动机的不可见的神经元的颤动所驱使。利用大数据技术能增强高校教育管理的科学性。高校教师的科研数据、教学数据、评奖评优数据、参加各类大赛数据及其生活、作息、交友、娱乐等数据之间，以及它们与学校的管理机制、制度、投入等都有着诸多关联，这些数据背后都隐藏着规律。比如，可以通过对科研成绩斐然教师的作息与科研之间的关系、兴趣爱好与科研之间的关系、教学成效与科研的关系等诸多维度进行数据关联分析，建立数据模型，寻找其中的规律，为科学决策提供依据，从而更好地制订学校的科研政策、教学管理制度及评价制度。同时，高校教育管理大数据对于学生的学习与需求、舆情监控及科学决策都有重要意义。学生的学习成绩、能力素质、上网习惯、图书借阅、就餐情况等之间存在某种关联，通过数据分析寻找这种关联和规律，可以增强教育管理的科学性，从而收到"事半功倍"的效果。

（二）高校大数据教育管理的及时性

莎士比亚说过："凡是过去，皆为序曲。"大数据则是以运算的形式来诠释此道理的。"智慧校园"的前提是教育管理信息化，大数据技术是高校教育管理智慧之道的依凭。高校教育管理大数据是即时的、当下的，具有预警性，这为教育管理者抓住关键时期开展工作提供了技术保障。在网络深度覆盖的校园里，师生活动处处有数据、有信息，合成空前的数海。这其中的信息暂不考虑其现象是否与本质完全吻合，但是一些异常的信息和规律性的信息总是会在海量数据中涌现出来。对异常的信息，通过相应数据技术设立容忍度和临界点，使之达到界限后便会启动报警系统，最终起到防患于未然的作用。学生的交际问题、学业问题、就业问题、感情问题及经济问题等，都必然会通过各种媒介得到展示与宣泄，而高校利用大数据技术，可以做到因势利导、超前谋划，及时预防和处理危机事件，避免或减少相关损害。设想一下，如果南京某高校建立了基于大数据平台的师生行为预警机制，那么教师违反师德的行为就会被早发现、早处理。学校贴吧及校长邮箱等都早有相关诉求的表达，学生的QQ、微博也早有消极无望情感的表达，如果及早引起重视，那么类似硕士生因与导师关系紧张而选择自杀身亡的悲剧也许就能够避免了。这也说明高校建立基于大数据的预警机制尤为重要。

（三）高校大数据教育管理的差异性

高校大数据教育管理的科学性、及时性是从宏观上来讲的，而高校大数据教育管理的个性化，则是从微观上来讲的。因材施教、个性化管理和多样化人才培养一直是教育的理想，高校教育管理对象具有差异性，正如马克思所说："我的对象只能是我的一种本质力量的确证，也就是说，它只能像我的本质力量作为一种主体能力自为地存在着那样才对我而存在，因为任何一个对象对我的意义，都以我的感觉所及的程度为限。"理性与道德只有在自我确认中才能成为一种"为我"的存在，从而在肯定人的生命的前提下，促进人的全面发展。尊重大学生的个性特点、兴趣爱好、能力差异、家庭背景差异等，是高校教育管理者做好教育教学管理和服务工作的前提。尊重是爱、尊重是方法、尊重是境界。局限于技术及精力，在小数据的时代，高校教育管理者要做到见微知著是比较困难的，但是在大数据时代，这一切都变得容易了。大数据教育教学资源可以为学生量身定做适合学生个性特征的培养方案和课程清单，让学生突破时空限制，享受高质量的教育教学资源。大数据时代的个性化学习，可以预测学生群体活动的轨迹和规律，为高校教师改进教学提供有效反馈。因此，大数据技术是高校精准教育、精准帮扶的重要保障。

基于大数据的高校教育管理克服了传统教育管理中的单向度缺陷，实现了师生的互动，从而产生互动效应。互动效应在心理学上指两个或两个以上的个体通过相互作用而彼此影响从而联合起来产生增力的现象，亦可称之为耦合效应或联动效应。一般来讲，赋予积极感情的行动，将会收获积极的感情反应。高校单向传授和灌输式的传统教育教学方式，由于缺乏感情的耦合联动，导致教育教学缺乏实效性。在大数据教学平台上，高校教师与学生可以即时互动、答疑解惑、传道授业。对于学生做题的速度、学习的进度，教师都可以实时监控，做出处理，其他学生也可以做出解释和指导。在这样的互动学习氛围中，信任、支持、谨慎、勤奋及求精等情感信息得到释放，从而在整个群体中产生积极的互动效应。思想政治教育工作也是如此。针对教育命题，基于大数据的高校教育管理鼓励大学生积极参与，充分发挥其主人翁精神，使其为问题的解决、为学校正能量的传播贡献计策；在学校社交平台或学习平台上，针对就业困惑、心理困惑及学习困惑等，充分发挥朋辈效应的作用，使学生自我教育、自我发展，从而实现教育的"润物无声"。

（四）高校大数据教育管理的整合性

高校大数据的整合包括高校内部和高校外部资源的整合。只有整合资源，才能使资源的利用价值最大化。高校通过大数据技术可以很好地实现资源整合。初级层次的资源整合是学校内部各部门、各单位之间的数据资源整合。通过大数据平台的建设，可以打破部门数据分割，实现数据共享，促进数据的公开和流通。高校之间及区域之间建立的大数据平台是资源整合的高级层次，这对于促进整个地区乃至国家的教育发展、资源节约具有重要的战略意义。发达国家利用大数据技术进行资源整合已走在前面。2012年以来，美国的顶尖大学陆续设立网络学习平台。目前，世界上主要的慕课平台有课程时代、哈佛大学与麻省理工学院共建的在线课程项目等。这些慕课平台的建立，不仅提高了这些高校的全球知名度和社会美誉度，而且对传播优质教育资源、促进教育发展都有着举足轻重的作用。例如，美国科罗拉多州教育部开发的全州纵向数据系统，旨在将全州178个学区和28所公立高校的学生数据与福利、收入和劳动力等数据进行整合，用于进行州际学生表现的比较、各学段学业成绩关联及就业与学业关联等分析。这对于我国具有重要的启发和借鉴意义。我国高校目前也在资源整合方面取得了一定的成绩，如清华大学、北京大学、上海交通大学及复旦大学等已建立起面向社会开放的大规模课程平台——"中国大学慕课"，其受益面在不断扩大。

（五）高校大数据教育管理的权变性

"没有绝对最好的东西，一切随条件而定"。权变管理的核心思想就是"以变制变"。管理没有定法，只能根据外部环境和内部要素的变化而采取不同的方法策略。对学生进行的教育教学管理没有一劳永逸的万全之策，也没有放之四海而皆准的适用公理，更没有适应一切学生的万能公式。学生的学习数据、教师的教学数据、管理人员的行为数据、监控中的安全数据等，都是动态的、实时的，形成一股股信息流，这些信息都是在不断变化的，因此"变"是高校教育管理永恒的主题。这就要求高校教育管理人员要及时掌握管理对象、管理内外部环境的变化情况，研究各种变化的趋势和规律，并研究各种变化之间可能的相互作用及后果，从而提前采取科学、适宜的有效方式来应对。大数据技术为高校教育管理者及时获取管理对象各种信息提供了技术保障，大数据的海量、快速、动态和便捷性有利于高校教育管理权变性的实现。

第二章　大数据环境下高等教育信息化的基础理论

第一节　高等教育信息化的内容与目的

信息社会的高速发展要求教育必须进行改革，以满足信息化社会对创新人才的要求，同时，信息社会的发展也为这种改革提供了环境和条件。信息技术在教育中的广泛应用必将有效地促使教育现代化。教育信息化是教育面向信息社会的要求和必然结果。

一、教育信息化的概念

信息化的概念最早起源于 20 世纪 60 年代的日本，20 世纪 70 年代传播到西方国家和地区。我国在 1997 年召开的首届全国信息化工作会议上，将信息化和国家信息化的概念定义为，"信息化是指培育、发展以智能化工具为代表的新的生产力并使之造福于社会的历史过程。国家信息化就是在国家统一规划和组织下，在农业、工业、科学技术、国防及社会生活各个方面应用现代信息技术，深入开发广泛利用信息资源，加速实现国家现代化进程。"从本质上讲，信息化是将信息作为构成某一系统、某一领域的基本要素，并对该系统、该领域中信息的生成、分析、处理、传递和利用所进行的有意义活动的总称。

教育信息化是将信息作为教育系统的一种基本构成要素，并在教育的各个领域广泛地利用信息技术促进教育现代化的进程。简单地说，教育信息化是指在教育领域利用信息技术，对教育内容（信息）进行分析处理、加工改造、组织传播、共享使用，以实现教育现代化的过程。教育信息化是国家信息化的重要组成部分，对于转变教育思想和观念，深化教育改革，提高教育质量和效益，培养创新人才具有深远意义，是实现教育跨越式发展的必然选择。教育信息化的全面实施必然会形成一种全新的教育形态——信息化教育。

二、高等教育信息化的内容

高等教育信息化的内容是信息技术在教育中的应用，主要内容如下。

（一）教育信息环境的完善

这里的环境是指用于学习的环境，是指用于教育信息存贮、处理和传递的信息环境。教育信息环境主要包括用于远程教育的信息网络系统、学校的校园网、CAI 教室、网络教室、用于教和学的各种支援系统及用于各种教育资源，教育设施管理的管理信息系统。

（二）教育资源的建设和使用

教育资源是用于高等教育信息化的各种信息资源。与信息环境相比较，教育资源在教育中的应用具有更为直接的作用。教育过程主要是通过各种教育资源的应用予以展开和控制的。对各种教育信息资源的生成、分析、处理、传递和利用应根据教育信息的特点，教育过程的要求展开。

（三）人才的培养

高等教育信息化的根本目的是推进素质教育，实现创新人才的培养。面向信息社会的跨世纪人才应具备的一项基本素质是信息能力。它是信息社会中每一个人赖以生活，用于学习的基本能力。它是进入信息社会的通行证。高等教育信息化应将每一位学生，乃至全体国民的信息能力培养作为一项重要的内容。它是实现国家信息化的重要基础和保证。目前，在我国多级、多类学校中广泛开展的信息技术教育应该认为是实现国家信息化，高等教育信息化的重要步骤和重要内容。

为了实现高等教育信息化，为了实现国家信息化，需要培养大量信息技术的专业人才。高等教育信息化应为我国各行、各业的信息化培养大量信息技术的专业人才。它是高等教育信息化的一项重要内容。

三、高等教育信息化的目的

高等教育信息化必将涉及许多具体的技术和机器在教育中的应用，它使得一些人往往以技术论、机器论的观点来认识高等教育信息化的目的，认为高等教育信息化就是以机器代替教师讲课，代替教育写板书，就是以电子教材代替印刷教材，就是实现网上学习，实现 CAI 学习……，并以代替性、省力性、顺利性、效率性作为评价高等教育信息化的尺度。

高等教育信息化的目的是培养跨世纪的创新人才，是实现教育的现代化。高等教育信息化应以新的教育思想、教育观念指导信息技术在教育的各个部门、各个领域广泛应用，应根据创新人才培养的要求，利用信息技术，探索新的教育模式，促进教育现代化。

高等教育信息化的过程不能简单地认为是信息机器、信息技术的引入过程。高等教育信息化的过程是教育思想、教育观念转变的过程，是以信息的观点对教育系统进行分析、认识的过程。只有在这样的基础上指导信息技术的教育应用，才是我们所需要的高等教育信息化。

四、教育信息化对我国教育的影响

我国教育信息化的实践经验表明，教育信息化对我国的教育事业产生并将继续产生更加重大的影响。主要影响如下。

（一）促进教育观念的转变

教育信息化促使人们适应信息时代的要求，转变传统的教育教学思想观念，重视信息科学技术和人的素质培养，树立面向世界、科学发展、与时俱进、以人为本的思想观念，树立以创新能力和信息素养培养为核心的现代教育教学观。教育信息化带给人们的是全新的信息资源，全新的理念和全新的硬件、软件环境。

（二）推动教育教学改革

教育信息化的本质就是教育的现代化和素质教育。教育信息化的过程就是实现教育现代化和进行信息素养教育的过程。使教育由传统模式、半传统模式走向现代化模式是教育改革的过程和方向。教育信息化本身就是教育教学改革的内容。信息化推动了教育体制、教育内容、教育过程、教育模式、教育环境等的全面改革与发展。

（三）催生与发展信息化教育

教育信息化的直接效果就是催生与发展了信息化教育，使现代教育进入信息化时代。也就是说，信息化教育是教育信息化产生的新的教育形态。培养信息化人才、提高信息素养、倍增教育效益是信息化教育的功能，也是教育信息化的任务。

（四）带动教育信息科学和现代信息技术的发展

教育信息化是驱动教育信息科学和现代信息技术充分发挥作用的动力系统，教育对教育信息科学和现代信息技术的需求要求二者要适应需求并且发展进步，这是一种互动关系。正如恩格斯所说："社会一旦有技术上的需要，则这种需要就会比十所大学更能够把科学推向前进。"

第二节　高等教育信息化的要素与特征

一、高等教育信息化的基本含义

在信息时代，任何领域都无可避免的趋向信息化领域，而教育想要实现现代化更加需要信息化，同时信息化可以服务于教育现代化，在信息化与教育结合以后便产生了高等教育信息化。

教育现代化一般有两层含义，一是，即把提升信息素养纳入到教育目标；二是，将信息手段有效地运用于教学与科研，注重教育信息资源的有效使用以及开拓。高等教育信息化的目的是为让教育教学的方式更加注重科学技术、教育资源传导信息化、教学方式更加现代化，要求在教育的过程中，能够较为全面的利用以计算机、多媒体与网络通讯为基础的现代信息技术，促进教育改革，从而适应信息化社会的新的要求。

二、教育信息化的基本要素

国家信息化体系由信息网络，信息资源，信息技术应用，信息技术和产业，信息化人才，信息化政策、法规和标准六个要素构成。这六个要素是一个有机整体，构成符合中国国情的、完整的信息化体系。而对于一个行业的信息化建设，信息网络是基础，信息资源是核心，信息资源的利用与信息技术的应用是目的，而信息化人才，信息技术产业和信息化政策、法规和标准是其保障。教育信息化作为一个行业的信息化也不例外。

（一）信息网络

信息网络是教育信息化建设的重要内容，也是实现教育信息化的物质基础和先决条件。目前我国已经建成中国教育与科研网、中国卫星宽带远程教育网络、中小学"校校通"工程、高校"数字校园"建设工程、中小学远程教育建设工程，以及应用于学校教学的普通电教室、多媒体综合电教室、计算机室、微型电教室、CAI教室、网络教室、语言实验室、电子阅览室、闭路电视系统等，这些都是教育信息化中信息网络基础设施建设的重要内容。这些基础设施的建设既为我国的教育信息化奠定了基础，也为信息化教育的实施创造了条件。目前的信息网络分为电信网、广播电视网和计算机网三种，三网交叉互补，将来发展为三网融合。

（二）信息资源

教育信息资源是用于教育和教学过程的各种信息资源。它的开发和利用是教育信息化的核心，也是教育信息化建设成败的关键。教育信息资源可分为以教育信息载体为核心的教育软件资源和以管理信息系统的基础数据为核心的教育管理信息资源两大类。其中教育软件资源主要包括以多媒体素材、各类CAI课件、网络课程等为主的多媒体教育信息资源，以文献资料查阅和检索服务为主的图书情报信息资源，以教育信息资源的生成、分析、处理、传递和利用为主的各种工具类资源以及浩如烟海的因特网资源等。教育管理信息资源主要是指为实施现代教育管理而建立的以教育者、教育内容、教育对象、教育资源及其支持服务体系为主要内容的各类数据库资源。

（三）信息技术应用

信息技术的应用是教育信息化建设的根本出发点和直接目的。有了信息网络和信息资源这些基础条件之后，信息技术的应用便成为教育信息化的主角，可以说，教育信息化建设的效益主要体现在应用这一环节。在信息技术应用方面主要应做好四件事：一是，做好与思想理论、方法密切相关的硬件建设，它决定着信息技术应用的方向，直接关系到信息技术应用的质量和效果；二是，建立与当地教育信息化建设环境、教育对象以及教育内容相适应的信息化教育模式；三是，必须提高人们应用信息技术的兴趣和基本技能；四是，在不同层次上开展信息技术与课程整合的理论研究与实践，并将其作为学校信息技术应用的主要任务。

（四）信息技术和产业

信息技术是一种技术体系，其中最重要的是传感技术、通信技术、计算机技术、微电子和软件技术等。教育信息技术有其共性和特殊的内涵，教育信息技术除了包括在教育中常用的计算机多媒体技术、计算机网络技术、卫星通信技术、广播电视技术等电子信息技术之外，还有传统教育信息技术、教育组织系统技术、教学系统方法和教育信息资源管理等类型。信息产业是研究、制造、供应信息技术与装备、信息产品与软件产品以及提供信息服务与信息安全保障的行业部门的统称。信息产业是国民经济的基础产业和支柱产业，被称为"朝阳产业"。同样，教育信息产业是教育信息化的基础和支柱。教育部门和教育工作者的主要任务是信息技术和信息软件产品的研制、开发和生产服务。如与学校共同编制出版信息化教育需求的电子教材，开发教学系统平台、教学软件工具、电子信息资源等，为学校提供教师培训、技术咨询、社会信息资源等高品质、专业化的服务。教育产业的市场运作对教育信息化发展起着重要的作用。

信息技术产业主要指信息技术设备制造业和信息技术服务业。由于信息技术设备制造业的发展需要强大的技术和资金做后盾，因此，在我国的教育信息化过程中，信息技术产业的发展应由不同的社会部门分工协作来完成。其中教育信息技术产品的制造业应动员教育系统、科研院所和相关企业等互补性较强的部门共同参与，以便将教育系统从教育信息技术产品的开发中解脱出来，集中精力做好以教育信息资源的开发和利用为主的服务业。

（五）信息化人才

教育信息化，人才要先行。为了实现教育信息化，需要培养大量掌握信息技术基础知识，具备信息技术应用能力的教育信息化人才。作为一个行业的信息化，教育信息化人才有两层含义：一是，通识型教育信息化人才，这是对在教育领域从事教育、教学、管理及其他服务的各类人员而言的，也是对该领域全体人员信息技术知识、能力和素质的共同要求；二是，专业型教育信息化人才，主要是指专门从事教育信息物态化技术和智能形态技术的研究与开发、教育信息化建设、教育信息化应用和维护的人才。一般来说，对通识型教育信息化人才的要求是应具备基本的获取、分析和加工信息的能力，而对专业型教育信息化人才的要求更高，分工更细，可以是高级软件人才、网络工程师或微电子技术专业人才等。

另外，作为信息化人才培养重要基地的高等学校，一方面要关注教育行业的信息化，为教育信息化培养通识型教育信息化人才和专业型教育信息化人才；另一方面还要担负起为整个社会培养信息化人才的任务。

（六）信息化政策、法规和标准

教育信息化是一项系统工程，为确保我国教育信息化工作的顺利进行，国家政府及相关部门必须对教育信息资源开发、教育信息网络建设、教育信息技术应用、教育信息技术和产业等各个方面制订一系列政策、法规和标准。建立一套完善的促进信息化建设的政策、法规环境和标准体系，以规范和协调各要素之间的关系，这既是教育信息化健康发展的重要条件和保障，也是开展教育信息化的依据和蓝图，只有这样，才能使各级政府、各个单位和部门的教育信息化规范化、秩序化，也才能推动教育信息化健康顺利地向前发展。

信息化政策、法规和标准用来规范和协调信息化体系各要素之间的关系，是国家信息化快速、持续、有序、科学发展的根本保障。20 世纪 90 年代中期以来，我国党和政府发布了一系列引导、鼓励和扶植信息化的政策性、法规性文件，积极推动信息立法工作，先后颁布实施了《商标法》《专利法》《著作权法》《计算机软件保护条例》《计算机软件著作登记办法》《关于制作数字化制品的著作权规定》《计算机信息系统安全保护条例》等法律、法规，保障了信息化事业的顺利发展。教育部对教育信息化技术标准化工作极为重视，成立了教育部教育信息化技术标准委员会，组织研究指导、制定、推广与教育信息化相关的技术标准。教育信息化技术标准体系目前包含27 项子标准，已经颁布了《教育资源建设技术规范》《学习对象元数据规范》《教育管理信息系统数据规范》《学习管理系统（EMS）规范》《学校互操作框架》等十几项标准。在国际、国家制定的教育信息化标准体系的基础上，国家和地方根据实际情况进行了本土化制定，对教育信息化起到了规范指导作用。

三、高等教育信息化的基本特征及优势

高等教育信息化相较于过去的教学方式，其实就是在传统教育方式的基础上增加的信息技术这一属性，使得信息化的教育方式比传统的教育方式多出了一些东西，让其更加适应新时代的要求。

（一）高等教育信息化的基本特征

从技术属性上讲，其特点为数字化、网络化、智能化和多媒体化。其中，数字化让整个教育系统的设备更简单、性能更可靠；网络化则让教育资源实现共享，活动的限制减少，人与人之间的合作更加便捷；智能化让整个体系的教学行为更加人性化，人机之间的沟通更自然，繁重的任务实现自助处理；多媒体化使信息媒体设备一体化，信息表现方式更加多样，复杂的东西更加具现化。

从教育属性上讲，其特点为开放性、共享性、交互性以及协作性。开放性让教育教学更加社会化，加强了教育自主化；共享性为受教者提供了极其丰富的知识资源；交互性加强了各个阶段的各个参与者之间的交流沟通；协作性为各个阶段参与者提供更多的交流机会。

（二）高等教育信息化的优势

1.信息传递优势

现代的经济学认为获取信息是克服人类"无知"的唯一途径。而在获取信息的过程中，信息传递所占的成本占了绝大多数。而传统的教育方式当中，学生与老师面对面教授所付出的时间、人力、物力资源较多，且所取得效果与当今的信息化教育方式没有太大的差距，但信息化教育在知识以及其余各种教学资源的传递上，花费的人力物力等社会资源较少，网络教学的高速度信息传递功能，更是大大地节约了全社会的信息传导成本，而这也就造就了高等教育信息化相较于古典教育方式的信息传递优势。

2.信息质量优势

目前，"远程教育"工程正在实施，随着工程进行的越加深入，进程的加快，学生可以共享优秀教育资源以及高质量的教学信息。而我们不得不承认的是，作为古典教育方式中承担信息传导者的教师，水平也是参差不齐，这就使得信息的接收者所能接收到的信息质量存在着差异。在高等教育信息化的今天，"远程教育"工程由最优秀的教师制作课件，基本保证了在有效的信息传递中传递更高质量的信息。

3.信息成本优势

接受教育的权力平等是人类共同追求的目标之一，但是在社会实际当中，由于人们的现实经济实力、经济环境、经济条件的差异，不论我们的国家以及人民如何的努力，在这种情况下，仍然有很多的青少年以及成年人难以圆自己的"大学梦"或者"继续教育梦"。而在"远程教育"工程当中，学生可以在家中利用在线网络平台接受教育，并且可以根据自己的学习习惯及兴趣比较自由的安排学习课程。"远程教育"的低成本教育运行，带来了新的教育市场，大大地满足了更多的学生，尤其是贫困学生，以及因谋生没有闲暇时间学习的成年人学习的愿望。

4. 信息交流优势

高等教育信息化当中，更改了过去的以教师为主导的教育教学方式，形成了主要以学生为主体，教师为主导的双向教育体系。高等教育信息化利用信息技术实现交互型教学模式，让学生与老师在教学当中拥有更多的交流机会，更大限度地提高了教育水平，利用网络平台的交互功能增加了学生与老师的学习交流，并且学生可以通过双向视频等系统共享优秀老师的远程教授以及辅导，让学生充分利用网络的互动优势去进行学习活动。高等教育信息化的以网络平台的交互系统为主的信息交流模式提高了学生的创造能力、交流能力以及想象力，有利于其成为具有创造探索能力的新型人才。

第三节　国内外教育信息化的历史沿革

一、国际教育信息化的发展

现代信息技术在20世纪90年代的快速发展，促进了当今世界各国和地区教育信息化的进程。教育信息化作为跨世纪教育改革的重要内容和目标，纷纷被纳入当今世界各国和地区新一轮的教改方案。尽管世界各国和地区所面临的教改任务在层次上有内涵与外延的差异，但从教学改革所处的同一全球信息化时代下的宏观大背景、教育所面临的21世纪人类社会的挑战等宏观方面来看，又呈现出某些共性，这些共性集中体现在当今世界各国和地区的教育信息化的建设进程所呈现的教学改革特点和举措上，如日本的第五代、第六代计算机进入教育网计划，欧盟的"尤里卡计划"，美国ISW向教育进军，韩国的"虚拟大学"，新加坡的"智慧岛"方案等。这些带有浓厚信息化时代色彩的世界教学改革走势在一定程度上反映了以知识经济为特征的21世纪信息社会世界教学改革与发展的教育信息化共性的新特点，世界各国和地区呈现出各有特色的新举措，教育信息化一时间成为当代教学改革的时髦词汇，极大地促进了世界各国和地区教学改革的信息化进程。

（一）国际教育信息化的开端

早在 20 世纪 90 年代，经济比较发达的国家或地区就开始从立法和信息政策的角度来推动教育信息化工作的开展，其整体特点是整体规划、明确目标，把信息技术教育列入正式课程、增加投资和开课年级超前发展等。

新加坡政府 1992 年就宣布了"信息技术 2000 年设想"，1995 年又制订了该国 1997—2002 年信息化校园（MIT）总体教育信息化规划。规划要求到 1998 年全国教师都要接受 MIT 应用能力的培训，并将这作为聘用教师的重要标准之一。新加坡要求到 2000 年全国的学校都要建立校园网，明确规定全国各类学校 30% 的课程必须使用计算机授课，以鞭策教师努力提高自身的信息技术水平。为了推进基础教育信息化，新加坡决定拨款 15 亿美元用于加强中小学信息技术建设，该资金主要用于为中小学购置计算机，建设网络，为学生提供免费软件和优惠上网，为每两位教师配备一台教学办公家用计算机，还为每位购买家用计算机的教师提供 20% 的补助。

日本的文部省和通产省 1995 年便联合推进在基础教育领域有重大影响的 111 种中小学互联网的实验研究项目。这些项目要求学校的计算机系统全部进入因特网，共同探讨在传统教育体制和教育方法的框架外，利用信息技术条件下的新型教育模式，构建理想的交互式学习环境。随后又在《关于教育课程基本走向》的文件中规定：小学要在"综合学习时间"课上适当传授信息技术，初中要把信息基础列为必修课，从小学到高中的各个阶段中的所有学科课程的教学都要运用计算机进行教学。

芬兰政府于 1995 年拟定信息社会发展战略，把"全体公民掌握和使用信息技术的能力"列为五大方针之一，旨在"使每一芬兰国民掌握信息社会的基本技能"。芬兰教育局规定，从 1995 年开始，受过九年义务教育的学生必须达到使用计算机和上网的技能标准。

1995 年 5 月 31 日，韩国教育改革委员会制定了《建立主导世界化、信息化时代新教育体制的教育改革》方案，这一方案旨在强调只有把现代高新技术引进教育，才能使韩国进入未来信息化社会的先进国家行列，而这一切取决于加大国家教育信息化的决策力度。

美国政府于 1996 年提出的"教育技术规划"（又称"教育技术行动纲领"）及克林顿总统的国情咨文中都明确提出：到 2000 年，美国的每一所学校的每一间教室和每一个图书馆都要实现与信息高速公路的连通；建议国会通过立法措施使美国的所有学校都实现"人、机、路、网"的成片连接；积极鼓励、组织和支持使用新技术对学生进行革新教育的教师；让每一个孩子都能在"21世纪教师"网络中得到教育服务。1997年2月，美国教育部制定了落实"教育行动纲领"的有关措施，要求所有教师都掌握计算机技能。时任美国总统克林顿在同年的国情咨文和《没有哪项任务比这更重要》的文章中再次强调："要让人人都买得起计算机，人人有能力上网，人人都具备信息技术能力，在2000年及以后年代里，我希望整个民族竭尽所能，使我们所有的孩子都获得所需要的世界第一流的教育，随着美国步入新世界，没有哪项任务比这更重要。"为了实施教育行动纲领，1998年，美国决定投入510亿美元，以实现每一位美国公民都能利用信息技术进行终身学习的目的。中小学信息基础设施建设和中小学教师的信息化应用培训是这一目标的重点。2000年2月2日，美国政府公布了《从数字鸿沟走向数字化机遇》的报告，提出了专业技术平民化、技术培训规范化、网络内容实用化三大目标，提出了要利用20亿美元的税收刺激方案和3.8亿美元（其中1.5亿美元专项用于教师信息技术培训）专项拨款来消除美国的数字鸿沟。

英国政府于1998年宣布该年是英国的网络年，并颁布了《我们的信息时代》的政策宣言，以立法的形式规定中小学原有信息技术选修课改为必修课，并制定了信息技术课的各项评价标准，并确定从1998年10月起实施全国上网学习计划，在政府投入的教育经费中法定6%专项用于中小学的微机购置和网络建设。与此同时，时任英国首相布莱尔宣布增拨1.5亿英镑专项用于"更新教师的信息和通读技术能力"。

法国教育部长阿莱格尔于1998年初宣布了法国制定的三年教育信息化发展方案，该方案重点放在教育信息化大发展对相应信息教育师资的培训上，倾向于应用多媒体教学和较高的微机操作水平，旨在发挥现有信息设备的使用效率，使法国由当时的32名初中学生一台微机、12名高中学生一台微机的水平，提高到16名初中学生一台微机、6名高中学生一台微机的标准。方案强调这一标准应于2000年要在全法国实现。

（二）国际教育信息化的举措

目前，世界各国和地区对教育的发展均给予前所未有的关注，都试图让教育在未来的信息社会中处于优势位置，从而走在世界发展的前列。为此，许多国家和地区都把信息技术应用于教育作为民族发展的重要推动力。面对西方发达国家占据教育信息化制高点的现实，中等发达国家和发展中国家奋起追赶并试图超越，更使全球教育信息化的竞争日趋激烈。因此，采取相应的教育信息化新举措，成为当代世界各国竞相实行教育信息化的一个十分鲜明的时代特色。各国在拟定教育信息化新举措时，呈现了取长补短、既竞争又借鉴的局面。尤其是发展中国家在借鉴当代世界教育信息化前沿经验时，要尽量少走弯路，以缩短与教育信息化国际水准的差距，这是当代教育信息化采取教育新举措的原动力之一。

1. 教育信息化的主导是教师，主体是学生，要从师资教育信息化培训和相应信息技术装备实行政策倾斜

教育信息化应确定在经费和投资力度上优先保证的方案，以保证从师资信息化理论型培训向信息化教育技术的应用型能力培训的新一轮战术和战略新举措的落实。

新加坡在 1997—2002 年的 MIT 总体教育信息化规划中要求全国教师在 1999 年接受 MIT 应用能力培训，并把它作为聘用教师的重要标准之一。为此，应保证每两位教师配备一台计算机，并规定在小学 10% 和中学 40% 的课程中，教师必须用计算机授课，以激励教师自身信息化水平的提高，否则就会面临下岗的严峻局面。到 2002 年，全国各类学校 30% 的课程应使用计算机上课，全部学校实现校园网的建设，所有教师及小学四年级以上的学生人人备有电子邮件账号，旨在使新加坡具有教育智能岛的雏形。为此，新加坡教育当局拨出专款，为教师每人补贴 20% 购买家庭自用计算机的费用，以此提高全员的信息化水平。在人力资源不足的情况下，从 1999 年起在每所学校建立四元信息化梯队，即聘用高理论、高信息技术、高操作水平和高资历教师组成的信息化四结合队伍，为学校教育信息化提供全方位的支持和指导，以保证学校的理论和实践资源数据库常备常新。与此同时，加大师范教育信息化课程力度和权重，使未来教师在校学习时能够成为信息技术应用的楷模。

英国政府于 1998 年 10 月实施全国上网学习计划，其重点是"为全国教师提供机会，以更新他们的信息和通信技术能力。"时任英国首相布莱尔宣布于 1998 年内拨款 1.02 亿英镑，1999 年拨款 1.05 亿英镑用于在 4 年内训练所有教师使用互联网。布莱尔在 1998 年 10 月全国上网学习计划开幕式上指出"这就等于在我们的课堂内建立起世界一流的教育图书馆"。2007 年，英国 98% 的中学和 100% 的小学拥有互动电子白板，英国开放大学是世界上最成功的网上大学，累计培养学生超过 300 万人。英国高校联合信息系统委员会（JISC）2010—2012 年发展战略的相关规划主要包含 E-learning 文化、研究环境、人员素质、共享服务、云计算和改变评估等内容。

美国教育部于 1997 年 2 月 13 日发表了与时任美国总统克林顿教育行动纲领相应的举措说明，其中针对教师进行教育信息化的条款占有重要地位。为实施教育行动计划，1998 年，美国投入 510 亿美元，旨在使每一位美国公民都能利用信息技术进行终身学习。为做到这一点，美国的举措是先从中小学教师的教育信息化应用培训开始。2010 年，美国正式发布《国家教育技术计划》（NETP），内容涉及学习方式变革、评估方式变革、教学方式变革、基础设施升级和应用系统重构，标志着在发达国家或地区信息化对教育的作用已经从应用阶段进入变革阶段，意味着信息技术不只是工具，且信息化也不再仅仅停留在建设阶段。例如，美国麻省理工学院（MIT）的开放课程平台，免费共享 33 个学科门类的超过 2 000 门的课程（其中超过 900 门已汉化）。美国前总统奥巴马早在 2009 年就说："到 2020 年，美国将重新成为世界上高等教育毕业人口比例最高的国家。"又如 MIT 的 TEAL（Technology Enabled Active Learning）计划的目标是实现彼此合作、高度互动，随之产生教育环境的大变革：教室成为实验室，网络教学系统、3D 立体视觉仿真图形、实验动态仿真、桌上型实验设施、个人实时回馈系统等融合于教学之中。在终端设备方面：2009 年，美国加州开始普及中小学电子课本；2010 年，iPad 的成功推广引发美国电子课本普及狂潮。

日本前首相桥本龙太郎在 1997 年 1 月 19 日的国会施政报告中指出，在国际化、信息化日益发达的当代，应把迄今重视平等、均一的学校教育转变为重视对个性、个人、个体能力的开发，包括针对教师个体能力的开发，加强教师培训体制的管理和政策倾斜，主要是指进一步加强对师范教育在校生和学校现任教师信息化培训及对学生指导能力的培养，并为此开设"教育信息化方法与技术"的教职课程，决定从 2000 年开始在教师培训阶段设立"信息设备操作"的实用课程，并把它列入培训学分制的计算考核范畴。日本文部省于 2010 年颁布的《教育信息化指南》中规定未来 5 ~ 10 年实现以下内容：信息化的进展和学校教育的信息化，信息化教育的学习与指导，使用 ICT 的思考方法，信息教育体系的推进与构建，德育与学校、家庭的区域合作，推进学校行政信息化，提高教师使用 ICT 的指导能力，整治学校 ICT 环境，特殊教育信息化，教育委员会、学校的信息化体制。

2. 重视外国语应用界面操作能力的提高，并将其作为教育信息化综合指数评价的重要指标之一

在美国波特尔和日本小松（是教育信息化综合指数评价的两个指标模型）拟定社会信息化综合指数体系评价两个指标常模之后，世界各国和地区

也纷纷仿效，并在此基础上把社会信息化指标体系中的教育指标独立开来，拟定教育信息化指标评价体系，如韩国首先将外语应用水平纳入教育信息化评价指标体系，要求大学师生英语必须达标，为此建立国家虚拟大学（1997年2月建立）和国立电子化外文图书馆，以适应 80% 以上因特网上的英文界面，提出大学师生普及"微机化加外文化"的国际教育信息化基础评价标准，并将其作为全国教育信息化进程的首批达标指数标准，且以此带动全国教育行业的信息化进程和标准运作目标，强调外语和微机要从学术理论型、知识性深造向应用能力型、实践运作型转变，注重善于使用电子图书馆系统和超高速通信网的运作能力，提高师资教育信息化处理能力水平，提高大学生整体信息素质水平，尤其重视师范院校师生整体信息化素质水平的提高，以启动整个教育信息化的工作母机，这是很有远见的创新之举。其重要标志是韩国东明大学独家投入 2 600 台计算机硬件在 586（第五代微处理器）等级以上的计算机，以电子化图书馆为依托建立虚拟大学，形成以网络化教学为中心的运作体系，以外语化和微机化为两翼的联网讲授立体教育模式。这一高层次的现代立体化教育模式，可与世界上任何电子图书馆互通有无、资源共享，达到"天涯变咫尺，咫尺变天涯"的虚拟教育大环境下的现代讲授与学习的国际大教育目标，并具有评定和授予学位的大学职能，此举堪称东亚虚拟大学教育信息化创新之冠。

俄罗斯于 1996 年开始在教育科学院（以下简称"教科院"）拟定的 11 项教育科研战略中明确指出教育信息化要走独联体与东欧各国建立教育信息化技术联合体的所谓大斯拉夫体系之路。这个联合体淡化俄语，把 MIT 技术的英语界面作为国际语联系的电子化手段，这是一个显著的变化，以促进俄罗斯的教育信息化进入世界体系的进程。这种举措是在苏联解体后各加盟共和国纷纷独立以后，在加强本民族语，排斥俄语形势下采取联合体多数国家意愿而达成的协议，对联合体各国之间的沟通和与世界接轨都起到了促进作用。在联合体中由俄罗斯教科院副院长达维多夫主持共同组建电子图书馆和师资培训联合体；并组建俄罗斯教科院教育信息技术部，加强联合体内相关部门的日常交流与协作，出版合作刊物和教育教学软件。由于当时各国经济力量有限，这种采取联合体方式进行教育信息化联合开发的形式，有利于节约资金，能最大程度发挥投资效益的作用。随着经济的好转，这一地区很可能成为下一个世纪教育信息化很有前途和具有竞争力的区域。从上述材料可知，在世界各国和地区，教育信息化已经成为其教育发展的一个重点，而且许多国家和地区都以立法的形式给予信息技术教育相当高的地位。

二、我国教育信息化政策

我国教育信息化的开展早在 1982 年就在北京几所大学的附属中学进行过试点工作，但是，由于各方面原因的制约，徘徊的时间较长，最终发展不够均衡。面对世界信息技术教育的迅速发展，为了尽快缩短我国信息技术教育与世界发达国家的距离，1999 年末，教育部宣布我国中小学从 2001 年 9 月份开始逐步开设《信息技术课程》，并公布了《中小学信息技术指导课程纲要（试行）》。在 2000 年 10 月召开的"全国中小学信息技术教育工作会议"上，决定从 2001 年起用 5 ~ 10 年的时间在全国中小学基本普及信息技术教育，努力实现基础教育跨越式发展。在此会议上，教育部提出中小学普及信息技术教育的如下两个主要目标。

一是，开设信息技术必修课，加快信息技术教育与其他课程的整合。2001 年前，全国普通高级中学和大中城市的初级中学要开设信息技术必修课；2003 年前，经济比较发达地区的初级中学要开设信息技术必修课；2005 年前，所有的初级中学以及城市和经济比较发达地区的小学要开设信息技术必修课；争取尽早在全国 90% 以上的中小学开设信息技术必修课程。同时，要促进信息技术的应用与课程教学改革的有机结合。

二是，全面实施中小学"校校通"工程，努力实现基础教育的跨越式发展。用 5 ~ 10 年的时间加强信息基础设施和信息资源建设，使全国 90% 左右独立建制的中小学能够与网络连通，使每一名中小学师生都能共享网上教育资源，也使全体教师都能提高素质教育水平和能力。在 2010 年前争取使全国 90% 以上独立建制的中小学校都能上网，条件较差的少数中小学校可配备多媒体教学设备和教育教学资源。

2001 年 6 月 14 日，国务院在北京召开了全国基础教育工作会议，并发布了《国务院关于基础教育改革与发展的决定》，其中第 26 条为，"大力普及信息技术教育，以信息化带动教育现代化。各地要科学规划，全面推进，因地制宜，注重实效，以多种方式逐步实施中小学'校校通'工程。努力为学校配备多媒体教学设备、教育软件和接收我国卫星传送的教育节目的设备。有条件地区要统筹规划，实现学校与互联网的连接，开设信息技术课程，推进信息技术在教育教学中的应用。开发、建设共享的中小学教育资源库。加强学校信息网络管理，提供文明健康、积极向上的网络环境。积极支持农村学校开展信息技术教育，国家将重点支持中西部贫困地区开展信息技术教育。支持鼓励企业和社会各界对中小学教育信息化的投入"。

这充分说明了我国高层领导人和教育行政主管部门已经充分认识到了信息技术教育的重要性与紧迫性，也体现了他们对加强我国信息技术教育建设的决心与信心。自此，教育信息化不再是一个空洞的名词，而是化为一系列具体的行为目标和可操作的步骤。

2010 年，教育部制定的《国家中长期教育改革和发展规划纲要（2010—2020 年）》的第十九章为"加快教育信息化进程"，首次将教育信息化上升为国家战略，具体内容如下。

（五十九）加快教育信息基础设施建设。信息技术对教育发展具有革命性影响，必须予以高度重视。把教育信息化纳入国家信息化发展整体战略，超前部署教育信息网络。2020 年，基本建成覆盖城乡各级各类学校的数字化教育服务体系，促进教育内容、教学手段和方法现代化。充分利用优质资源和先进技术，创新运行机制和管理模式，整合现有资源，构建先进、高效、实用的数字化教育基础设施。加快终端设施普及，推进数字化校园建设，实现多种方式接入互联网。重点加强农村学校信息基础建设，缩小城乡数字化差距。加快中国教育和科研计算机网、中国教育卫星宽带传输网升级换代。制定教育信息化基本标准，促进信息系统互联互通。

（六十）加强优质教育资源开发与应用。加强网络教学资源库建设。引进国际优质数字化教学资源。开发网络学习课程。建立数字图书馆和虚拟实验室。建立开放灵活的教育资源公共服务平台，促进优质教育资源普及共享。创新网络教学模式，开展高质量高水平远程学历教育。继续推进农村中小学远程教育，使农村和边远地区师生能够享受优质教育资源。

强化信息技术应用。提高教师应用信息技术水平，更新教学观念，改进教学方法，提高教学效果。鼓励学生利用信息手段主动学习、自主学习，增强运用信息技术分析解决问题能力。加快全民信息技术普及和应用。

（六十一）构建国家教育管理信息系统。制定学校基础信息管理要求，加快学校管理信息化进程，促进学校管理标准化、规范化。推进政府教育管理信息化，积累基础资料，掌握总体状况，加强动态监测，提高管理效率。整合各级各类教育管理资源，搭建国家教育管理公共服务平台，为宏观决策提供科学依据，为社会公众提供公共教育信息，不断提高教育管理现代化水平。

2011 年 3 月，教育部召开了教育信息化专家座谈会，就如何落实《国家中长期教育改革和发展规划纲要（2010—2020 年）》，加快教育信息化进程，咨询了教育信息化和国家信息化领域高层专家意见。2011 年 6 月，出台了《教育信息化十年发展规划（2011—2020年）》。2012年，教育部又发出了《教育部关于开展教育信息化试点工作的通知》，各省市相继制定了教育信息化"十二五"发展规划。

三、我国教育信息基础设施建设

创建信息化教育教学环境是教育信息化建设的基础和前提，包括教育信息化的基础设施建设、软件开发及应用和教育教学资源的开发。进入21世纪以来，我国相继启动和实施了"校校通"工程、农村中小学现代远程教育工程、通用技术教室建设、高中新课程配套实验室建设、探究性实验室建设、高校数字图书馆建设、高校精品课程建设等教育信息化建设项目，全国各级各类学校特别是经济欠发达地区和农村地区中小学校的信息化基础设施建设取得显著成绩。

教育信息基础设施建设包括中国教育和科研计算机网（CERNET）的建设、地区性城域教育信息网络建设和校园网络建设。CERNET是由国家投资建设、教育部负责管理，清华大学等高等学校承担建设和管理运行的全国性学术计算机互联网络。CERNET分四级管理，分别是全国网络中心、地区网络中心和地区主结点、省教育科研网、校园网。其中，全国网络中心设在清华大学，负责全国主干网运行管理。地区网络中心和地区主结点分别设在清华大学、北京大学、北京邮电大学、上海交通大学、西安交通大学、华中科技大学、华南理工大学、电子科技大学、东南大学、东北大学等10所高校，负责地区网运行管理和规划建设。CERNET是我国教育信息化的重要基础设施，也是我国信息基础设施的重要组成部分。CERNET在向教育系统提供全面的互联网服务的同时，还支持多项国家大型教育信息化工程，包括高招网上远程录取、数字图书馆、教育和科研网格、现代远程教育等。CERNET已经成为我国重要的互联网研究平台和人才培养基地，为我国教育信息化发展做出了突出贡献。

四、网络教育信息标准化研究

标准化在《中华人民共和国标准化法条文解释》中所定义的概念是，"在经济、技术、科学及管理等社会实践中，对重复性事物和概念通过制定、发布和实施标准，达到统一，以获得最佳秩序和社会效益的过程"。网络教育信息标准化主要包括教育信息分类编码与文件格式标准化、教育信息处理过程标准化、教育信息交换标准化等多个方面。

（一）国际网络教育信息标准化研究

国际上许多国家和地区，如美国、日本和欧洲，都成立了专门从事教育信息标准化工作的组织。这些组织分为两类：一类是研究机构，它们开发最初的规范草案，并在实践中进行检验，最后形成各具特色的规范；另一类是国家级的标准化组织，它们吸取研究机构开发的规范，经过工作组的反复讨论，最后投票通过以形成正规标准。

1. 一些重要的网络教育规范的创建者

第一，IMS（Instructional Management Systems）是一个全球性的学习联盟，它致力于开发便利在线分布式学习活动的开放标准，这些分布式的学习活动包括定位和使用教育资源、跟踪学习过程、报告学习成绩和在管理系统之间交换学生记录等。目前它主要的研究领域包括学习资源元数据规范、企业规范、内容组装规范、学习者信息组装规范、问题和测试规范。

第二，ADL（Advanced Distributed Learning）是由美国国际部创立的研究部门，专门负责与高级分布式学习活动相关的研究内容，如共享式课程对象参考模型、元数据标准等。

第三，PROMETEUS(Promoting Multimedia Access to Education Training in European Society）是欧洲委员会建立的部级项目，负责阐明各类网络教育规范的需要、收集不同部门的意见，并为欧洲标准化委员会提供参考资源。

第四，ARIADNE(Alliance of Remote Instructional Authoring and Distribution Network for European）由欧洲基金会支持，是基于计算机和远程信息处理对远程写作、教学和学习提供构思的工具，着重强调电子学习资源的共享和作用。它在开发元数据和可操作性基础框架方面对国际标准化项目有很大贡献。

2. 一些重要的网络教育标准的制定者

第一，Dublin Core 是一个致力于规范因特网资源体系结构的国际性联合组织，它定义了一个所有 Web 资源都应遵循的通用的核心标准。标准涉及资源的标题、创建者、主题、标识符、类型、格式等多个方面的信息。其他关于学习资源的数据标准基本上兼容 Dublin Core 标准，并对它做了扩展。

第二，CEN/ISSS（Comité Européen de Normalisation Information Society Standardization System）建立了好几个工作组，研究与学习技术相关的标准，如多媒体信息和电子商务的元数据标准。1999 年，其下属的一个学习技术工作室开展了"学习与培训技术及多媒体教育软件"标准化工作项目。该项目关注的是终身学习过程（包括远距离教育、培训和自学）中信息和通信技术的标准化。

第三，IEEE/LTSC（Institute of Electrical and Electronics Engineers Learning Technology Standards Committee）学习技术标准委员会负责研究制订教育系统中与计算机相关的信息标准，如开发技术标准、推荐好的实践范例，指导软件内容、工具和技术，并提出了一些可以为开发、维持和配合那些由计算机执行的教育和培训的系统提供便利的方法。许多 LTSC 开发标准将会由国际标准化组织的 ISO/IEC JTC1/SC 36 的子委员会提升为国际标准，由此可以看出这个委员会的研究成果对整个网络教育的重要性。

第四，ISO/IEC JTC1/SC36 学习、教育和培训信息技术分技术委员会（简称"SC36"）。它目前最主要的研究项目有网络教育的体系结构、学习资源的元数据标准、网络教育中术语及协作学习的相关技术标准。

虽然上述教育信息标准化组织各自的研究重点并不相同，但它们之间却存在着亲密的合作关系。IMS 吸收 Dublin Core 的研究成果，并与 ARIADNE 合作，它们的研究成果直接提供给 IEEE/LTSC。当然，IEEE/LTSC 与国际标准化组织负责网络教育的 SC36 子委员会也相互合作，最终形成国际通用的 ISO 标准。

（二）我国网络教育信息标准化研究

我国的网络教育信息标准化的研究工作是随着"现代远程教育工程"的实施而启动的。2000 年 5 月，教育部现代远程教育资源建设委员会颁布了以北京师范大学牵头制定的《现代远程教育资源建设技术规范（试行）》，这是我国关于远程教育信息标准化工作的重要成果。该规范的核心内容是将课程资源分为媒体素材、试题、网络课件、案例、文献资料和网络课程六大类，并详细规定了各类资源的功能、技术开发要求和信息属性标注。

2000 年年底，教育部高等教育司联合清华大学、北京大学、北京师范大学、华东师范大学、上海交通大学等十余所高校成立了教育部现代远程教育技术标准化委员会。该委员会致力于借鉴国际上比较成熟的标准，在此基础上一方面结合我国的实际情况进行本土化的工作；另一方面结合我国网上教育的具体实践对标准进行修订和完善，使之不仅与国际接轨，又为国际的标准提供了中国的个案补充，还符合我国的国情，有利于我国远程教育的长远发展。

（三）XML 在我国远程教育中的应用研究

2001 年 1 月，北京师范大学信息科学与技术学院和武汉网桥电子商务有限公司签订了《关于 XML 在我国远程教育领域的合作研究开发》计划书，旨在研究、开发和推广 XML 技术在远程教育的应用，搭起 XML 这一新兴网络技术与网络教育之间的桥梁。该合作计划是 XML 中小企业技术创新基金项目的组成部分，得到了国家教育部的大力支持。该合作项目还建立了"XML 与教育"网站，它将成为远程教育数据交换标准的信息交流平台，其最终目的是成为国内 XML 在教育信息标准化方面的核心网站。目前网站主要内容包括 XML 的介绍、IEEE 对远程教育资源的定义、国内 XML 教育系统信息标准化的研究现状和 XML 信息标准化在远程教育中的应用。

第三章　大数据环境下的信息化教学设计

第一节　信息化教学设计的基本概念与特点

信息化教学是我国当前教学方式的主要发展方向之一，大数据技术的数据分析、预测便利了信息化教学。教师应以学生为中心开展教学，充分发挥大数据技术的优势，构建有助于学生自主学习的教学设计，开展教学活动，充分调动学生的学习积极性，并以学生的学习数据为依据，对学生的学习进行合理干预，实现学生学习的"私人定制"，为学生提供精准的学习服务，满足学生的中长期发展需求。在进行信息化教学设计时，教师需要考虑的主要问题是，如何设计好学习任务单，如何设计便于学生自主学习的教学视频，如何在课堂上指导学生开展深度学习，如何设计科学合理的评价方案等。

一、信息化教学设计的概念

信息化教学设计是充分利用现代信息技术和信息资源，科学安排教学过程的各个环节和要素，为学生提供良好的信息化学习条件，实现教学过程全优化的系统方法。其目的在于培养学生的信息素养、创新精神和综合能力，从而增强学生的学习能力，提高他们的学业成就信息化环境下的教学设计是运用系统方法，以"学"为中心，充分利用现代信息技术和信息资源，科学地安排教学过程的各个环节和要素，以实现教学过程的优化。

这两个定义基本相同，都包含了以下四个方面的含义：

第一，强调充分利用现代信息技术和信息资源；

第二，以"学"为中心；

第三，用系统方法作为教学设计的指导思想；

第四，强调科学安排教学过程的各个环节和要素。

二、信息化教学设计的特点

信息化教学设计具有以下特点。

第一，信息化教学设计符合素质教育的根本要求和国家新课程标准，注重培养学生的创新精神和实践能力。信息化教学设计的理论基础是建构主义和人本主义学习理论，明确"以学生为主体""以学为中心"，充分利用各种信息资源（尤其是网络上的全球信息资源）来支持学生的"学"。

第二，信息化教学设计不限于课堂教学形式和学科知识系统，而是将教学目标组合成新的教学活动单元，以"任务驱动""问题解决"作为学习与研究活动的主线，以"学"为中心，倡导新型学习模式：课堂讲授型、个别辅导型、探究型、协作型学习模式；注重培养学生的三种能力：信息能力、批判性思考能力和问题解决与创新能力；把学生对知识的意义建构作为整个学习过程的评价标准；注重天才培养和学困生个别指导的同时进行。

第三，信息化教学设计要求教师转变自己的角色，由教导转向引导、辅导，提高自己的信息素养。

第二节　信息化教学设计的基本方法

一、教学设计的一般过程

教学设计一般包括以下五个重要环节：教学目标分析、学习者特征分析、教学流程设计、学习环境与资源设计、教学评价设计。

（一）教学目标分析

教学目标决定着教学的总方向、学习内容的选择、教与学的活动设计、教学策略的选择等。

新课程标准强调，无论哪一门学科，都要在课程的总体目标上落实认知与技能、过程与方法、情感态度与价值观这三个维度的目标。教学目标一旦确定下来，就要用可评价的方式将教学目标描述出来，以便指导教学流程设计、教学评价设计等环节。

在分析教学目标时，要抓住以下四个方面：

第一，阐明学习行为的主体；

第二，用行为动词和动宾结构短语表述教学目标；

第三，说明达到该目标的条件；

第四，对于和目标相关的行为状况有一个判别的标准。

（二）学习者特征分析

教学设计的最终目的是有效地促进学习者的学习，学习者一般都会把自己原来所学的知识、技能、态度带入新的学习过程中。因此，教学设计是否与学习者的特点相适应或在多大程度上适应学习者的特征，是衡量一个教学设计成功与否的重要指标。

对学习者特征进行认真分析是实现个别化教学和因材施教的重要前提。分析学习者特征时，既要考虑学习者之间的稳定的、相似的特征，又要分析学习者之间的变化的、不同的特征。在教学设计实践中不可能考虑所有的学习者特征，也不是所有的学习者特征都具有设计意义，并且有些特征是可干预的，有些特征是不可干预的。对于教学设计实践而言，应主要考虑那些对学习者的学习能够产生最为重要的影响，并且是可干预、可适应的特征要素。

（三）教学流程设计

教学流程设计包括教学活动的设计、教学策略的选择、教学媒体的选择、学习情境的设计。

1. 教学活动的设计

教学总是以一定的活动方式展开的，教学目标的达成也是在一个个教与学活动的过程中实现的。

2. 教学策略的选择

教学策略的选择和活动设计是教学设计中的核心环节，也是最能体现教育教学观念的一个环节。教学过程中运用的教学策略多种多样，主要有讲授法、启发式教学法、先行组织者策略、演示法、谈话法、讨论法、操练法、示范—模仿法、操作—反馈法、协作法等。

3. 教学媒体的选择

信息技术环境下的教学设计离不开多媒体的支撑，要根据教学过程的各个环节选用合适的教学媒体。

4. 教学情境的设计

学习总是与一定的"情境"相联系的，在"情境"中，只有那些生动、直观的形象才能有效地激发学生联想能力，唤起学生原有认知结构中有关的知识、经验、表象，从而使学生利用有关的知识与经验及表象去"同化"或"顺应"学到的新知识。在教学设计与实施过程中，要尽可能创设真实、完整的教学情境。

（四）学习环境与资源设计

环境与资源能为学生顺利开展学习活动提供支持与保证。教师要善于给学生提供适当的硬件、软件环境以及各种与学习有关的资源。环境与资源对于任何学习活动来说都必不可少。

（五）教学评价设计

教学评价是指以教学目标为依据，制定科学的标准，运用一切有效的技术手段，对教学活动过程及其结果进行测定、衡量，并给以价值判断。

教学评价主要有导向功能、鉴定功能、监督功能、调节功能、诊断功能和激励功能。

教学评价按照不同的分类标准，有不同的评价类型，其中常见的分类方式有按照评价功能分为诊断性评价、形成性评价和总结性评价；按照参与评价的主体不同分为自我评价和他人评价。

在实际教学工作中，可以开展不同形式的评价，如在"教"前进行诊断性评价，在"教"中进行形成性评价，在"教"后进行总结性评价，并且在教学的任一时期都可以根据实际需要开展自我评价与他人评价。

二、信息化教学设计的基本策略

教学实践表明，学生即使掌握了大量的知识，也并不意味着他们能够把握何时、何地该如何应用所学知识去解决真实情境中的问题，因为学校情境中的问题及其评价标准与真实世界情境中的有很大差别。将信息化教学设计中的课堂教学与真实事件或真实问题相联系，是信息化教学设计的必然选择。因此，信息化教学设计的最基本策略是教学情境的创设、信息资源的设计、学习支架设计和学习评价。

（一）教学情境的创设

建构主义认为，个体、认知和意义都是在相关环境中交互、协作完成的，不同的环境能够给学习者带来不同的活动效果。教学情境的创设是信息化教学设计最重要的内容之一，通过与实际经验相似的学习情境的创设来还原知识的背景，恢复其生动性、丰富性，从而使学生能够利用原有认知结构中有关的知识、经验及表象去"同化"或"顺应"学习到的新知识。利用现代化信息技术和信息资源创设接近真实情境的方式很多，其使用的方法也因不同的学科和内容而有很大差异。根据创设的作用和一般方法的相似性可以分为创设故事情境、创设问题情境、创设模拟实验情境、创设协作情境四种。

1. 创设故事情境

创设故事情境是根据教学内容、教学目标、学生原有认知水平和学生无意识的心理特征，通过运用各种信息技术和信息资源，将学习内容以"故事"的形式展现给学生，尽量调动学生的视听觉感官，增进学生对知识的理解。实验心理学表明，获取信息的途径来自视觉、听觉等多种感官，并且多感官的刺激有利于知识的保持和迁移，能够引起学生积极情绪反应。

2. 创设问题情境

创设问题情境是在教学内容和学生求知心理之间设置疑问，将学生引入一种与问题有关的环境。问题环境可激发学生的求知欲，可以引导学生多角度、多方位地对环境内容进行分析、比较，进而建构新的认知结构。在信息化教学中，设计问题环境的方式多种多样，教师可以通过故事、模拟实验、图像、音像、活动等多种途径设置问题。

3. 创设模拟实验情境

创设模拟实验情境，首先设计与主题相关的尽可能接近真实的实验条件和实验环境，然后利用各种信息资源实现设计模拟实验环境，以期解决因实验条件不足带来的学习困惑。恰当的实验可以使学生将学习内容所反映的事物尽量与自己已知的事物相联系并加以认真思考，从而理解并掌握所学知识。

4. 创设协作情境

创设协作情境是利用网上多种交流工具，如 BBS、QQ、电子邮件等，通过竞争、协作、伙伴和角色扮演等方式进行学习，针对某一个问题展开讨论交流，共同完成学习任务。协作情境与外部世界具有很强的类似性，有利于高级认知能力的发展、合作精神的培养和良好人际关系的形成。在这种环境中，学习者的角色和教师的角色都发生了转变。教师要掌握的不仅是教学内容的逻辑序列和教学目标的合理安排，更要掌握学生的协作情况、学习过程的规划设计。

（二）信息资源的设计

信息化教学设计的另一个基本策略是信息资源的设计。在信息化教学中，教师不仅要拥有更多的知识，还应该具备设计、开发、利用和评价信息资源的能力。为了避免学生低效的探究活动，在学生自主学习过程中，教师应该适时地提供帮助，当学生遇见新的或困难的学习任务时，教师应为他们提供各种学习材料，包括教师演示文稿、学生范例、单元问题、学习指南或向导，这些大多是以电子文档的形式出现，由此构成了丰富的信息资源。学生借助于教师开发或链接的信息资源，通过调查、搜索、收集、处理信息后获得知识和技能，并提高信息素养。教师在信息资源设计过程中要注意做到几点：①突出信息的实用、有效、易获取性；②合理运用多种信息表达元素；③合理利用冗余信息。

（三）学习支架设计

学习支架是根据学生需要为学生提供的一种临时性的支持，目的是帮助学生完成凭自己的能力不能独立完成的任务，获得进一步的发展。当学生能够成功建构自己的知识体系或独立完成任务时，学习支架就会被撤销。在这个过程中，教师逐渐把调控学习的任务完全转移给学生自己，学生逐渐学会为自己寻求和搭建合适的支架，最终成为独立、自主的学习者。在信息化教学中，学习支架对提高学生的学习效果和培养学生的自主学习能力具有非常重要的意义。

信息化环境中的学习支架是指教师通过信息媒介为学生的学习提供支持。教师通过信息媒介把学习目标、学习任务等呈现给学生，学生在信息化环境中接受教师通提供的指导和帮助。例如，教师为学生提供学习资源、为学生提供学习工具等。学生可以利用教师提供的一些工具与教师和同学进行交流，展示自己的学习效果或表达自己的看法，教师也可以对学生间的交流进行引导和对学生的学习效果做出反馈。与传统教学中的学习支架相比，信息化教学中的学习支架减少了教师的直接干预，更有利于培养学生的自主学习能力。

（四）学习评价

信息化学习评价应着眼于促进学生素质的全面发展，改变以往只注重总结性评价方式，坚持形成性评价和总结性评价并重的原则，使教学评价成为学生认识自己、激励自己的教育方式和教师改进教学的反馈方式。这样不仅有利于学生综合素质的发展，提高学生分析问题、解决问题的能力，而且倡导了灵活多样的、开放的、动态的考试方式．注重给予学生更大的自主选择空间，可以减轻学生的压力，以此来激励学生学习，帮助学生有效调控自己的学习过程，使学生获得成就感，增强自信心，增强合作精神，从被动接受评价转变为评价的主体和积极参与者。

信息化教学设计是否成功，应从以下几个方面进行评价。

1. 是否有利于提高学生的学习效果

在评价学生的学习效果方面，应关注信息化教学设计中的学习目标是否明确，表述是否清楚，是否符合相关的课程标准，是否考虑到学生的个体差异，是否能激发学生的学习兴趣，是否符合学生的年龄特征并有利于学生高级思维能力和信息处理能力的培养。

2. 技术与教学的整合是否合理

在进行技术与教学的整合时应注意技术的应用和学生的学习之间是否有明显的关联；技术在教学设计的实施过程中是否具有不可替代性，把信息技术作为研究、发布和交流的工具是否有助于教学目标的实现，教师是否可以比较轻松地应用教学设计中所涉及的技术，并获得相应的软硬件支持。

3. 是否能够有效评价学生的学习

在评价学生的学习方面，应检验教学中是否设计了一些简单易用的评价工具，以用其对学生的学习进行具体、客观的评价和评估；检验学生的学习目标和学习成果评价标准之间是否有明确的相关性。

第三节　授导型教学设计

一、传统的传授型教学逐渐向授导型教学转化

传授型教学是中国传统的教学方式。传授型教学以教师为主体，教师讲，学生听，学生处于被动地位。这种教学方式忽视了学生主体的活动，教师只是将内容传达给学生，师生互动性很差，同时，与当代信息技术突飞猛进的发展现实相去甚远。授导型教学是以学生为主体、教师为主导的教学模式，能够充分调动学生的学习积极性和主动性。

教学过程中存在许多错综复杂的关系，如教与学的关系、传授知识与

发展智力的关系、智力因素和非智力因素的关系等。授导型教学以辩证唯物论为指导，能够既发挥学生的主体作用，又发挥教师的主导作用，既传授知识，又发展智力，既重视智力因素的作用，又发挥非智力因素的作用，把教与学辩证地统一起来，使两者相互结合，相互促进，从而实现较好的教学效果。

二、授导型教学设计的特点

授导型教学设计是指在课堂教学中综合运用讲解、示范、练习、自主学习、小组讨论、合作学习、问题化学习等方法的课堂教学形式。授导型教学设计需要考虑教学目标、课程内容、学习者的特点（学习风格、年龄阶段等）、教学方法、教学意图及教学环境之间的相互关系。教学方法的选择要综合地考虑教学目标的要求、学习者特征、教学环境的现状以及其他约束条件。在选择了教学方法之后，还需要进一步综合考虑教学目标、教学内容、学生与教学环境以及其他约束条件，从而选择恰当的教学媒体。

三、授导型教学设计的优势

授导型教学设计相对于传统课堂教学设计具有以下优势（见表3-1）。

表3-1　授导型教学设计的优势

教学方法	优势
讲解	教学效率高、知识标准化、知识结构化
演示	便于学习者理解知识应用情境和了解技能应用过程
个别指导	能照顾到学习者的个别需要
操练与练习	学习者掌握概念与技能
自主学习	灵活
小组讨论	激发思维、培养学习者自主意识
合作学习	培养团队精神
问题化学习	学习者自主支配

第四节　探究型教学设计

一、探究型教学设计的特点

探究型教学设计具有以下特点：

第一，实践性：强调学生实践活动；

第二，参与性：强调学生主动参与学习；

第三，创造性：强调学生探究创新；

第四，过程性：强调学生探究知识发生与发展的过程；

第五，深层次的兴趣：进一步激发学生探究的动力；

第六，深层次的思维：引导学生进一步深入思考。

二、探究型教学设计中应注意以下问题

第一，注意提供直观性、形象性的材料，吸引学生注意力，引导学生在学习中学会观察、思考、探索，归纳学习规律。

第二，注意联系日常活动，提出迫切需要解决的问题，促使学生寻找解决问题的方案。

第三，教师要注意在新旧知识之间搭桥，引导学生复习有关旧知识，指明要学习的新知识。

第四，教师要突破传统的教学模式，围绕学生的探究与创新活动组织教学活动，激发学生的探究兴趣，使学生成为探究者、发现者、研究者，鼓励学生超越自我、超越同学、超越教师。

第五，选择恰当的媒介来研究、探索知识发生、发展的过程。

第六，探究行为需要一定的时间和空间，教师要挖掘出教材中可供探究的因素，并为学生提供探究的时间和空间。

第七，从挑战性问题出发。不是任何问题都可以引起学生的兴趣与探究的欲望，只有富于挑战性的问题才能激发学生的探究兴趣。

第八，教师要深入钻研教材，确定需要探究的内容，如实践性、迁移性、开放性较强的知识。

第九，要在教师指导下以学习者为中心，强调学习者的认知主体作用。

三、案例分析

"异分母分数加减法"是一节小学数学课，学生可以利用虚拟互动软件对学习内容进行自主探究，在数学学习中对图像进行分析、对数据进行记录，在协商中发现运算规律，体现了以学生为中心的教学理念。在整个学习活动中，学生是探究者，教师是配合者，当学生出现不能解决的争论时教师应适当调控引导，使学生围绕学习目标继续有效学习（见表3-2和表3-3）。

表3-2　"异分母分数加减法"学案设计

适用年级	五年级
实施时间	一节课
学习者特征分析	学生已经学习了同分母分数加减法、通分的知识，具备学习异分母分数加减法的知识和技能基础，同时，学生更喜欢自主探究式的学习方式，应提供能让学生动手操作、观察对比、收集分析、抽象概括的学习平台

表3-3　学生探究学习计划

项目	内容说明	组织形式
问题情境	人们在日常生活中产生的垃圾叫作生活垃圾。据有关环保部门统计，生活垃圾中危险垃圾占 3/20，纸张占 3/10，食品残渣占 3/10，废金属等占 1/4，同学们，废金属和纸张共占生活垃圾的几分之几呢	来自教材，白板演示
探究目标	根据上面的生活问题探索计算结果，通过数学实验发现不同分母（即异分母）分数加减法的计算方法	白板演示
探究过程的设计	环节 1：分析"生活中的垃圾"的实际问题，需要计算出废金属和纸张共占生活垃圾的几分之几，怎样计算呢？我们学过同分母分数加减法，但现在分母不同能直接相加减吗？为什么？怎么办	学生独立思考、个别回答
	环节 2：了解虚拟互动软件的各项功能	独立探究：人手一台计算机，了解软件功能

项目	内容说明	组织形式
探究过程的设计	环节3：探究"生活垃圾"问题的结果	合作探究：一人操作，一人记录
	环节4：创设不同的异分母分数，探究加减过程中的规律和方法	小组分析表格数据，总结方法 完成小组实验表格后，由小组来展示和分析本组的实验数据和结论并进行组间互评、探索规律
	环节5：课后进行巩固练习	学生独立练习
探究资源、工具	虚拟互动软件	学生上网了解
	电子白板	学生在白板上解释过程、分析数据、得出结论
探究评价	为什么异分母分数不能直接相加减 异分母分数加减法的计算方法是怎样的	
实施的思路和特色	对教材中教法的反思：从学生的认知角度来看，教材已将方法和结论清楚地教给学生，因此学生照着去做，便能学会异分母分数加减法。但是直接相加减为什么不行？会发生什么情况？为什么要用通分的方法？这些问题学生却没有机会去探究，这种学习方式缺乏学生自己探究发现结论的过程，这对于知识的深刻理解和学生思维能力、探究能力的培养都是毫无作用的。但要学生通过制作纸片、画图填色、剪切比较等方法进行探究，实验范围过窄，剪完一个分数后难以重复使用，且时间长、效率低 实施思路：如利用虚拟互动软件进行探究，不但能使学生意识到异分母分数通分的必要性，还能探索不同的异分母分数加减法中图形变化的直观过程，这样可以大大增加信息的输入和实验材料，进而有利于学生总结计算方法，建构数学知识 实施特色：学生利用虚拟互动软件在操作中对图像进行分析、对数据进行记录，在协商中发现规律，体现了以学生为中心的教学理念。在整个学习活动中，学生是探究者，教师是配合者，当学生出现不能解决的争论时教师适当调控引导，使学生围绕学习目标继续学习	
探究活动的可行性分析	1. 软件操作：本节课所选取的虚拟互动软件的操作难度很低，且有较大的数据、图像选择空间，五年级的学生足以正确操作 2. 实验的有效性：教师设计的数学实验表格，能促使学生更有目的地进行数学实验，使实验中的数据得到充分的利用，避免了盲目的娱乐性操作 3. 概括方法：对于五年级的学生来说，有了图像的观察和数据的分析基础，其便能通过讨论、互评发现一定的数学规律	

第四章 大数据环境下的信息化教学模式

第一节 信息化教学模式概述

大数据环境下的信息化教学模式研究是复杂的系统工程，信息化教学是动态化教学过程，其发展受到诸多因素的影响，应与时俱进地探讨信息化教学模式的实施路径，对信息化教学模式的研究和推广将是推动高等教育信息化进程的必由之路。

一、教学模式认知

当前，教育技术领域研究的一项重要命题就是如何应用现代教育技术创新教学模式。传统教学理论中对教学模式有过研究，但是随着信息化教学的开展及现代教育技术学科的发展，人们更多地想从技术应用的视角来创新教学模式。对于教学人员来说，创新教学模式就必须全面把握教学模式的内涵和构成要素，才能以此为依据指导实践创新。

（一）什么是教学模式

1972 年，美国学者乔伊斯和韦尔出版了《教学模式》一书，由此将教学模式率先引进教学论研究领域，拉开了教学模式研究的序幕。20 世纪 80 年代，我国教学理论界开始对教学模式展开研究，目前教学模式已成为一个重要的研究领域，然而对于"什么是教学模式"这个问题，人们仍未形成一致的看法。

对教学模式的概念之所以会出现多元界定：一方面是由于教学模式本身的复杂性和多样性；另一方面是由于研究者的出发点和研究视角的不同。英国传播学家丹尼斯·麦奎尔认为，模式……表明任何结构或过程的主要组成部分以及这些部分之间的关系。美国比较政治学家比尔和哈德格雷夫认为，模式是再现现实的一种理论性的、简化的形式。模式有三个显著的要点：一是，模式是现实的再现，即模式是对现实的抽象概括，其来源于现实，主要被用于指导现实的改变；二是，模式是理论性的形式，是一种理论，而非工艺性方法、方案或计划；三是，模式是简化的形式，是经理性高度抽象概括后，以简约明了的方式表达出来的。教学模式是指对理想教学活动的理论构造，是描述教与学活动的结构或过程中各要素间稳定关系的简约化形式。简言之，教学模式是指在一定教育理论指导下和丰富的教学经验基础上，为完成特定的教学目标和内容而建立起的稳定且简明的教学结构理论体系及实践活动方式。对于教学模式概念的理解要从教学模式的本质特征出发，把握教学模式理论与实践的统一、内容与形式的统一，主要体现在以下三个方面。

第一，从教学理论层面看，教学模式是一种教学结构理论。首先，教学模式接受教学理论（思想）的指导；其次，教学模式揭示了某一教学活动所赖以建立的理论基础，对人们从理论上认识和把握教学模式起着重要的作用。

第二，从教学实践层面看，教学模式是具体可操作的实践活动方式。首先，教学模式是教学实践（经验）的基础；其次，它揭示了与某一教学活动相适应的教学方式、程序、步骤，为人们在实践中运用教学模式提供了具体指导。

第三，教学模式是教学理论与教学实践的中介和桥梁。一方面，教学模式是对教学实践（经验）的概括化、抽象化和简约化的描述，可以上升到理论层次；另一方面，尽管教学模式带有理论的概括性、抽象性和简约性，但它又不像一般理论那样抽象，而是一般理论的具体化、程序化，能以明确的、具体的方式、手段指导实践。

（二）教学模式的基本构成和特征

1.教学模式的基本构成

（1）理论基础

理论基础是指教学模式所赖以建立的教学理论和思想。任何一种教学模式都是以一定的教学理论为基础，并在一定的教学思想指导下提出来的，离开一定的教学理论，教学模式就难以形成，离开一定的教学思想，教学模式便难以存在，而且不同的教学理论，又会孕育出不同的教学模式，不同的教学思想又会指导教师选用不同的模式、进行不同的操作。

（2）教学目标

教学目标是指教学模式所能达到的教学结果，是教育者对某项活动在受教育者身上将产生什么样的效果做出的预估。任何教学模式都是为了完成特定的教学目标而设计和展开的。教学目标在教学模式的构成要素中居于核心地位，对其他因素具有制约作用，也是教学评价的标准和尺度。

（3）操作程序

操作程序是指教学在时间上展开的逻辑步骤及每个步骤的具体做法等。任何教学模式都具有一套独特的操作程序和步骤。由于教学过程的设计与实施要综合考虑学生、内容、方法、媒体等多方面因素，因此操作程序只能是基本的、相对的，而非僵化的和绝对的。

（4）实现条件

实现条件是指为完成一定的教学目标，使教学模式发挥效用所需的各种条件。教学模式的实现条件包括多方面的内容，如教师、学生、教学内容、教学手段等。认真研究并保证教学模式的实现条件，可以更好地掌握和运用教学模式，成功地达到预期的教学目的。

（5）教学评价

教学模式运用得如何是需要评价的，因而教学评价是教学模式的一个重要因素，包括评价方法和评价标准。由于各种教学模式在目标、操作程序、策略方法上的不同，评价方法和标准也存在着差异。一种教学模式一定要规定自己的评价方法和标准。

上述五个因素具有不同的功能，它们彼此联系，相互蕴含，相互制约，共同构成了一个完整的教学模式。理论基础是教学模式得以建立的基础；教学目标是教学模式的核心，制约着其他因素；操作程序是教学模式的环节和步骤；实现条件保证着教学模式的有效发挥；教学评价对教学过程进行着反馈和监控。

2.教学模式的特征

教学模式作为一种反映或再现教学活动的理论性、简约性的表现形式，具有以下几个基本特征。

（1）完整性

教学模式是教学现实和教学理论构想的统一，所以它有一套完整的结构和一系列的运行要求，体现着理论上的完整性和过程上的有始有终。

（2）指向性

由于任何一种教学模式都是围绕着一定的教学目标设计的，而且每种模式的有效运用也是需要一定条件的，因此不存在对任何教学过程都适用的普遍有效的模式，也谈不上哪一种教学模式是最好的教学模式。最好的教学模式就是在一定情况下能够达到特定目标的最有效的教学模式。教师在选择教学模式时必须注意不同教学模式的特点、性能和指向性。

（3）操作性

教学模式是一种具体化、操作化的教学思想或理论，它把某种教学理论或活动方式中的最核心的部分用简化的形式反映出来，为人们提供一种比抽象的理论具体得多的教学行为框架，具体地规定了教师的教学行为，使教师在课堂教学中有章可循，便于教师理解、把握和运用教学模式。

（4）稳定性

教学模式是大量教学实践活动的理论概括，在一定程度上揭示了教学活动具有普遍性的规律。一般情况下，教学模式并不涉及具体的学科内容，其所提供的程序对教学起着普遍的参照作用，具有一定的稳定性。但教学模式是依据一定的教学理论或教学思想提出来的，而一定的教学理论和教学思想又是一定社会实践的产物，因此，教学模式总是与一定历史时期的社会政治、经济、科学、文化、教育水平相联系，受到教育方针和教育目的的制约。因此，这种稳定性是相对的。

（5）灵活性

作为并非针对特定的教学内容，体现着某种理论或思想，又要在具体的教学过程中进行操作的教学模式，在运用的过程中必须考虑到学科的特点、教学的内容、现有的教学条件和师生的具体情况，在方法上进行细微的调整，以体现其对学科特点的主动适应性。

二、信息化教学模式认知

（一）什么是信息化教学模式

随着教学改革的不断深入，信息技术与课程整合已成为教学研究的热点。信息技术与课程整合是指在课程教学过程中把信息技术、信息资源、信息方法、人力资源和课程内容有机结合，共同完成课程教学任务的一种新型的教学方式。信息化教学模式是信息技术与课程整合的结果，其实质是要在先进的教育思想、教育理论的指导下，把以计算机及网络为核心的信息技术作为促进学生自主学习的认知工具与情感激励工具，丰富教学环境的创设工具，并将这些工具全面运用到各学科的教学过程中，使各种教学资源、教学要素和教学环节，经过组合、重构，相互融合，在整体优化的基础上产生聚集效应，从而达到促进传统教学方式的根本变革（也就是促进以教师为中心的教学结构与教学模式的变革）和培养学生创新精神与实践能力的目标。

信息化教学模式是根据现代化教学环境中信息的传递方式和学生对知识信息加工的心理过程，充分利用现代教育技术手段，调动教学媒体、信息资源，构建一个良好的学习环境，在教师的组织和指导下，充分发挥学生的主动性、积极性、创造性，使学生能够真正成为知识信息的主动建构者，达到良好的教学效果。信息化环境下的教学既是对传统教学的继承，同时也是对技术环境下教学新模式的探索与建构过程，是各类教学模式的结构成分与技术应用条件的"整合"过程。教师是教学模式的实践者和创造者，丰富多变的实践情境是教学模式创新的源泉，信息技术为教学模式的发展提供了丰富的资源、工具以及交流与合作平台。

按照教学的实现形式，可以将信息化教学模式划分为以下几种类型，表4-1列出了各种类型下相对比较典型的教学模式，并概括了各个模式的关键特征。

表4-1 信息化教学模式

类型	典型模式	特征
个别授导类	个别指导、练习、教学测试、智能辅导	计算机作为教师，内容特定，高度结构化
情景模拟类	教学模拟、游戏、微型世界、虚拟实验室	计算机产生模拟的情境，可操纵、可建构
调查研究类	案例学习、探究性学习、基于资源的学习	计算机提供信息资源与检索工具，低度结构性资源的利用
课堂授导类	电子讲稿、情境演示、课堂作业、小组讨论、课堂信息处理	计算机作为教具及助教，信息播送、收集与处理
远程授导类	虚拟教室，包括实时授递、异步学习、作业传送、小组讨论等	网络作为传播工具，一定程度的信息与学习工具集成
合作学习类	计算机支持合作学习、协同实验室、虚拟学伴、虚拟学社	计算机与网络作为虚拟社会，一定程度的情境、信息、学习工具的集成
学习工具类	效能工具、认知工具、通信工具、解题计算工具	计算机作为学习辅助工具，多种用法
集成系统类	集成学习环境、电子绩效支持系统、集成教育系统	授递、情境、信息资源、工具之综合

（二）信息化教学模式的基本特征

信息化教学模式的关键在于从现代教学媒体构成理想教学环境的角度，探讨如何充分发挥学生的主动性、积极性和创造性。当前，以计算机为主的现代教学媒体（主要指多媒体计算机、教学网络）的出现丰富了教学媒体的构成，使传统的教学环境呈现出交互性、多媒体性、超文本性和网络性等多种现代教学特性。这些特性改变了学习者的学习地位，使其能够从真正意义上探索知识，实现知识意义的主动建构。在信息化教学模式中，教师从知识的灌输者和课堂的主宰者转变成课堂教学的组织者、指导者和学生意义建构的帮助者、促进者。一般来说，信息化教学模式具有如下特点。

1. 信息源丰富，有利于学习情境的创设

现代教育技术手段为课堂教学所提供的教学环境，使得课堂上信息的来源变得丰富多彩，教师和课本不再是唯一的信息源，多种媒体的运用不仅能够扩大课堂知识信息的含量，还可以充分调动学生的多种感官，为学生提供一个良好的学习情境。

2. 新型教学活动形式的形成，有利于提高学生的学习主动性和积极性

现代教育技术手段的加入，尤其是多媒体计算机和网络的引入，使教师的主要工作不再是向学生传递知识信息，而是培养学生自主获取知识信息的能力，教师要指导学生的学习探索活动，让学生主动思考、探索和发现，从而形成一种新的教学活动形式。在这种教学活动形式中，学生有时也会处于"传递—接受"式的学习状态，但更多的是在教师指导下自主思考与主动探索；教学媒体有时作为辅助教学的教具，但更多的是作为学生自主学习的认知工具；而教材既是教师向学生传递的内容，也是学生建构知识和认知的对象，这种新型的教学活动形式有利于提高学生的学习主动性和积极性。

3. 个别化教学，有利于因材施教

计算机的交互性为学生提供了个别化学习的可能，学生可以通过多媒体技术完整呈现的学习内容，自主选择学习内容的难易和进度，并随时与教师、同学进行交互。在现代教育技术手段所营造的信息化学习环境中，学生可逐步摆脱传统的教师中心模式，由被动学习变为主动学习，有利于因材施教。

4. 互助互动，有利于实现协作式学习

计算机的互动特性和网络特性有利于实现培养合作精神、促进高级认知能力发展的协作式学习。在信息化学习环境下，学习者之间通过协同、竞争

或分角色扮演等多种互动形式来参与学习，对于问题的深化理解和知识的掌握运用具有重要意义，而且对高级认知能力的发展、合作精神的培养和良好人际关系的形成也具有明显的促进作用。

5.超文本信息组织方式，有利于培养学生的创新精神和信息运用能力

多媒体的超文本特性与网络特性的结合，为培养学生的信息获取、分析与加工能力营造了理想的环境。众所周知，因特网是世界上最大的知识库、资源库，它拥有最丰富的信息资源，而且这些知识库和资源库都是按照符合人类联想思维的超文本结构组织起来的，因而特别适合于学生进行"自主发现、自主探索"式的学习，有利于学生发散性思维、创造性思维的发展和创新能力的培养。

第二节　基于问题的探究式教学模式

《国家中长期教育改革和发展规划纲要（2010—2020 年）》指出：教学要注重学思结合，倡导启发式、探究式、讨论式、参与式教学，帮助学生学会学习。大数据时代下的探究式教学，符合当前课程改革中倡导的以学生为中心，提升学生探究能力这一要求，能够有效促进学生的全面发展。

一、基于问题的探究式教学模式认知

基于问题的探究式教学避免了传统的课堂教学将知识从生活中分离出来的弊端，让学生在真实情境中学习，将知识和技能直接转变为解决现实问题的能力，使学习变得更有意义。"探究"是"通过质疑寻求真理、信息和知识的过程"，探究式教学就是让学生投入问题活动之中，让学生在真实的背景中解决问题，培养高级思维。探究性教学模式的学习对象（即学习主题）是教材中的某一个或某几个知识点，且任何教材都是由一节节的课程内容组成的，而每一节课程内容又总是包含一个或几个知识点，这就表明，信息技术与课程整合的几乎所有日常教学活动（包括各种不同学科的常规课堂教学活动）都可以采用这种模式。目前，基于问题的探究式教学模式已经成为能满足各学科常规课堂教学需要的，最有效也是最常用的课内整合模式之一。

基于问题的探究式教学模式是指在教学过程中，学生在教师的指导下，通过以"自主、探究、合作"为特征的学习方式对当前教学内容中的主要知识点进行自主学习、深入探究并进行小组合作交流，从而较好地达到课程标

准中关于认知目标与情感目标要求的一种教学模式。其中，认知目标涉及对学科相关的知识、概念、原理与能力的理解与掌握，情感目标则涉及感情、态度、价值观与思想品德的培养。在实施信息技术与课程深层次整合的过程中，各学科知识与能力（如阅读、写作、计算、看图、识图、实验以及上机操作等能力）的培养以及健康情感、正确价值观与优秀思想品德的形成，都可通过该教学模式逐步实现。

二、基于问题的探究式教学模式的基本特征

基于问题的探究式教学模式的基本特征可以用一句话来概括，即"主导主体相结合"，其既重视发挥教师在教学过程中的主导作用，又充分体现了学生在学习过程中的主体地位。具体表现在以下两个方面。

（一）高度重视教师在教学过程中的主导作用

尽管基于问题的探究式教学模式主要采用"自主、探究、合作"的学习方式，在教学过程中强调学生的自主学习和自主探究，但是它并不忽视教师在教学过程中的主导作用；相反，它通过下面四个环节使教师的主导作用在整个教学过程中得到全面的发挥。

第一，当前探究性学习的对象要由教师确定。如上所述，探究式教学模式的教学总是围绕课程中的某个知识点（即探究性学习的对象）而展开的，但到底是哪个知识点不是可以随意确定的，更不能由学生自由选择，而是要由教师根据教学目标的教学进度来确定。

第二，进行探究之前的启发性问题要由教师提出。学习的对象确定后，为了使探究性学习切实取得成效，需要在探究之前向全班学生提出若干富有启发性，能引起学生深入思考并与当前学习对象密切相关的问题（以便全班学生带着这些问题去探究）。这一环节至关重要，所提出的问题是否具有启发性、是否能引起学生的深入思考是探究性学习能否取得效果乃至成败的关键。而这类问题必须由教师提出，也只能由教师提出（学生对当前初次接触的学习对象尚不了解，不可能由他们自己提出与学习对象密切相关又富有启发性的问题）。

第三，进行探究时要由教师提供多方面的帮助与指导。带着问题进行探究的过程，固然是由学生个人（或学习小组）去完成的，但在这一过程中需要教师提供有关的探究工具（例如几何画板、建模软件、仿真实验系统等）和相关的教学资源支持，以及对学生探究性学习中采用的方法、策略做必要

的指导。如果这方面的学习支持与指导不落实、不到位，将会挫伤学生们的学习信心与学习积极性，使探究性学习的效果大打折扣，甚至完全落空。

第四，探究过程完成后要由教师帮助总结与提高。探究过程完成后，一般要先由学生个人（或学习小组）做总结，而不是直接由教师做总结。通过一次探究性学习虽然能取得不小的收获，但学生毕竟是初学者，其总结学习成果时难免有片面甚至错误之处，虽然通过全班的讨论交流、集思广益、取长补短，在一定程度上可以克服这些片面甚至错误之处，但是要想让全班学生都能比较深入地理解与掌握当前的学习对象，即对所学的知识点都能从感性认识上升至理性思辨，都能做到不仅知其然而且知其所以然，就会需要教师的帮助。毕竟和学生相比，教师对整门课程有比较全面、透彻、深入的把握，可以做到高屋建瓴。

（二）充分体现学生在学习过程中的主体地位

基于问题的探究式教学模式因为采用"自主、探究、合作"的学习方式，所以在教学过程中特别强调学生的自主学习和自主探究以及在此基础上实施的小组合作学习活动。由于在此过程中，学生们的主动性、积极性乃至创造性都能普遍地得到比较充分的发挥，因而这种教学模式不仅可以对知识技能的理解与掌握较为深入，而且更有利于创新思维与创新能力的形成与发展。

但是，为了使探究性教学真正取得成效，除了要充分调动学生的主动性、积极性，还需要有若干富有启发性问题的启发与引导，要有相关探究工具、教学资源、策略的帮助与支持，而这些都离不开教师的主导作用。由此可见，探究式教学模式要想真正成功实施，光有学生方面的主动性、积极性还是不够的，还需要有教师方面的引导、帮助与支持。换句话说，基于问题的探究式教学模式的成功实施涉及两个方面：一方面既要充分体现学生在学习过程中的主体地位；另一方面又要发挥教师在教学过程中的主导作用，离开其中的任何一方，探究性学习都只能无果而终。因此，"主导、主体相结合"是探究性教学模式最本质的特征。

三、基于问题的探究式教学模式结构

（一）创设情境

创设情境不仅是教师导入教学主题的需要，也是激发学生的学习动机和

自主探究动机的需要。教师创设情境的方法多种多样：可以设置一个待探究的问题（此问题的解决需运用当前所学的知识），也可以播放一段与当前学习主题密切相关的视频录像，或是朗诵一首诗歌、放送一段乐曲、讲一个生动的小故事、举一个典型的案例、演示专门制作的课件、设计一场活泼有趣的角色扮演活动等。当然，所有这些活动都应有一个先决条件——必须与当前学习主题密切相关，否则不能达到创设情境的目的。教师通过上述各种方法创设能激发学生学习动机和探究动机的情境，学生一旦进入教师创设的情境就可以在情境的感染与作用下做好学习的心理准备，并产生探究的兴趣。

（二）启发思考

教师通过情境的创设激发起学生的学习兴趣和探究动机之后，应及时提出富有启发性而且能涵盖当前教学知识点的若干问题（切忌提出一些有明显答案或明知故问的问题），让学生带着这些问题去学习和掌握有关的知识、技能，这一过程也是主动地、高效地完成当前学习任务的过程。在问题思考阶段，教师对于学生应当如何解决问题、应当利用何种认知工具或学习资源来解决问题以及应当如何利用这些工具及资源，包括如何处理在探究过程中遇到的新问题等，都应给出具体的建议和指导；学生则要认真分析教师所提出的问题、明确自己要完成的学习任务，并通过全面思考形成初步的探究方案。

（三）自主探究

在自主探究的过程中，学生利用教师提供的认知工具和学习资源，或是利用在教师指导下从网上或其他途径获取的工具和资源，围绕教师提出的与某个知识点有关的问题进行自主探究。这类自主学习与自主探究活动包括学生利用相关的认知工具（不同学科所需的认知工具不同）去收集与当前所学知识点有关的各种信息，学生主动地对所获得的信息进行分析、加工与评价，在分析、加工与评价的基础上形成学生对当前所学知识的认识与理解，即由学生完成对当前所学知识意义的自主建构。在学生进行自主学习与自主探究的过程中，教师应密切关注学生的学习与探究过程，并适时地为学生提供如何有效地获取和利用认知工具、学习资源以及有关学习方法策略等方面的指导。

（四）协作交流

为了进一步深化学生对当前所学知识意义的建构，应在自主探究的基础上，组织学生以讨论的形式开展小组内或班级内的协作与交流，通过共享学习资源与学习成果，在协作与交流过程中进一步深化学生对当前所学知识的认识与理解。教师在此过程中应为学生提供协作交流的工具，同时，要对如何开展集体讨论、如何面对小组成员的分歧等协作学习策略做适时的指导，而且教师在必要时也应参与学生的讨论和交流（不能只做场外指导）。协作交流的过程不仅是学生深入理解知识与情感内化的过程，也是学生了解和掌握多种学习方法的过程。

（五）总结提高

总结提高是实施探究式教学模式的最后一个步骤，其目的是通过师生的共同总结来补充和完善全班学生经过自主探究和协作交流以后对当前所学知识的认识与理解方面仍然存在的不足，以便更全面、更深刻地达到与当前所学知识点有关的教学目标的要求（包括认知目标与情感目标这两方面的要求）。在实施这一步骤的过程中，学生的活动包括讨论、反思、自我评价、相互评价；教师的活动包括点评学生的学习情况、提出与迁移拓展有关的问题并创设相关情境、对当前所学知识内容进行概括总结（以帮助学生了解当前所学知识点与其他相关知识点之间的内在联系）。其中提出与迁移拓展有关的问题，可以要求学生应用所学知识去解决某个问题，也可以要求学生应用所学知识去完成某项作品。

四、基于问题的探究式教学模式应用案例

"函数$y = A\sin(\omega x + \varphi)$的图像"教学设计案例主要有以下内容。

（一）教学目标分析

第一，知识与技能：找出由函数$y = \sin x$到$y = A\sin(\omega x + \varphi)$的图像变换规律。

第二，过程与方法：通过对函数$y = \sin x$到$y = A\sin(\omega x + \varphi)$的图像变换规律的探索，体会由简单到复杂、由特殊到一般的化归思想。

第三，情感态度与价值观：通过对问题的自主探究，培养独立思考能

力；在小组交流中增强合作意识；在解决问题的难点时，培养解决问题的抓主要矛盾的思想。

（二）学习者分析

第一，智力因素方面：大部分学生基础知识比较好，对数学有一定兴趣，具备较好的数学能力。

第二，非智力因素方面：学习动机不是特别强烈，需要引导和激发，也有部分同学有畏难情绪，会比较焦虑，在独立思维能力和抽象思维能力欠缺，需要加强小组合作学习，进行分组讨论。

（三）教学内容分析

本课内容是人民教育出版社出版的普通高中课程标准实验教科书《数学4（必修）》第一章第五节"函数$y = A\sin(\omega x + \varphi)$的图像"，是在学生已经学习了正、余弦函数图像和性质的基础上，进一步研究生活生产实际中常见的函数类型：函数$y = A\sin(\omega x + \varphi)$的图像。在解决这个问题的过程中，贯穿了由简单到复杂、由特殊到一般的化归数学思想，同时，还力图向学生展示观察、归纳、类比、联想等数学思维方法，通过本节内容的学习，可以使学生将已有的知识形成体系，对于进一步探索、研究其他数学问题有很强的启发与示范作用。

（四）重点、难点分析

第一，教学重点：函数$y = A\sin(\omega x + \varphi)$的图像及参数$A$、$\omega$、$\varphi$对函数图像的影响。

第二，教学难点：参数ω、φ对函数$y = A\sin(\omega x + \varphi)$的图像的影响及综合应用。

（五）媒体和资源的设计

1. 教学媒体

多媒体教室、多媒体课件、实物投影仪、视频、几何画板。

2. 教学资源

教学资源见表4-2。

表4-2　教学资源

知识点	学习目标	教学资源的形式、内容、作用
导入新课	引出问题	视频：弹簧振子、潮汐对轮船进出港的影响，引起兴趣
参数A	A对函数图像的影响	几何画板演示：函数$y=\sin x$的图像变换得到$y=3\sin x$的图像
参数ω	ω对函数图像的影响	几何画板演示：函数$y=\sin x$的图像变换得到$y=3\sin x$的图像
参数φ	φ对函数图像的影响	几何画板演示：函数$y=\sin x$的图像变换得到$y=\sin x\left(x+\dfrac{\pi}{6}\right)$的图像
参数A、ω、φ	参数A、ω、φ对函数图像的形状和位置的影响	实物投影仪：展示各小组不同的探讨结果

（六）教学过程的设计

具体的教学过程设计见表 4-3。

表4-3　"函数$y=A\sin(\omega x+\varphi)$的图像"教学过程设计

教学环节	教师活动	学生活动	媒体演示
导入新课	播放视频，提出课题	观看视频，思考问题	视频：弹簧振子、轮船进出港

教学环节	教师活动	学生活动	媒体演示
探讨参数A	提出问题，四处巡视，适时参加小组的讨论，留心不同的探讨结果	分组合作探究，并选派一两个代表展示本组探讨结果	实物投影仪：各小组不同的探讨结果
	引发再探究	探究不同的结果的正误，并选代表加以说明	几何画板演示：函数$y = \sin x$的图像变换得到$y = 3\sin x$的图像
探讨参数ω	提出问题，四处巡视，适时参加小组的讨论，留心不同的探讨结果	分组合作探究，并选派一两个代表展示本组探讨结果	实物投影仪：各小组不同的探讨结果
	引发再探究	探究不同结果的正误，并选代表加以说明	几何画板演示：函数$y = \sin x$的图像变换得到$y = \sin\left(x + \dfrac{\pi}{6}\right)$的图像
探讨参数φ	提出问题，四处巡视，适时参加小组的讨论，留心不同的探讨结果	分组合作探究，并选派一两个代表展示本组探讨结果	实物投影仪：各小组不同的探讨结果
	引发再探究	探究不同结果的正误，并选代表加以说明	几何画板演示：函数$y = \sin x$的图像变换得到$y = \sin\left(x + \dfrac{\pi}{6}\right)$的图像
课堂练习	形成性练习，开放性思考题	巩固、深化知识点	幻灯片展示：练习题的正确答案
课堂小结	引导回顾知识点	分组合作，形成结论，加以交流	实物投影仪：小结的结果

第三节 任务驱动教学模式

任务驱动教学模式借助于信息技术环境被广泛应用于多种学科的课堂教学中，改变了传统的课堂教学结构，使学生在亲身体验和实践的任务活动中，实现知识内容的自主习得和知识意义的建构。任务驱动教学是在建构主义学习理论的基础上被提出来的。建构主义学习理论强调，学生的学习活动必须与任务或问题相结合，以探索问题的形式来引导和维持学习者的学习兴趣和动机，创建真实的教学环境，让学生带着真实的任务去学习，以使学生拥有学习的主动权；学生的学习不单是知识由外到内的转移和传递，更应该是学生主动建构知识经验的过程，通过新知识经验和原有知识经验的相互作用，充实和丰富自身的知识和能力。

一、什么是任务驱动教学模式

任务驱动就是将所要学习的新知识隐含在一个总体任务与多个子任务中，学生通过对教师所提出的任务进行分析、讨论，明确任务涉及哪些知识点，并指出哪些是重点、难点，在教师的指导和帮助下，紧紧围绕一个共同的实际任务活动中心，在强烈的问题动机的驱动下，通过积极主动地运用学习资源，进行自主探索和相互协作的学习，并在完成既定任务的同时，引导学生产生一种学习实践活动。从学习者的角度来说，任务驱动是实施探究式教学模式的一种教学方法，适用于学习操作类的知识和职业技能。任务驱动教学使学习目标十分明确，适合学生特点，使教与学变得生动有趣、易于接受。任务驱动教学的主要特点之一就是围绕任务展开教学，所以任务的设计、编写非常重要，既要注重方法和知识体系，还要注重融入职业技能的文化性、综合性和其他学科知识。

所谓任务驱动教学模式，就是学生在教师的指导下，紧紧围绕某个共同的任务，在强烈的任务动机的驱动下，自主探究、协作学习，从而在任务完成的过程中实现学生对所学知识的意义建构并提高学生分析问题和解决问题能力的一种教学模式。

在这种教学模式中，教师通过巧妙地设计教学任务，将学生要学习的新知识隐含在一个或多个任务之中，学生通过对任务进行分析、探究，寻求完成任务的途径和方法，最后通过任务的完成实现对所学知识的意义建构。同时，学生在任务的驱动下和学习的过程中，培养了创新意识和创新能力，并提高了分析问题和解决问题的能力。

二、任务驱动教学模式的基本特征

任务驱动教学模式的基本特征是"以任务为主线，以教师为主导，以学生为主体"。

（一）以任务为主线

在任务驱动教学模式中，任务的设计处于核心位置，任务贯穿于整个教学过程中。从任务的典型特征来看，任务大致可以划分为两类：一类是封闭型任务；另一类是开放型任务。封闭型任务主要侧重于围绕确定的任务类型和任务主题，以促进学生掌握关键性的知识和技能为目标；开放型任务主要侧重于围绕不确定的任务类型或任务主题，以培养学生的问题意识和创新能力为目标。任务的真实性和趣味性决定了学习者的学习兴趣，任务的综合性和开放性能够培养学习者的创新思维。任务还应具有目标指向性和可操作性，以便于学生探究整个教学模式，即围绕任务的创设、完成、总结与评价来进行探究。

（二）以教师为主导

在任务驱动教学模式中，教师的主导作用主要体现在以下几个方面。

第一，任务的设计者：教师围绕教学目标的具体要求，设计出合适的任务。

第二，任务情境的创设者：创设情境是任务完成的前提，教师要创设有利于完成任务的情境。

第三，任务过程的指导者：教师在学生完成任务的过程中及时提供必要的指导和帮助。

第四，任务完成的评价者：教师要对学生完成任务的情况进行适当的评价。

第五，课堂的监控者：实时了解学生完成任务的情况，全面引导学生朝着完成任务的方向努力。

（三）以学生为主体

在教学实践中，学生的主体性主要表现为自主性、创造性和协作性。任务驱动教学模式有助于发挥学生的主体性，具体表现为以下几个方面。

第一，提高学生自主探究的能力。任务驱动教学模式将学生置于与当前学习主题相关的，尽可能真实的学习情境中，以便有效激发学生的学习兴趣，驱使学生主动探究和发现问题，完成有关知识的建构，从而提高学生自主探究的意识和能力。

第二，促进学生创造能力的发展。任务驱动教学模式使学生从实际出发，提出问题、分析问题、解决问题，在解决问题的过程中建构知识和掌握技能。在完成任务的过程中，学生可以根据自己的理解自由选择解决问题的方法和途径，通过多角度、多方位的思考，可以有效地促进学生创新思维能力和创造能力的发展。

第三，培养学生的协作交流精神。教师设计的任务，既有学生能够独立完成的任务，又有需要学生协作完成的任务。所以，学生在完成任务的过程中，需要和教师、同学进行协作与交流，不断调整、完善自己的观点，以促进任务的有效完成，同时，还能进一步培养学生的协作精神。

三、任务驱动教学模式的结构

（一）创设情境，确定任务

从建构主义学习理论的观点来看，学习总是与一定的"情境"相联系的，因为在"情境"的媒介作用下，那些生动、直观的形象才能有效地激发学生的联想，唤起学生原有认知结构中有关的知识、经验及表象，从而使学生利用有关知识与经验去"同化""顺应"所学知识，发展能力。因此，教师需要创设与当前学习主题相关的，尽可能真实、生动、开放的任务情境。在情境的烘托下，教师要选择与当前学习主题密切相关的真实事件或问题（任务）作为学生学习的中心内容，使学生明确所要完成的学习任务及任务所包含的学习目标。

（二）共同讨论，分析任务

教师在确定学习任务之后要与学生一起讨论、分析任务，提出完成学习任务需要做哪些事情，需要解决哪些问题。这些问题可以在教师的引导下由学生提出，也可以结合实际情况由教师主动提出，但必须采用由粗到细、逐步求精的方法。需要指出的是，对于某些任务而言，在本阶段不可能把所有的问题都一次性提出来，学生也许只能在探究的过程中逐步发现，甚至许多知识都是以前没有学习过的，教师要引导学生完成新旧知识的衔接和拓展，这也正是解决这个任务的关键所在。

（三）探究协作，完成任务

针对学生发现的问题，教师要引导学生提出解决问题的各种可能的想法，并使学生形成正确的解决问题的思路和计划。期间，教师不能直接告诉学生应该如何去解决面临的问题，而是应该向学生提供解决该问题的有关线索，如向学生提供各种认知工具和学习资源，或者向学生提供工具和资源的获取途径和方法。如果学生需要在课后完成任务，教师也可以借助于 E-mail、QQ、MSN、BBS 等信息交流工具给学生提供必要的指导和帮助。在强调发展学生的自主探究能力的同时，教师应鼓励学生之间进行合作、交流和讨论，通过不同观点的交锋，补充、修正、加深每个学生对当前问题解决方案的理解。

（四）评价反思，总结任务

任务驱动教学是具有反思性质的活动。在任务完成后，学生应以自我为参照进行评价，如"学会了什么""明白了什么""掌握了哪些方法""还需改进和注意的地方"等。学生除对个人的探究行为和结果进行自评外，还要对与他人的协作交流活动进行评价，总结经验和不足。通过反思，学生可以获得知识，并完善个人的知识体系。

教师要对整个任务做出评价：一是，对学生完成当前任务的过程和结果的评价；二是，对学生自主探究和协作交流能力的评价。值得注意的是，教师在总结任务的同时要给予学生中肯的评价和鼓励，使每个学生都能体验到成功的快乐。

从实施程序上看，任务驱动教学模式和探究式教学模式都是由任务或问题出发，由教师引导学生进行自主探究、协作交流，使学生在解决问题的过程中获得知识的建构和综合能力的培养。但相对而言，任务驱动教学模式更强调任务的真实性、趣味性和综合性，更注重围绕任务中心激起学生完成任务的内驱力。

第四节　电子白板教学模式

电子白板系统是以电子白板设计的交互理念为基础，兼顾电子白板交互性和可操作性特点的一种变革性的辅助教学手段。电子白板系统引入学科课堂教学后，促进了课堂教学方式的变革，有效地补充了多媒体教学与网络条件下的课堂教学之间的空白，有力地推动了教育技术与学科课程的整合。

一、电子白板对教学的影响

电子白板是教师和学生都可以从中受益的一种功能强大的课堂教学工具，它可以有效使用各种资源，增强示范效果，提高师生互动质量。电子白板通过全新的教学方式，对教学过程进行时间和资源的科学分配，使教学资源得到高效利用，减轻教师的教学压力和学生的学习负担，充分培养学生的创造性思维，调动学生的学习积极性，从而显著地提高教学效果。

（一）对学生的影响

1. 提高学生的注意力和理解力

相对于传统的黑板教学，电子白板支持的教学过程融声音、行为和视觉于一体，可以直观地处理复杂的概念，处理结果更加清晰、高效、动态化，可以帮助学生通过不同的教学手段更好地理解所学知识，尤其是在学习一些比较抽象的知识和概念时，电子白板为学生提供了多种分析、解决问题的方法和思路。

2. 便于学生复习以往的知识内容并促进学生对新知识的掌握

电子白板可以记录教师的授课内容和过程（包括学生的学习过程），学生只需专心致志地听讲，不必忙着记笔记，课后可以直接存盘带走课堂教学资料，从而帮助学生更好地学习和掌握新知识。

3. 调动学生的积极性和参与性

有研究表明，电子白板支持的教学过程更强调学生的参与和师生、生生的互动，使原来课堂教学中学生不注意听讲、做小动作、随意说话等现象大大减少，提高了学生的学习质量、学习动力和学习自信心。借助于电子白板，课堂内容和教学过程更加生动活泼，可以充分调动学生的积极性和创造性，真正做到寓教于乐。

（二）对教师的影响

1. 对教师备课方式的影响

基于电子白板进行课堂教学备课几乎和传统课堂教学备课一样简单易行、快捷高效。利用电子白板备课，教师不必每节课都预先准备课件，可根据教学内容，把要用的素材资源按照交互白板资源库的组织方式事先放入库中，在教学过程中根据课堂实际需要随时调用，这样就可以大大节省制作课件的时间和精力。这些单元内容的资源还可以服务于其他教师或者教师本人以后的教学，适应教师日常备课的需要。

2. 对教师实施教学过程的影响

使用电子白板系统能非常灵活地实施教学过程。电子白板所构建的是一种教师们都非常熟悉的类似传统"粉笔＋黑板"的课堂教学环境，教师不用改变"板书＋讲解"的教学行为和习惯，可以像使用粉笔一样使用感应笔在交互白板上任意书写和绘图。另外，教师对显示内容可以进行放大缩小、位置变换、角度调整、颜色改变等操作，还可以随时进行注释、标记等，这些功能都非常贴近教师实际的教学需求此外，教师也不用受计算机操作的约束，完全可以像以往一样站在讲台前，充分展示自身的教学风格和魅力，自由地和学生进行各种交流互动，组织学生开展多种学习活动，活跃课堂气氛，增强课堂教学效果，从而真正实现信息技术与课堂教学的整合。

3. 对教师开展教学评价活动的影响

评价包括两个方面：对学生的评价和对教师的评价。对学生的形成性评价是当前课堂教学的有机组成部分，而对教师的评价，传统的方式是通过教案、听课、说课、教研活动进行的，两者都缺少对教学实际过程信息的支持。

交互白板有一种传统黑板不具有的功能，即对课堂整个教学过程所有操作信息的记录，包括教师标记信息、学生参与练习的信息。这些反映真实课堂教学过程的动态资源可以作为对教师和学生进行评价的参考资源，成为开展形成性评价和总结性评价的依据之一。

4. 对教师转变教学理念的影响

教师教学理念转变被视作信息技术与课程整合的最大障碍，其转变不是一朝一夕的事情，而电子白板在课堂教学中的应用，可以对教师的教学观念产生潜移默化的积极影响。信息技术与课程整合中最常见的问题就是教师自我角色的迷失，教师面对信息技术的冲击变得无所适从，有的教师可能会忽视自己常年积累的课堂教学经验和技能，如知识的组织经验、课堂的管理经验、提问策略、动机激发策略等；有的教师则可能会迷恋技术的优势而忽视了教学内容，把基于信息技术的教学视为展示自己信息技术技能的舞台。基于电子白板的课堂教学支持教师传统黑板的使用习惯，教师可以在一个相对"亲切"的环境中使用信息技术，而不用改变"板书＋讲解"的教学行为和习惯，有利于教师树立信息技术是为教学提供支持和服务的理念，从而消除教师对信息技术的排斥心理，改善长久以来教师只是将信息技术当作课堂教学点缀的教学现象。

二、电子白板教学应用模式

在实现教学结构与模式的多元化方面，电子白板比当前用于课堂教学的其他信息技术装备具有更大的灵活性和适应性。分析目前已有的教学案例可以发现，当前电子白板的课堂教学应用模式主要有三大基本类型，即教学资源模式、情境创设模式和交互整合模式。

教学资源模式以交互白板为核心，整合其他数字化信息技术设备和教学素材，辅助教师多方位系统展示教学信息，以完成扩展或丰富学生学习经验为主要目的。在这种模式中，电子白板的作用是为教师提供并呈现教学资源、辅助教师教学。教师在教学设计中，应筛选或整理相关的图片、影片或网页内容等媒体资源，补充教学素材的不足之处，并且允许学生浏览教师所建议的媒体内容以便扩展其学习经验。此模式经常用的教学策略是讲述示范和操作练习，实施的关键是教师筛选的媒体内容要与教学目标具有很好的契合度以及适时监督学生对教学资源的响应，否则可能造成学生的认知过载或迷失。

情境创设模式主张不能只是让学生从教师或电子白板的画面中学习知识，在此教学模式中，电子白板已不只是支持或补充教学活动的不足，而是积极安排或刺激学生操作信息软件或应用设备，让学生沉浸在电子白板创设的情境中去完成教师提出的学习任务，期望学生在学习任务中学会解决问题与思考，再从思考中建构知识。此模式经常运用的策略包括运用电子白板进行探究教学与问题解决策略以及采用虚拟现实情景或游戏媒体让学生在操作中理解与获得知识。在情境创设的教学应用模式中，教学实施的关键是教师要指导学生技术操作的技巧，同时也要随时了解学生运用科技设备的学习过程并提供适当的回馈。

交互整合模式是指将交互式电子白板和网络有机结合起来，发挥它们能够克服传统教学时空限制与学习进度一体化困境的优势，让教师能够照顾到每个学生的个人学习进展，进而实现利用电子白板适应个别化学习过程的目标。在该模式中，电子白板与网络设备整合构成一个整合式学习系统，其主要是以网络服务器作为系统平台，整合超媒体、文件传输、同步与异步的交互以及系统记录过程等功能。交互整合模式的关键之处在于，学生必须在实体教室里掌握与他人交互讨论的技巧与发展计算机网络操作的能力，具备依据自我进度进行学习调节的能力。

第五节　电子书包教学模式

电子书包作为一种新兴的教育教学工具，其最核心的价值不是用来呈现和提供信息，而是在于其通过技术能够增强学习者的思维能力，实现个性化、探究性、社会化、情境化、游戏化、自组织、深度学习，从而转变教与学的方式，实现信息时代的教育变革。这不仅是电子书包的核心价值体现，也是我国电子书包教育教学应用的发展趋势。

一、电子书包对教学的影响

（一）对学生的影响

技术作为学生学习活动和思维发展的参与者与帮助者，在协助学生发展高阶思维能力中的作用早在国际教育界达成共识。新时代的学生本质上就是"数字原住民"，技术是他们的第二天性，虽然已经有很多教师能够使用信息技术，但他们充其量是"数字移民"而已，这在教育上客观存在着"数字原住民"与"数字移民"之间的文化冲突让学生使用技术进行学习，使学生对电子书包的使用像衣食住行一样自然，成为一种"素养习惯"或一种"学习生活方式"并没那么困难。引入电子书包后，班级差异化互动学习、数字化探究实验学习、小组合作项目学习、个性化按需兴趣学习、能力本位评估引导学习等新型学习方式都将成为可能。

孩子们天生就是技术能手，教师所要做的只是提供必要的技术条件，创设应用环境并加以必要的引导，学生就会自然而然地将生活中的技术行为转变成课堂中的学习行为。

（二）对教师的影响

电子书包在教育教学中的应用使学生有了一个爱不释手的智能伙伴，这个智能伙伴成为教师与学生个体之间的"第三者"，许多原本由教师承担的任务被机器分担了或替代了。教师要学会适应这种关系变革，把机器最擅长的事情交给机器做，把人最擅长的事情留给人做。在电子书包所创设的新型信息化学习环境中，学生成了学习的主体，是自主探究者、问题解决者、知识建构者、协作反思者，教师应该转变课堂主角的身份，自愿充当学生的导学者、促学者、助学者、评学者。此外，教师还应具备全新的教学时空观和教学设计理念，要关注学生的不同特点和个性差异，发展每一个学生的优势与潜能，对课前、课中、课后，班内、班外，校内、校外的学习活动进行通盘规划，为学生学习能力的发展创建新的技术学习环境和学习体验。

（三）对教学的变革

从全世界来看，电子书包进入校园已成为一种不可逆转的趋势，必然会带来一场学习革命。基于电子书包的"轻负担、高效益"的高互动课堂以及随时随地发起的随意课堂不再是一句空话；借助电子书包对学生进行持续、精准的评估（无论是课内外，真实还是虚拟情境），支持个性化的普适设计并不断调整学习可达性，可以使每一个学生获得成功的体验；电子书包使教师、家长、学校、社会形成一个紧密的关联圈，其可以调动一切资源为每一个学生量身打造适合的学习环境，以促进学生健康、公平地发展。无论课堂内外，学生都可以获得有趣且强有力的个性化学习空间，优质的e-Classroom、e-School、e-Home、e-Museum、e-Library、e-Lab 随手可及。当与学习伙伴一起学习时，电子书包又转变为和谐高效的协同学习空间，学生可以自由参加一流教师的虚拟课堂，兴趣相近的研究同伴可以无障碍联络。但受现行考试制度与培养目标不协调等方面的制约，要实现这些变革并不是一朝一夕的事，而是需要师生共同进行实践探索，并在应用中不断反思、改进与创新。

二、电子书包教学应用模式

电子课本与电子书包的标准研究和行业发展最终都要服务于教学应用实践，并在教学应用实践中得到检验和发展。针对 2010 年前后电子书包试点项目的调研可以发现，2009 年马来西亚的"e-Book 试验计划"、中国台湾地区的"电子书包试验计划"、2010年日本的"未来学校项目"、2011年韩国的"电子课本计划"、香港特别行政区的"电子学习试验计划"、中国上海虹口区的"开展电子数字化课堂环境建设和学习方式变革试验"、中国佛山南海区的"智能课堂项目"，2012年上海闵行区的电子书包项目，这些都是以政府及教育部门为主导的电子书包推进项目，各地掀起了一股电子书包应用热潮。根据调研结果，从电子课本与电子书包的应用群体来看，当前电子书包的教学应用已经涵盖各个学段、涉及各个学科，以下是电子书包推广试验过程中应用比较广泛的几种教学应用模式。

（一）基于电子书包的"授导互动"教学模式

传统"授导互动"教学亦称"传递—接受"教学。所谓"传递—接受"是指在教学过程中教师通过口授、板书、演示，学生则通过耳听、眼看、手记来完成知识与技能的传授，从而达到教学目标要求的一种教学模式。其特点是教师易于组织、监控整个教学活动，便于师生之间的情感交流，有利于系统科学知识的传授，并能充分发挥情感因素在学习过程中的重要作用。其不足是教师主宰课堂，忽视了学生认知主体作用，不利于学生创新思维与创新能力的发展。尽管存在上述不足，"传递—接受"教学模式仍然是我国基础教育常见的教学模式。基于电子书包的"授导互动"教学模式是电子书包在基础教育课堂的应用过程中逐步发展形成的，它实现了"传递—接受"教学与电子书包功能的融合，具有较强的实用推广价值。

基于电子书包的"授导互动"教学是指在电子书包平台支撑下，教师以讲授引导互动为主要手段，以知识学习为导向，向学生叙述事实、解释概念、论证原理和阐明规律，同时在教学过程中展开动态测评，并及时调整教学的一种教学应用模式。

基于电子书包的"授导互动"教学模式充分发挥了传统"传递—接受"教学模式的特点，同时整合了电子书包的教学应用优势与特征。

学习者是学习活动的主体，学习者具有的认知、情感、社会等特征都将对学习的信息加工过程产生影响。因此，对学习者的分析在教学过程中显得尤为重要。在该模式下，依托电子书包平台，课前，教师通过互动了解学生学习需求、知识能力基础、认知结构特点等，并据此对教学内容进行调整，为课程开展奠定基础。

第一，回顾旧知：在课前互动基础上，教师通过回顾旧知，建立新旧知识之间的联系，学习者倾听讲解，回顾所学知识，唤醒对已有知识、经验的记忆，为即将开展的学习做准备。

第二，创设情境：教师充分发挥电子书包平台的多媒体特性，创设与当前学习主题相关、真实的情境。通过情境的创设，有效激发学生的学习兴趣，引导学生参与到课程的学习中来。

第三，授导互动：这一阶段包括教师授导、学生自主学习与协作学习。教师借助信息化的手段呈现学习内容，并对内容进行详细讲解与说明。学生在学习过程中，借助电子书包平台实现师生互动交流，围绕学习任务进行自主与协作学习。

第四，归纳练习：依托电子书包的实时测评功能，教师可以及时发现学生学习中存在的问题，对教学过程中的内容及侧重点及时进行调整，并动态生成新的教学内容。

第五，反思评价：借助电子书包平台，教师可以实现对课堂教学效果以及学生表现的评价，促进学生对知识的内化迁移与学习反思。基于电子书包的"授导互动"教学是以教师为主导、学生为主体的学习，电子书包平台主要发挥师生互动、资源呈现、评价测试的作用。在该模式下，教师需要有目的性、有选择性地使用电子书包平台，充分发挥其功能，从而避免电子书包自身对教学的干扰，分散学生注意力。

（二）基于电子书包的主题探究式教学模式

基于电子书包的主题探究式教学是指学习者围绕学习主题，运用电子书包进行自主和协作学习，最终解决问题，并形成学习成果。其目的是培养学生解决问题、自主探究以及协作学习等方面的能力，从而提升学生的信息素养与学科素养。在学习过程中学生成为学习的主体，教师成为支持者和辅助者，学习的结果被弱化，学习过程与合作得到强化。

借助电子书包平台强大的交互功能，教师与学生围绕学习内容与主题任务进行互动。通过互动，教师可以了解学生的学习需求，学生可以对要学习的主题形成一定的了解，做到心中有数。

第一，创设情境，呈现任务。教师围绕探究主题，构建真实的问题情境，并呈现学习主题。学生对学习主题进行讨论交流，明确学习任务以及学习方向。

第二，组织参与，提供支架。教师组织学生分组，引导学生参与到主题探究中来，并提供学习支架辅助探究。学生以小组为单位对主题进行分析，制订探究的计划与组内分工。

第三，监督观察，适时指导。学生以小组为单位，借助电子书包的丰富资源和良好互动优势，展开探究性学习。在探究过程中教师发挥指导、监督作用，保证学生探究方向的正确，并针对难题提供适时适当的指导。

第四，评价总结，延伸拓展。教学任务完成后，以小组为单位形成学习成果，并借助电子书包平台进行学习成果的交流与展示，师生对学习成果进行评价。教师引导学生进行总结归纳，实现知识的内化与提升。

另外，由于时间等方面的限制，在课堂探究学习的过程中会产生一些新的问题或任务，这些问题或任务可以作为下一次探究学习的起点。

（三）基于电子书包的"学案导学"教学模式

"学案导学"教学模式产生于 20 世纪 90 年代后期，其诞生于一线教师的教育教学实践中。这种教学模式有利于自主学习、合作学习以及研究性学习等多种形式的教学活动的开展，能培养学生解决问题、协作创新等多方面的能力。其与新课程改革所倡导的教学理念一致，故一直以来都受到广大中小学教师的青睐。

联合国教科文组织在 *Learning：The Treasure Within* 中指出：教学应当尊重每一个人的多样性和特性，这一原则应主张摒弃任何标准化的教学形式。关注学生差异、促进学生个性化学习的关键在于要以学习的过程代替教学的过程。而学案则是实现这一转变的有力工具。所谓学案，是在教师广泛调研学生学习的情况下，集思广益，精心编写的指导学生自主学习的教学辅助材料。对于学生来说，它是学生课前预习、课堂学习、课后复习所使用的工具与方案，是学生主动学习所依据的材料。对于教师而言，它是教师课堂讲解的工具与方案。学案具有基础性、差异性、开放性以及主体性的特点，"学案导学"关注学生之间的差异，不仅注重知识传授，更注重引导学生去学会学习、学会创新。

基于电子书包的"学案导学"教学应用模式是指在电子书包教学环境下，以学案为载体，以学生自学、教师导学为手段，以培养学习者学习能力为导向，实现分层教学以及课前、课中与课后有机融合的教学模式。在教学中，充分发挥学案特点，依据学生的差异性，制订分层学案，实现分层教学，教师应满足不同学生的学习需求。同时，提供丰富的学习支架，支持学生学习，注重学生解决问题、协作学习等能力的培养。

基于电子书包的"学案导学"教学应用模式是围绕课前学案、课中学案、课后学案展开的。

第一，课前：教师编制课前学案，学生依据学案进行知识回顾与预习。教师根据学生的反馈进行学情分析，制订分层课中学案，调整教学重难点，并规划课堂教学。

第二，课中：①呈现分层学案。依据学情分析，教师依托电子书包学习平台分发分层课中学案，学生获得学案后，阅读学案内容，明确学习任务。②学案导学。学生围绕学习任务，开展自主或协作探究学习，教师及时监控学生学习过程，并对学习提供指导，做到重点问题及时突破，普遍存在问题及时讲解，涉及下节课内容的鼓励课下思考。③学案学习评价。学生完成学习任务后，教师进行归纳提升，并借助评价测试模块，对学生的学习情况进行评估与诊断。

第三，课后：教师发布课后学案，其目的在于帮助学生对所学知识进行巩固强化。需要指出的是，课后学案并非是一个教学流程的结束，相反，它可以成为下一堂课的开端，成为另一个"课前学案"。基于电子书包的"学案导学"教学充分尊重学生之间的差异，确保学习过程中不同层次的学生都能够"吃饱"。同时，依托电子书包平台，实现"课前、课中、课后"的有效融合，大大拓展课堂所覆盖的范围。在教学过程中内嵌"自主学习、协作探究"环节，有助于学生能力的培养。

电子书包在我国还处于刚刚起步的状态，还没有形成系统而科学的电子书包教学模式。但不可否认的是，电子书包的教学应用改变了课堂教学结构、课堂教学组织形式、课堂教学交互方式、教师角色及学生学习评价方式，转变了教师的教学理念，使教师从最开始的纠结于到底用不用信息技术支持教学，到如今思考如何将信息技术用于课堂教学以及如何有效地利用信息技术支持课堂教学。

三、电子书包教学模式应用案例

以下为"眼睛的科学"教学设计案例。

（一）教学目标分析

知识与能力：认识简单的眼睛构造，初步了解近视和眼睛构造的关系。

过程与方法：善于提出问题，并能进行问题筛选分析。应用感官观察并结合电子书包"解暗箱"的体验活动，了解眼睛的构造。并在不断认识的过程中，有意识地对眼睛的知识进行补充和完善。

情感态度与价值观：保持与发展想要探究与发现周围事物奥秘的欲望；同时，还要在科学学习中能注重事实，克服困难，乐于合作与交流；另外，要知道保护眼睛对青少年的重要性。

（二）学习者分析

处于四年级的学生好奇心强，思维活跃，勇于表现自己。他们在之前的各学科学习中已经有了探究学习的经验，喜欢动手实验，并积极认真思考。但是在探究过程中，他们的兴趣仅停留在探究工具上，并不重视探索事物本质、追寻问题解决的方式方法，因此教师要适时适度地给予帮助和指导。学生在学习本课前对眼睛的有关知识有浅层次的认识，在日常生活中，听说过假性近视、近视等与眼睛相关的名词，但是并不知道眼睛的内部结构和近视的成因。

（三）教学内容分析

"眼睛的科学"（第一课时）是天津路小学科学校本课程"我们的身体"单元中的第三课。本课的教学内容是让学生认识简单的眼睛构造，使学生初步了解近视和眼睛构造的关系，并培养学生发现、整理、筛选问题的能力；让学生能在已有问题、经验和信息的基础上，通过简单的思维加工，做出自己的解释或结论；能用自己擅长的方式表达探究结果，进行交流，并参与评议；能够对别人研究的结论提出质疑，同时培养学生搜集、整理信息的能力和自学能力。

（四）重点、难点分析

教学重点：了解关于眼睛构造的名称及位置。

教学难点：近视和眼睛构造的关系。

（五）方法和媒体的设计

本课教学内容更加注重过程的体验和能力的获得，因此采用自主探究和协作交流的教学方法，教学媒体采用电子书包和多媒体网络教学系统。

第五章　大数据环境下信息化发展对推进高校教育管理创新的现实意义

第一节　大数据引领信息化新时代

　　信息技术的整体演进推动了大数据的产生和发展，也为大数据思维的形成奠定了物质基础。在信息社会中，传感器和社会网络是产生数据的重要来源，云计算和数据中心则提供了大数据的存储能力，传统互联网和移动互联网的发展支撑着大数据的传输，人工智能和机器学习提升了大数据的处理能力和速度。

　　大数据技术的发展，不仅对信息社会的数据采集和处理能力提出了更高的要求，海量数据的价值也反哺着信息技术，促进了包括人工智能在内的各项技术的飞跃式发展。大数据与信息技术相辅相成、互为助力，共同汇成了不断涌动的大数据浪潮。

一、设备与信息"爆炸"式增长

　　当前，各个行业的信息数据呈现爆炸式增长，汇聚成巨大数据量。现在，每两天新增的数据量就约等于 2003 年以来人类积累的全部数据。传感器和以其为基础的物联网正飞速发展，成为大数据变革的一大助力。传感装置不仅环绕、嵌入了各种机器，更通过监控装置、智能手机等载体广泛渗透于社会生活之中。

　　同时，互联网尤其是移动互联网的广泛普及，令每个人日常产出的数据成倍增长，包括图片、文字和语音在内的社交数据、定位数据以及个人生活消费数据等。在社交媒体方面，研究机构 WeAreSocial 的数据报告显示：全球社交媒体的持续增长，使活跃用户达到全球人口的 29%；各个国家最活跃的社交网络的月活跃用户（MAU）为 20.8 亿人，全球用户平均每天使用社交网络和相关应用的时间达到 2.5 小时。人们通过智能手机可以随时将各种类型的个人数据用移动互联网上传到云端。其中，仅每天上传到社交网站的照片就超过 3 亿张。粗略估算，目前一个家庭一年产生的数据量，可能达到半个中国国家图书馆藏书的数据量规模。"爆炸"式增长的数据，是孕育大数据的温床。如何挖掘出这些数据中的价值，更是大数据技术发展需要担起的责任与最终要达到的目标。

二、存储的云端革命

不管是对互联网进行运行，还是对其展开维护，都常常会出现很多无法预料的事件，造成数据丢失问题。有时可能是人为操作问题造成数据丢失，有时也有可能是天灾人祸导致大量数据丢失。在美国"9·11"事件中，世贸大厦 800 多家公司和机构的数据遭到毁坏，包括金融巨头摩根·士丹利。然而，该公司竟奇迹般地宣布全球营业部第二天可以照常工作，因为它在美国新泽西州的蒂内克市建有一个远程数据备份系统，保护了最重要的数据。数据备份和远程容灾系统将该公司从危亡之中挽救了出来，避免了全球范围内的金融行业陷入危险的地步。

根据数据的特性对数据及时备份非常重要，可以在遭遇特殊事件，或者是为满足特殊需求而有效地促进数据恢复。但大数据时代下的数据规模往往能够达到 PB 以上量级，其中大部分为非结构化数据，存储这些数据需要大容量的基础设备以及数据存储系统较强的扩展能力。而大数据处理的实时性要求则需要设备具有高性能和高吞吐率。以往信息存储的重要根基在于关系数据模型，对硬盘的读写速度慢、效率低，使得数据库很难进行横向扩展，灵活性较差。但是，数据容量的增长是无上限的，因此需要不断购买相应的存储设备，这无疑会大大增加存储成本。为了适应这些需求，云存储应运而生。

云存储属于新兴的存储技术，也是一种新概念。该概念实际上是对云计算理念的延伸与拓展。云存储利用集群应用、网络科技等功能，将网络平台当中多种多样的存储设备借助应用软件进行整合与协调，共同实现数据存储与访问等多方面的功能。云存储和传统的存储在设备方面存在着很大的差别，云存储已经不单是一组硬件设备，而且还是由存储设备、服务器客户端等多个部分共同构成的复杂系统。这个系统的核心是存储设备，借助应用层的一系列软件供给存储业务等方面的服务。云存储特别注重对虚拟科技的应用，可以在极大程度上减少存储空间随意占用问题，进而提升存储效率，特别是自动重新分配数据让存储空间利用效率大幅提升。

云端存储进一步降低了单位数据量，让更大范围地推广应用大数据技术拥有了良好条件以及支撑。而大数据存储和处理的需求，又进一步推动了云存储和云计算的发展，共同构成了大数据技术的基础要素。

三、网络的高速泛在

对于传统互联网、物联网以及移动互联网而言，"互联成网"是最基本和最具价值的功能之一。在孤立的单一节点上，即使能够不断生成数据，如果这些数据不能通过网络立即汇入海量数据之中，它们在产生的同时就会迅速贬值，片刻之间就会成为断裂而片面的历史陈迹。

"互联"的魔力在于，当节点连接入网络之后，会不可避免地与其他节点接触并相互作用，由此产生"1+1 > 2"的倍增效应。例如，在社交网络上发表一个状态会引来大量点赞和回复，甚至可能带起一个小范围的风潮。在相互连接的节点的互动之中，不仅产生了更多且更有价值的联动数据，同时各个节点产生的数据也聚沙成塔，成为大数据巨大体量中不可或缺的组成元素。

当前，"互联网络"已经连接起巨量的人群甚至机器，且带宽借助基建发展而不断扩大，使得其中的数据流速不断加快。到 2014 年年底，全球互联网活跃用户已突破 30 亿，互联网的传输速度约达 167 TB，带宽以超过 30% 的速度快速增长。在物联网方面，2015 年全球物联网渗透到智能交通、环境保护、政府工作、公共安全和个人生活等当中，装机量增至 132 亿，由射频识别（RFID）、视频监控、机器对机器（M2M）日志以及传感器等来源产生的数据传输至物联网中，为各个行业提供了大量的即时数据。

广泛的联网不仅点燃了信息"爆炸"式增长的导火线，更为海量数据的采集和融合提供了传统数据记录方式无法比拟的"即时"优势。只有在网络高速公路上畅流无阻的数据，才能满足大数据技术即时反馈的需求。

四、计算能力的快速增长

1946 年，当第一台通用计算机 ENIAC 诞生时，这个占地面积 170 平方米、重 30 多吨、耗电量 150 千瓦、造价 48 万美元的"巨婴"，每秒仅能执行 5 000 次加法运算。从那时起到现在，在摩尔定律的支配下，电子计算机中央处理单元（CPU）的性能提高了 10 000 倍，内存的价格下降至 1/45 000，硬盘的价格下降至 $1/(3.6 \times 10^6)$。

我国的超级计算机天河二号计算机，根据 Linpaek 测试软件的测试，运算速度达到了 33.86 PFlops[①]，连续三次在评测中成为世界第一的计算机系统。"天河二号" 1 小时的计算量，全中国人一起用计算器连续不断地计算大约需要 700 年。

这意味着，在硬件提供的计算能力飞速提升的同时，单位时间的计算价格正迅速 "平民化" 于是，人们现在可以用更低的价格买到更强大的计算能力。这对于需要运用复杂的算法、快速处理海量数据的大数据技术来说，无疑是一个再好不过的喜讯。

如果说信息的 "爆炸" 式增长令大数据喷涌而出，存储的云端化令大数据汇流入海，泛在的高速网络为大数据充能蓄势，那么单位价格计算能力的倍增就如同一声春雷，为大数据技术渗透和滋养每一个行业吹响了进军的号角。

五、大数据为物联网和云计算提供新视角

在物联网、互联网、云存储和云计算发展的基础之上，大数据技术已经逐步成熟起来。假如我们把互联网当作是信息社会的感觉和运动神经系统，云计算就如同中枢神经系统，大数据则是互联网智慧产生的重要根基。传统网络、物联网以及移动互联网，在持续不断地给大数据体系的发展壮大提供多种数据支撑的同时，也通过大数据技术接收各种优化的决策和数据模型，借此不断迭代自身技术，推动其向更高层面发展。

作为信息化社会的产物，大数据技术能够对信息资源的优化配置和充分利用产生极大助力，不仅推动了信息技术的进一步发展，也为人们社会生活水平的改善做出贡献。大数据开启了一次重大的时代转型，正在改变人们生活以及理解世界的方式。新的机遇和挑战将会成就未来社会和技术发展的壮阔前景。

---

① PFlops：最前面的 P 是常量（1P=1024T 1T=1024G 1G=1024M 1M=1024K 这里的 PFlops 就是每秒运算能力为一千万亿次，1PFlops 等于 1 千万亿次浮点指令 / 秒。），s 是秒，Flops 是 floating point operations per second 每秒所执行的浮点运算次数的英文缩写。它是衡量一个电脑计算能力的标准。

第二节　大数据对教育的促进作用

　　归纳大数据对教育的作用主要表现在三个方面：分别是理念思维、行业进步、融合创新；另外，还会实现教育的四种效应，解决教育的六大难题，最终建立起一个系统完善的智慧教育生态体系，为教育的创新进一步创造良好条件（见图5-1）。

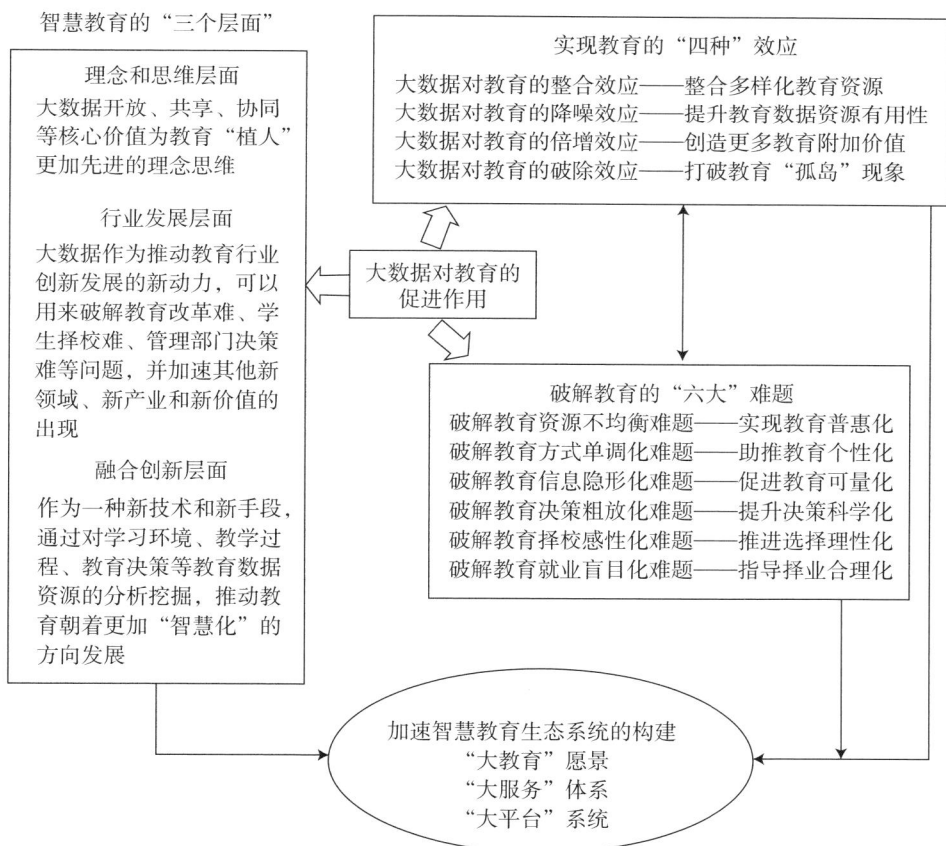

智慧教育的"三个层面"

理念和思维层面
大数据开放、共享、协同等核心价值为教育"植入"更加先进的理念思维

行业发展层面
大数据作为推动教育行业创新发展的新动力，可以用来破解教育改革难、学生择校难、管理部门决策难等问题，并加速其他新领域、新产业和新价值的出现

融合创新层面
作为一种新技术和新手段，通过对学习环境、教学过程、教育决策等教育数据资源的分析挖掘，推动教育朝着更加"智慧化"的方向发展

大数据对教育的促进作用

实现教育的"四种"效应
大数据对教育的整合效应——整合多样化教育资源
大数据对教育的降噪效应——提升教育数据资源有用性
大数据对教育的倍增效应——创造更多教育附加价值
大数据对教育的破除效应——打破教育"孤岛"现象

破解教育的"六大"难题
破解教育资源不均衡难题——实现教育普惠化
破解教育方式单调化难题——助推教育个性化
破解教育信息隐形化难题——促进教育可量化
破解教育决策粗放化难题——提升决策科学化
破解教育择校感性化难题——推进选择理性化
破解教育就业盲目化难题——指导择业合理化

加速智慧教育生态系统的构建
"大教育"愿景
"大服务"体系
"大平台"系统

图5-1　大数据对教育的促进作用示意图

一、智慧教育的"三个层面"

智慧教育的"三个层面"主要包括以下内容。

第一，理念与思维层面。毋庸置疑，大数据是时代发展和进步之下生出的新理念，其核心价值包括开放、共享、协同发展等多个方面的内容，这些核心价值给教育带来的冲击极大，也在潜移默化中影响着教育的改革与发展。大数据还是一种新思维，对教育的思维发展有着直接影响，促使教育从演绎转变为归纳，从经验主义思维转变为依靠大数据的客观思维，促进了智慧教学与评价的产生和推广普及。第二，行业发展层面。大数据为教育建设与行业革新进步提供了不竭动力，能够有效回答以往被认定为无解或被认为不能有效解答的问题，实现以往人们认为根本不可能实现的事情，能够有效突破教育领域的诸多难题。此外，大数据的推广应用还可以促进新领域的诞生，催生出新的产业与价值，进而打造系统、全面的教育产业链，让教育生态体系建设目标顺利实现。第三，融合创新层面。对教育体系建设而言，大数据属于新的技术手段，利用对学习环境、教育过程、决策等环节出现的大量数据信息展开挖掘与研究，可以革新传统教育模式，推动教育改革进步。

二、实现教育的"四种效应"

教育信息化建设步伐在不断加快，从产生一直发展到现在，已经有了很多年的时间。可以说，目前我国已经具备了一定教育数据资源的积累，但其中还有很多问题亟待解决，具体来说有以下内容：第一，数据收集方法非常单一，渠道狭窄，大多数数据的来源均为教育管理系统。第二，数据整合程度较低，数据割据问题和零散化分布问题十分明显，往往会忽视数据之间的内在关联性。例如，教育视频这一极具价值的教育信息资源并没有在教育事业发展进程当中被有效运用，使得人们难以探寻到成本低廉和获取便利的多元教学资源，影响到人们个性化学习需求的满足。第三，数据质量水平以及可利用价值相对较低。在一个数据爆炸的时代，对数据进行处理与运用时存在着极大的难度，造成数据质量低的同时，也降低了数据的可利用价值。第四，缺少建立完善的数据平台。想要对爆炸性的教育数据资料进行分析，挖掘其内在价值，就一定要借助数据平台，提供优质而又全面的数据服务，但是很明显目前尚未构建一个良好的数据平台。

教育事业的发展和进步离不开大数据的支持，而大数据在整个教育行业进步中的应用也在不断扩大，在实际应用中会显现出以下四种效应，下面对其进行逐个分析说明。

（一）大数据对教育的整合效应

要发展智慧教育，打造强有力的智慧教育生态系统，不能局限在构建信息系统方面，对整个系统当中的内容与数据展开剖析与建设也是非常关键的。大数据时代背景之下，数据价值高于系统价值。在信息化领域，人们普遍认可和遵照的规律是 3 分技术、7 分管理与 12 分数据。如果从核心价值方面对大数据进行分析的话，可以用开放这两个字进行概括。大数据借助数据研究这种方式找到事物发展的客观规律，需要依赖真实以及广泛的数据，如果没有能满足这些要求的数据，是无法探寻到客观规律的。怎样共享与开放数据、怎样对数据做加法是目前大数据进步历程中急需解决的实际问题，更是人们不可避免的软肋。就目前而言，绝大多数的行业与领域的数据都不具备开放性的特征，数据资料往往握在不同行业主体手中，这些主体并不愿意将自己手中握有的数据资料免费分享给他人。从教育这个领域来看，不同教育主体在大数据时代运用信息科技时有着各自独具特色的数据资源优势，在早期阶段绝大多数的教育数据都是由较大的教育主体垄断的。随着时间的推移，尤其是信息科技的迅猛进步，教育课程与平台的开放程度逐步增加，出现了大量品质高且具体化的教育信息与数据。将这些数据进行有效的关联与互动，会生出具备更高价值的数据信息，不断地补充和完善教育数据库，出现"1+1>2"的整合以及规模效应。

大数据拥有关联分析的特殊优势，正是因为这一优势特性的存在，让数据存在着的行业界限被有效地打破，从而将各行各业的数据进行有效关联。例如，大数据能够将学校周围交通和学生进出学校的数据建立关联关系，以便智能化地管理学校周围区域的红绿灯。大数据还能够将学片区房屋信息和学校教师团队整体水平以及学生的有关数据资料关联起来，进而更加合理科学地分配学片区教师资源，为教育资源的优化配置创造良好的条件，让择校问题得以顺利解决。教育大数据正是在关联分析的支撑之下，推动教育规模的增加，实现多领域与行业数据之间的全面互动；同时，也在很大程度上解决了过去依靠单一领域或行业不能够解决综合复杂问题的难题，让数据孤岛现象大幅缓解，也让很多表面看来没有价值的数据显现出以往没有发现的突出价值。

（二）大数据对教育的降噪效应

据不完全统计，全球领域的数据量正在以每年 50% 的速度增长，同时，数据类别呈现出多元化的发展趋势。有时数据噪声会使数据质量大幅下降。噪声是被测量变量的随机误差或方差。数据在以一种极快的速度增长时，并不表明人们的理解与分析能力与数据的增长能够同步进行，绝大多数的信息都是噪声，且噪声增速远远快于信号。因此，还有大量假设亟待验证，大量数据资料亟待深层次的分析与挖掘。

降低数据噪声，提高数据质量水平是目前摆在大数据技术改革发展道路上的重大任务。我国的教育事业正在快速发展，教育信息化水平在不断加快，特别是在信息科技广泛、深度应用的进程中，教育环境、模式、手段等多个领域都实现了翻天覆地的变化，也出现了大量的教育数据。实际上这些教育数据只有一部分是有好处和可利用的，且存在着大量的数据噪声，这些数据噪声会直接影响教育决策的制定，也会影响教育趋势的研究准确性。不管是哪个学校，都有丰富又庞大的教学资源与教学数据，但真正可在教学当中有效应用的却少之又少，可以随教学内容的更新而不断更新以满足学生互动参与需求的资源更少。这时就要借助大数据技术做减法，即整合已有数据，全面剔除虚假的数据与资源以得到真实的数据信息，进而获得真正的结果。

在认识大数据对教育驱动的基础之上，对差异化教育主体、系统、环境出现的海量数据展开整合研究，可以激活有价值的数据，去除虚假数据，发挥大数据的减法作用，最大程度地减少数据噪声。

（三）大数据对教育的倍增效应

在历经长时间的累积，特别是在教育事业加快改革的背景之下，教育数据积累量大幅提升且由于大数据能够把很多过去处在休眠状态的数据激活，把原本处在静态的数据催化成动态数据，导致教育数据倍增效应的产生。一方面，大数据有助于彻底打破传统教育的束缚，有效解决以往教育背景下遇到的教学改革难、择校难等实际问题。数据驱动决策与流程等的实际模式，会在整个教育事业的发展进步中得到更大范围的推广和应用。另一方面，大数据为教育事业的进步注入了生机与活力，同时也带来了创新的曙光，推动了教育产业转型升级，促进了教育教学模式的创新，同时推动了教育科技的发展，这些都给教育事业的变革带来了极大的便利性。一部分新兴创新企业把教育数据作为基础，提供具体化以及针对性强的教育解决方案，促进大数据的商品化与产业化，并在整个教育领域引发了创业创新浪潮和产业革命。大数据催生了很多教育应用程序，促进了大量在线课程细分企业的出现。站在这一层面上进行分析，大数据在教育发展过程当中发挥了倍增效应当中的乘数作用。

早在20世纪90年代我国就致力于教育信息化建设。在长时间的发展过程当中虽获得了一定成果，但是所取得的成绩还不够显著。最为主要的原因是没有深层次地挖掘、运用教育信息化背后隐藏着的数据信息，不能让这些无形资产发挥最大的应用效果，与此同时也没有增强教育信息化在优化教育决策以及改善教育质量等方面的积极效应。教育部门与学校等教育主体部署了专门的学位、学籍、教务管理等系统，累积了很多教育数据信息，不过这些数据并没有得到充分利用，而是长时间处在休眠状态。运用大数据对以往数据资料进行挖掘分析能够清晰掌握就业前景良好的专业、辍学率高的地区、教师课业负担大的课程等多方面的结论，从而优化课程安排，制订针对性强的入学补助策略，提升教育决策的科学性和有效性。例如，美国的亚利桑那州公立大学就特别注重运用大数据分析技术进行学生数学学习质量的提升。

（四）大数据对教育的破除效应

受到标准体系不完善和不具备信息化统筹推进机制等诸多因素的影响，当前我国各地各层教育信息系统在数据规范与接口标准等诸多方面没有实现积极互通，从而出现了极为明显、严重的信息孤岛问题，数据资料之间存在很明显的界限。要彻底转变和缓解这一问题，就要重视发挥大数据的作用，以大数据为支持对教育行业内部与行业间存在的信息孤岛这一显著问题进行破除，彻底冲破数据之间存在的壁垒，统一异构数据资料，使得各个部门的教育数据实现高度互联互通，让智慧教育的发展目标得以达成，也为智慧城市建设做出突出贡献。例如，学校系统可与公安系统互联互通，借助流动人口数据分析的方式，形成对学生数量与特征的有效预测，从而有效解决教育资源结构错配等方面的问题，做到早预警和早干预，为广大家长提供更加优质的选择。

三、破解教育的"六大难题"

将大数据作为发展教育事业的支撑，不但能够彻底转变传统教育思维，还能够借助新技术推动教育的系统变革，让传统教育中长时间存在却又没有办法有效解决的问题被彻底解决。

（一）破解教育资源不均衡难题，实现教育普惠化

大数据对教育事业的支持促使教育的公平性以及普惠性大幅提升。教育普惠化是教育事业改革进步的一个重要目标。所谓普是指平等的教育机会，而惠则是指较低的教育成本。通过将大数据应用到教育事业发展过程中，能够推动区域教育资源朝着共建共享的道路发展，让更多高质量教育资源得到大范围的普及推广，实现教育普惠的发展目标，促进教育公平的实现。

1. 促进区域教育资源共建共享，降低重复建设和浪费

过去建设数字校园时出现了很多信息孤岛问题和数字鸿沟问题，新时代的云计算则给教育信息化发展提供了很多新思路，集中建设的方法会给教育资源的收集存储、共享运用带来更多的助力，也会更有助于区域性教育大数据的形成与发展。教育大数据能够让区域教育资源实现共同建设与共同分享，这些资源具有高度的集成性和较高的质量，能够明显减少教育资源建设重复问题以及资源浪费问题等的发生概率。

如今，我国正在建设国家教育管理公共服务平台和国家教育资源公共服务平台，建设目标是要聚集教育管理与教学支持系统的大量数据资料和信息资源，构建能够促进教育教学发展、优化教育管理的教育大数据。前者借助师生一人一号、学校一校一码的思路，全面收集全国范围内师生与学校的动态化数据资料，后者借助资源征集、汇聚、共建、捐赠等多元化的方法让教育教学资源数据聚集成一个庞大的系统。教育大平台建设当中收集到的这些数据，可以成为教育事业建设的指路明灯，成为智能化教育发展以及教育决策产生的根基，而决策科学化水平的提高将会进一步降低教育成本。

2. 加大优质教育资源的普及，缩小不同地区间的差距

第一，远程教育的出现、同步课堂手段的发展等会让教育信息化程度逐步加深，也会让教育的普及度大幅提升，逐步缩小不同地区、学校以及城乡之间存在的教育资源不平衡。第二，构建统一化的教育数据资源库，缩小不同地区的教师与学校资源存在的差距。我国把建设教育管理公共服务平台当作今后一阶段教育管理信息化建设的重要事项，积极促进学校、教师以及学生这三个基本数据库的建设，将师生一人一号与学校一校一码推广到全国，为广大师生与每所学校构建全国唯一的电子档案库。这些档案资料建设完成后，能够将国家教育数据资源进行高度整合。把这些整合后的数据资料进行

综合性分析和研究，能够动态化地监管教师换岗、转岗轨迹，跟踪学生转学、升学等一系列的过程，让教师资源分配不均、重点学校分布不合理等问题在很大程度上得到解决，逐步缩小教育成本之间的差距。第三，伴随智能手机、平板电脑等现代化智能设备的产生和大范围的普及推广，在线学习系统大范围的普及应用以及免费教育资源开放性的提升，线上学习不管是在成本还是门槛方面都明显下降，使得广大学习者可以充分结合自己的特征与需要选取在线学习课程，突破时空条件的限制，打破年龄上的约束，只要学习者有需求就能够随时随地搜集信息资源和学习内容，这样可以在极大程度上减少公共资源的浪费，为教育公平的实现提供有效支持。

（二）破解教育方式单调化难题，助推教育个性化

大数据让发展个性化教育的目标变成了现实。在后信息时代，信息的个性化程度将会进一步加剧，同时信息细分能力将大幅增强。大数据时代信息的受众会更加细致与具体，大量数据信息服务均是以个人需求为基础提供的，具有极强的目的性，能够实现更加精准的定位，保证服务效果。未来教育是以智慧教育为基础建立的人人有学上、人人上好学的伟大教育蓝图：每个学生都拥有个性化学习模型，学生不单单能够自主选择学习方法与内容，还能够结合个人的兴趣爱好与发展意愿挑选、构建与自身个性相符合的课程而不必考虑课程的来源。学生可以最大化地借助信息技术突破时空以及打破主体限制的优势收获高质量、个性化的服务，以保证教育的整体质量。另外，高等教育改革的基本模式将会逐步构建完成，学生主体性学习需要将会进一步增强，个性化学习与教育需求将会变得非常强烈。

1. 大数据驱动个性化教学

大数据能够让教师在选取教育内容时合理选择与学生身心发展特征和学习需要相符合的教学内容。教育的根本在于因材施教，但是因材施教在教育发展过程中并没有被真正落实。大数据技术的引入与应用，为因材施教目标的实现奠定了坚实基础。大数据能够记录学生的学习状况，通过对学生的相关数据信息进行分析挖掘得到学生的学习习惯、兴趣爱好等多个方面的信息，而教师只需借助计算机或移动终端设备就能够清晰地了解每位学生。将大数据大范围和深层次地应用到教育事业发展过程中，能够跟踪学生的整体学习状况，掌握学生在网络化学习过程中，究竟是在哪些地方遇到难题，在哪些地方花费的时间更多，重复访问的页面，更加偏爱的学习方法，获得最佳学习质量的时间点等。简单来说，大数据能够加深辱骂对学习者的了解，

并提高了解的深度与准确度。不管是教师、学校管理者，还是学生的家长，都能利用大数据获得大量高价值信息，确保教学决策的科学性与有效性。教师通过对学生整体学习轨迹展开研究分析，在没有正式开展教学前就能够比较精准地把握教学难点，从而有针对性地完成备课工作，节约时间和减少其他成本的耗费。比如，美国加州马鞍山学院开发的 SHERPA 系统可结合学生的兴趣爱好为他们推荐课程、时段、可供选择的节次。这样的功能能够让专家帮学生解决选课问题，增强学生对所学专业课程的了解，让学生可以结合自身实际，确定与个人最为相符的课程。与此同时，还能借助智能分析，为广大教师以及其他课程设计人员提供大量具有针对性的反馈信息，使其可以有针对性地进行教材内容的调整和创新。

2. 大数据驱动个性化学习

大数据能够让学生更容易找到自己需要和感兴趣的学习内容。美国奥斯汀佩伊州立大学建立的"学位罗盘"课程推荐系统能够给广大大学生提供个性化的课程推荐服务，使得学生能够深层次地把握和他们最契合的专业以及最能发挥学生聪明才智的课程。该系统给出的选课建议并不是发现学生最喜爱的课程，而是研究哪些课程更有利于学生制订合理的学习计划，怎样课程安排可以让学生收获最佳的学习效果等。这个系统还给学生顾问以及系主任提供大量的信息支持，使得他们能够选用定向干预以及课程调控等方案来提升教育教学质量。经过逐步强化与改进，该系统还能够为学生在专业挑选方面提供支持。

Knewton 网上教育企业于 2008 年在纽约成立，其重要的发展目标是为学校、全球学生以及广大的发行商提供预测分析与个性推荐服务。且该企业提供的核心产品是在线学习工具，而这些工具针对的是每位学习者，能够充分满足他们的个性化需要。该企业还加强和出版商的密切合作，通过进行资源整合和协调互动，对不同类型的课程资料展开了数字化建设，同时也在极大程度上拓展了业务覆盖范围。该企业的核心技术是适配学习技术，可以借助信息收集、预测推断的方式给出个性化的意见与建议。在收集数据时会构建学习内容体系当中差异化概念的关联，把学习目标、类别和学生互动进行有效集成，之后借助模型计算引擎等进行后续数据的处理分析与应用。在预测推断阶段，会借助心理测试、策略与反馈引擎研究收集到的数据资料，而研究获得的结果会用建议的形式在建议阶段推荐给学习者，以满足他们的个性化学习需要。

3. 大数据驱动个性化交互

大数据拥有数据跨界整合、流动与挖掘等突出的优势，能够让原本零散分布的线上线下教学资源整合成一个整体，彻底突破以往落后的教学关系，形成极具个性化的交互，为广大师生以及家长提供更加精准有效的互动平台。这样的精准交互之所以能够实现，是因为有精准定位的学习目标作为基础，再加上现代信息技术提供的个性精准的学习资源与考核体系，让学习速度与质量均可度量。一对一精准交互在极大程度上保障了师生、家长等多个方面的沟通的有效性，同时也让学生的个性化学习需要得到持续不断的满足，实现了线上线下的个性化互动与关怀，降低了学生的学习压力与负担，节约了时间，提升了学习质量。

（三）破解教育信息隐形化难题，促进教育可量化

以往教育信息均具有隐形化的特征，不能有效实现多元化的信息处理，但是大数据技术的应用彻底转变了原有的教育信息的状态，让这些数据信息能够实现量化处理。现代计算机技术的快速发展和大量完善的数据库的建设，让个人在客观世界中的一系列活动被充分记录下来。这样的纪录拥有极高的粒度水平，为社会科学的定量分析带来了重要的数据支持。因为可以更为精准地进行测量与计算，社会科学将会逐渐转变。例如，新闻跟帖、下载记录、社交平台信息记录等都给政治行为分析工作提供了海量数据资料，政治学将会逐渐变得可量化。教育是社会科学不可或缺的组成要素，也会以数据科学发展为契机，朝着可量化的方向发展。

之所以能够促进智慧教育的产生和进步，是因为有信息化基础设施以及信息化技术作为重要的依托，还有大量的信息化新技术正在大范围地推广应用。这些丰富多样的核心技术让教育事业建设拥有了大量教育数据，推动了教育智能化的深层次发展，而不是停留在表面。学生的学习兴趣与学习难点等过去只能依靠教师经验才可确定的内容如今借助学习软件就能够轻松获取。这对于可量化在教育中主要体现为教学过程、校园管理、教学评估的可量化。对于教育质量评估而言，大数据技术的有效融入和广泛应用让单独开展过程性评价测量与评估从不可能变成了可能。在具体的教学环节，学生出勤率、习题准确率、师生互动频率等数据都能够通过搜集、归类、整理、研究等方法构建过程性教育质量评价方法，而这些信息对于学校办学以及教育科研的进步将会是极大的助力。2013 年，经济合作与发展组织提出增强评

估以促进学生学习，强调评估过程中应保持评价和教育目标的一致，把学生放在核心地位，把评价重点放在过程性评价上。

以大数据技术为依托的可量化衍生而来的个性化教育是智慧教育非常明显的一个特点，通过捕捉学生学习轨迹、活动轨迹、资源使用轨迹等多个方面的信息，可以有效预测、获取学生的兴趣点，分析学生的学习需求，进而为他们提供更具针对性的学习资源和学习服务，让学生的学习需要得到满足，也让他们顺利地实现学习目标，在智慧学习中走得更远。

（四）破解教育决策粗放化难题，提升决策科学化

怎样将教育数据作为有效基础，积极制定教育政策是目前教育领域长期以来都在积极探究的课题。在传统教育的发展进程中，制定教育决策主要依靠经验，通常没有丰富的数据作为强有力的支撑不管是之前的英语四六级改革，还是最近的高考改革方案，都存在一定的缺陷。伴随教育信息化水平的提升以及相关投入的加大，充分发挥教育信息化优势，更好地推动教育教学改革，促进学生综合素质发展，优化教育管理，推动教师专业化进步，强化学校与社会的沟通交流，已经不能只停留在政策理念层面，更应在具体实践当中进行贯彻落实，有效发挥数据的作用，制定出合理的教育决策。在大数据背景下，数据驱动决策成了提升教育决策绩效的新思路，大数据将会应用于教育决策制定的全过程。这样的数据驱动决策方法是适应信息技术改革发展提出的，具备极强的可行性与可操作性以及大数据时代进步的必然性。

从可行性的角度上进行分析，大数据技术在不断成熟，数据分析的便捷度大幅提高，分析成本显著降低，和以往相比更易加速对有关业务的理解。过去教育机构只是简单借助教育视频资源下载量、点击率等用户行为数据信息做好教育分析工作，并以此为根据调整视频资源的设置，对教师资源配置进行恰当的调整与安排。而在如今的大数据时代，传统数据研究方式已经不能满足实际要求，开始有更多的教育机构借助对用户访问路径跟踪的方式，获得与用户行为相关的数据资料，尤其是在很多互联网企业涉足在线教育之后，开始充分凭借其在技术方面的突出优势，综合分析在线教育视频的细分用户数据行为，以此为根据进行教育资源的安排，革新教育产品，创造现代化的教育教学方法，这些过程均是数据驱动决策在教育当中的应用表现。

从必然性的角度进行分析，利用大数据促进教育决策科学化发展已然被人们认可。联合国教科文组织从 2009 年开始就持续发布全球教育摘要的报

告，渴望运用该组织统计机构研究获取的数据资源优化教育决策环境，为全球教育的改革发展提供强有力的支撑。

（五）破解教育择校感性化难题，推进选择理性化

受教学资源分配不平衡的影响，当前择校问题已成为制约我国基础教育进步的巨大难题，而且长时间以来都无法得到有效解决。不良的择校现状，甚至已经变相地衍生出了产业链，这条产业链涉及学校周围地区房价与择校关系网。天价的学区房、天价的择校费用等都是择校难问题带来的一系列影响，也是教育资源分配不均导致的结果。如果从本质原因上进行分析，学区房问题就是由教育资源分配不合理造成的。优质教育资源数量少，而且在分配方面不够科学和均衡，凸显了名校效应，也促进了学区房价格的快速升高。大数据技术为资源分配不平衡的问题提供了新的解决路径以及有效的解决方法。

教学资源信息不对称带来的择校难问题也成了家长和学生的巨大困扰。择校难一个非常显著的特征体现在高考志愿填报上。学生和家长对高校专业排名、师资情况、学校就业率、学费、奖学金、学生资助等多个方面的信息都不够了解，所以常常会发生学生所选专业并非是他们喜爱的专业、火爆专业在就业方面不够理想等问题。实际上，择校难问题在世界范围内都是存在的，是很多国家都存在的共性问题。近年来，在教育数据开放性程度逐步增强的背景之下，美国、英国等国家抓住机遇，有效借助大数据进行高校教育与基础教育资源的整合研究，还注意搭建统一化的教育资源平台，通过对大数据技术的应用，解决择校困难等一系列问题。想要解决这一问题，最为关键的方法就是加强对大数据的应用，运用大数据技术整合、研究海量的学校信息，用可视化手段让家长及学生可以接触到大量的教学资源信息，以此为根据选择最恰当的学校，从而彻底解决择校困难的问题。

我国相关网络公司已经开始充分借助大数据技术，对每年高考后学生搜索的关键词、学校与专业排名等原始数据和实时更新数据，展开深层次的搜集与挖掘研究，从报考难度与热度两个方面推出全国多所高校的报考图谱。与此同时，从专业难度与热度两个方面，针对不同高校的不同专业推出专业报考的图谱，让学生和家长可以在择校时拥有良好的智力支持。除此以外，还在智能终端上设置相关 APP，通过对大数据进行合理的挖掘应用，推出了很多学校和专业的排行榜资料，使得大数据的实用性价值进一步凸显，也让科技成了考生决策不可或缺的智囊团。

（六）破解教育就业盲目化难题，指导择业合理化

如果把择校当作是教育起步阶段的话，就业就是验证教育成果的终端。目前，高校学生就业难的问题已经变得非常严峻，这一问题的出现与教育资源不对称、人才供需矛盾等有着非常密切的关系。美国在应用大数据进行就业与择业指导方面的经验是相对比较丰富的。美国劳工部通过对多年就业统计数据进行总结研究，设计出了一站式的就业服务系统，这个系统可为美国公众提供发现职业、薪资收入、教育培训、就业信息查找等功能，让人们的盲目就业问题得到了有效解决，也促进了公众择业的科学化。

以薪资收入这一功能为例，比如说你是一个初入社会的大学生可先结合专业查找自己可能从事的行业，之后对比所选行业的薪资水平，进而从中找到薪资处在较高水平的行业。与此同时，你可能还要对在不同城市工作、生活的成本进行对比分析，最终才可以决定要去哪个城市工作定居。此时你也一定需要认真考虑到最坏情况，假如你去到选择的城市但却面临失业的困境，此时你也应考虑这个地区的失业保险能否维持你的基本生活。假如你选好了未来要从事的工作，也确定了未来要工作、生活以及定居的城市，而且找到了理想的工作，那时你可能会考虑给自己充电，为今后的职业生涯增加砝码。此时你可能想要了解该地教育培训机构和培训水平的有关信息，这些信息都能够在美国的一站式就业服务网站上查询到相应的信息。

美国的一站式就业服务网站从本质上看是以人为数据源点，将薪资水平、失业保险、就业培训等多方面数据展开全面整合，并做好关联研究。这只是大数据应用于生活的初步体现，未来，伴随人们对大数据研究和应用的深入以及数据开放性水平的提升，大数据的应用空间将会进一步扩大。

除此之外，大数据还是一种重要的催化剂，能够加快教育生态体系的建设步伐，最终推动大平台系统的建成，聚集更多的教育数据资源；有助于推动大服务体系的建设完成，实现教育服务的快捷性以及广泛性；有利于把大教育的伟大愿景变成现实，让不同人的终身教育需要得到有效满足。

四、加速智慧教育生态体系的构建

（一）智慧教育生态体系的构成要素

在前面的论述当中，我们从很多方面对大数据给教育带来的一系列作用和影响进行了阐述，大数据在教育领域中的突出作用除了体现在以上方面

之外，更为关键的是能够促进智慧教育生态体系的构建。智慧教育生态体系是以人的教育活动为中心，基于大数据平台等的应用，结合智慧教育发展模式，构建双向价值转移，能够促进教育自循环与可持续性进步的多元互动环境系统的建设。该系统包含五个核心要素，分别是多元教育主体、核心教育活动、优良的教育环境、健全的教育机制与成熟的教育产业基础。这五个核心要素存在着密切的关联，彼此互相作用而又相辅相成。整个智慧教育实践活动都将教育主体作为核心，围绕其开展成熟智慧教育产业，给教育活动的推进实施提供服务和产品方面的支持。优质的智慧教育环境以及健全的智慧教育机制能够给教育活动提供制度方面的强有力保障，推动智慧生态体系的建设与运行，最终确保教育资源全面、深度整合与共享，促进教育资源多层次与全方位的覆盖，让全民都能够享受到优质的教育资源。

具体来说，多元教育主体指以管理者、教师、学习者、家长和公众为核心的主体对象；核心教育活动指智慧教学、智慧学习、智慧管理、智慧科研、智慧评价和智慧服务；优良的教育环境指教育政策环境、市场环境和社会氛围；健全的教育机制指管理机制、运营机制、反馈机制等；成熟的教育产业基础指以丰富多元的教育产品与服务体系为基础的较为完整的教育产业链。如图 5-2 所示。

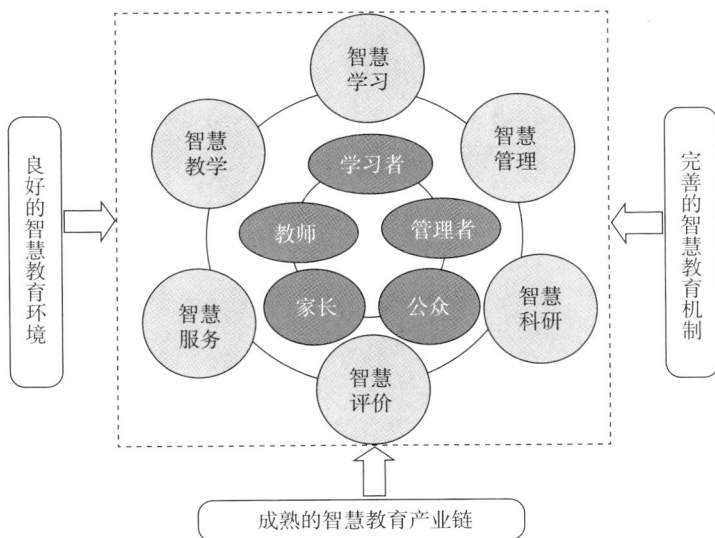

图 5-2 智慧教育生态体系的五大核心要素

（二）智慧教育生态体系的运行机制

在一个完整的智慧教育生态体系当中，伴随大数据技术与教育领域的深度整合和大范围的普及推广，大数据会积极促进大平台系统的建设完成，汇聚多种多样的教育数据建立教育大数据平台；建设大服务体系，提供广泛的教育服务；实现大教育的伟大愿景，让不同人群的终身教育需求得到充分满足。大平台系统负责给整个智慧教育生态体系的进步提供基础，借助这个平台，能够整合多元化的教育资源，为优质资源共享与广泛应用提供强有力的支持；大服务体系是智慧教育生态体系发展的实施路径所在，借助多元化教育产品与服务宽广的教育渠道，可以提供广泛而又便捷的教育服务；大教育的伟大愿景是生态体系发展的根本目标所在，目的在于让人们的终身学习需要得到满足。大数据加速智慧教育生态体系构建的运行机制。如图5-3所示。

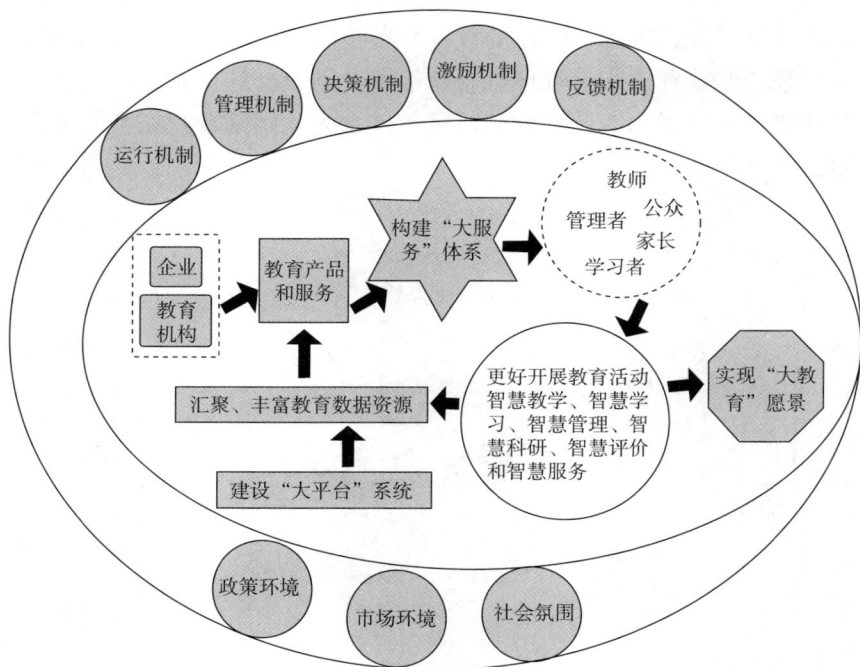

图5-3 大数据加速智慧教育生态体系构建的运行机制示意图

大平台系统负责发挥大数据对教育的整合效应，把整个社会不同种类的教育数据资源整合汇聚成一体，让不同主体掌握的教育数据互联互通，借助教育大数据治理，建设智慧教育服务平台，推动教育大数据的有效共享；借助数据开放、共享、交换等多元化的运营机制合理利用教育大数据。企业以及教育机构可以把这些数据资料作为重要的根据，为师生以及学生家长提供多元化的教育产品与服务。另外，教育管理部门可以把这些资源作为制定教育决策的根据，以便形成对智慧教育产业的全面监管，为大服务体系的建立创造良好条件。

大服务体系将大平台系统作为重要根基，把服务五大主体当作核心，紧紧围绕智慧教学、学习、管理、科研、评价、服务这六个核心教育活动，提供全面化的教育产品服务，拓展便捷的服务获取路径，供给多元化的服务内容。这些教育产品和服务主要表现为面向管理人员的教育管理系统，如学籍、教务等管理系统；面向教师群体的教育资源库以及教学、备课、教研等应用系统；面向学生群体的学习资源与多元化学习方式；面向家长的家校互联系统等。这些应用系统会产生大量的数据资源，从而为大平台供给大量持续更新的教育大数据资料。从数据到服务，再到数据的转换模式，能够让教育大平台系统和教育大服务体系构建和谐互动的关联，最终实现可持续性发展。

大数据愿景是以大平台系统与大服务体系为基础构建的多层次以及全生命周期的智慧教育发展模式，它把一切教育资源整合起来，让所有社会成员均能够享受到受教育机会，构建终身教育体系。

另外，构建智慧教育生态体系还与很多因素有关，需要多个方面的知识，如教育环境、教育体制机制、教育产业布局等。①就环境基础而言，在政策环境方面，国内外政府与有关管理者在长时间的教育管理实践中已经在思想认识上产生了转变，也意识到信息技术等对整个教育领域施加的影响以及渗透深度都在逐步增加，特别是政府部门越来越乐于运用云计算和大数据等技术手段，政府制定激励性政策扶持信息技术在教育领域中的推广应用，所以从整体来看政策环境是非常乐观的；就市场环境而言，从世界范围来看，和智慧教育紧密相关的在线教育、网络教育等的前景被大家看好，教育行业信息化建设方面的投入程度逐步增加，在线教育市场逐步增大，与此同时，针对差异化服务主体的教育市场细分水平逐步提升；就社会环境而言，公众可以有效借助互联网以及智能手机等工具实施碎片化学习，让终身学习和灵活学习成为可能，以社交网络为基础的群体学习活动俨然成了时尚。②就智慧教育运行机制而言，数据资源的协同推进机制在建设和发展的过程中获得了很多的新进展，在线教育企业和传统教育企业开始加大合作和沟通力度，使得线上线下教育资源持续不断地进行整合；以数据资源管理为核心的教育大数据运营机制正朝着创新改革的方向进步，在未来极有可能形成多元模式共同发展的新格局；智慧教育，决策与反馈机制等多个方面获得了很多突破性进展，把大数据技术应用到教育决策当中，也越来越多地得到了教育管理部门的肯定。③就智慧教育产业根基而言，虽然直到现在智慧教育都没有构成完整的智慧教育产业链，但是从教育信息化与互联网教育产业进步的角度进行分析，智慧教育的产业链已经具备了雏形。但整体的产业发展现状还有很多问题亟待解决，如缺乏顶层设计、行业规范不健全等，这些成了影响智慧教育可持续发展和顺利实现教育发展目标的阻力。

（三）大数据在智慧教育生态体系构建中的作用

1. 大数据加速"大平台"系统的形成

大数据技术在教育领域的普及应用提升了教育数据的开放性水平。提升教育数据资源开放度，能够全面汇聚多元教育主体掌握的教育资源，利用沟通、共享等方式优化教育改革发展的环境，让整个教育事业向着大平台的方向迈进。这里所提及的开放：一方面是以政府、学校、科研机构等为主体的狭义层面的教育数据资源开放，其开放程度的增加能够让教育政策环境得到明显改善，为大数据的深度应用提供政策支持；另一方面则是广义层面上的开放，涵盖企业、政府、教育机构乃至社会公众等多方面的主体，是一种全社会领域的教育数据资源共享。利用这样的开放，能够有效优化教育发展的市场以及社会环境。

大数据技术在教育领域的普及和深度应用能够促进教育信息共享，缩小地区教育差距。有了大数据支撑，教育信息在整合应用的过程中，能够建立教育资源的信息化平台，利用互联网将多个资源展开数据整合与合理化配置，可以让优质资源实现有效流动，构成良性循环，让资源渠道得到拓展，让学习资源发挥的作用持续增加，让教育信息资源不断扩大，进而建立更高层次且能够实现互通有无的教育资源信息平台。有了这个平台作为有效支撑，广大学习者能够有效借助文字、视频、动画等多元化的呈现形式学习知识和发展技能，广大教师可借助多元化的教育技术工具与设备优化教学管理，让课堂教学更具人性化，充分满足学习者的个性化需要。

第一，开放特性。一方面以"智慧"为名义的教育平台对用户是完全开放的（用户可以根据需求自行上传、下载平台上的内容）；另一方面以"智慧"为名义的教育平台对政府、学校、学生家长和其他第三方机构完全开放，运用这种全方位开放的模式可以激发广大参与者自愿自发地获得优质教育资源，主动参与到教育体系建设当中，成为教育互动的一分子。

第二，整合特性。整合特性具体体现在大数据对教育的整合以及破除效应方面。大数据能够让线上线下的教育数据资源实现整合，进而构建 O2O 教育产品闭环。这一教育闭环系统的建立，能够极大地促进线上线下资源的共享，维护教育的公平以及教育资源的均衡分配；有利于让线上和线下的教育资源实现优势互补与互通有无，使得学生的学习效率和质量得到大幅提升；有利于线上线下教育成果的转化，全面升华学习价值。O2O 教育闭环系统把线上与线下资源的优势进行了全方位的整合，将教育领域当中的数据进行深度整合，突破教育数据区域壁垒，发挥破除效应。尤其是在学校教育当中，数据变成教学方案改进最为明显而又有效的一项指标，一般情况下，这类数据主要指的是考试成绩和入学率、出勤率、辍学率、升学率等。就课堂教学而言，数据可以说明教育成效，如识字准确率、习题正确率、举手答题次数、师生互动频率等。

2. 大数据加速"大服务"体系的构建

大数据是推动国家教育体制改革的强大助力。教育体制改革涉及教育制度、教学资源分配、课程设置、人才培养等多方面的改革。例如，国家部分开放共享和入学、毕业等相关的基础教育数据，可以借助大数据技术，挖掘历史数据信息，以此为根据优化教育决策、教育政策，促进教育体制改革质量的提升。

大数据在教育中的应用能够起到改善教育决策的作用，进而提升教育决策的准确度。在如今的教育事业发展过程中，大数据的概念已经逐步应用在了教育政策探究和实践环节。例如，澳大利亚政府推出"我的大学"网站，借助大规模实时在线数据的整合研究把和学生与家长评价有关的本科到研究生课程、大学排名和政府政策建立直接关联。此外，经济合作与发展组织和成员国在教育数据库方面的工作在不断增加，展示了教育政策可能会受益于经科学研究处理的大数据证据。这样的教育观念已彻底突破了传统过于粗糙的统计数据，倡导更为精细化地捕捉不同层面的动态变化数据和由数据分析获取的复杂因素以及相关关联。将大数据应用到对政策进行科学化设置中拥有极大的优势，具体体现在两个方面：第一，大数据时代伴随软硬件升级，具备了分析更多数据的可能性条件与手段，不再依赖随机抽样的方式；第二，大数据时代，人们已经不再过度追求精准度，只需把握事物的大致发展方向即可，特别是在决策方面，宏观意义是大于微观意义的，通过适当忽视微观精确度的方式，能够让宏观方针的洞察力得到提升。

大数据会在极大程度上促进学校人才培育模式的创新。通过分析学习、考评等系统生成的海量教育数据资料，可以有效改进教育环境与模式等多个方面。对学生学习行为轨迹数据进行精准描绘，如记录鼠标点击率，能够探究学习者的活动轨迹，发现他们在面对不同知识点时的差异化反应以及所用的时间，明确哪些知识内容需重复或特别强调，怎样的陈述方法和工具更为科学有效。记录个体行为的教育数据资料看似是杂乱无章的，但是当这些数据累积到了一定程度，群体行为即会在数据方面显现出秩序与规律，在今后在线学习中，就可以利用这些秩序与规律有效弥补没有教师面对面指导的缺陷。

大数据与教育领域的融合能够促进教学过程的一系列变革。在具体的教学过程中，加强对大数据的应用与分析，可以更好地对学生的学习习惯、效果、教学改进等展开针对性聚类研究。例如，在个性化英语教育领域，如果是在原有的传统教育模式之下，教师要耗费很多时间用于透彻研究每个学生的学情，并有针对性地制定相对应的教育解决方案，所以教师会耗费大量的时间用于备课，增加了教学成本。而在如今的大数据背景下，教师的所有操作十分简单易行。在一款基于大数据技术运用的少儿英语在线学习辅导系统 My English Lab 中，其通过对大数据技术进行灵活应用能够全过程和全方位地跟踪学生个体与全班整体的学习进度，学生的学情动态变化以及学习获得的成果，方便教师及时发现其中存在的问题，便于因材施教，实现对学生学习全过程动态化的监督与管理。大数据分析系统将学生作为核心，组织线上学习内容与过程，把师生、家长、机构等用户群整合在一个完整的学习管理系统中，构建了个性化课堂、个性化的家庭辅导支持以及良好的自学环境。

大数据能够激励社会公众主动参与和推动社会创新。广大社会团体以及高校联盟等组织，可以借助公共教育资源共享平台对在线学习与全民教育的学习轨迹展开深层次的研究，激励社会创新，有效发现和培育优秀的创新型人才，促进教育数据增值。企业等大量的网络公众媒体负责供给大量开放性的课程资源，扩大流量，实施有效的商业精准营销。

大数据能够加快全民终身教育体系的构建步伐。在如今这个大数据时代环境下，大数据接口和学生数据的软件应用得到了大家的关注，服务于终身学习与个性化学习的教育信息系统进一步被开发与推广。翻转课堂、社交网络等的研究会让教育朝着实证科学的方向演变。大数据为人的发展提供服务，终身教育会变成社区教育基石，让全民拥有一个开放、免费的学习平台。

3. 大数据加速"大教育"愿景的形成

智慧教育的大教育愿景有以下几个方面的表现：从教育范畴上看，应该涵盖学前教育、小学教育、中学教育、职业教育、高校教育、特殊教育、全民教育等多个方面；就教育时间而言，需要涵盖全日制教育、业余教育与终身教育这三个方面；就教育机构而言，大教育将会有效突破单一化的教育机构模式，让学校、社会与家庭教育形成一个统一整体，使得教育可在全部部门开展；就教育方式而言，大教育能够运用所有科学有效的教育路径与教学方法，涵盖了教学、自学、正规和非正规教育、集中教育培训等多个路径与方法；就教育目的而言，大教育观提倡的是学习和教育不单单是谋生的工具，也不是功利化的手段，其目的在于完善人性，推动个人人格健全，促进个体个性化和全面化发展；就教育体系而言，大教育注重建立家庭、学校、社会"三位一体"的教育网络，教育是学校的主要任务，但同时又是相关家庭和全社会的共同义务。

把大数据技术应用到教育领域能够让大教育观当中很多原本无法实现的设想轻松实现，也让人们设想与追求的大教育具有可实现性。比如，上海市考虑到全民学习和终身教育的实际需要，积极搭建教育大数据平台，有效拓展和累积数字教育资源，搜集教育服务平台学习者的行为与爱好等数据，为广大学生提供个性化以及优质的终身在线学习平台和服务，让各项教育资源得到充分的共享和最大化利用，落实因材施教，提升教育教学水平，也为教育政策的制定与实施提供了支持。构建以大数据为基础的教育资源服务机制，让所有学习者拥有个性化选择的机会，也让他们享受到终身学习的优质在线服务。

伴随大数据与教育整合应用程度的加深，大数据的强大影响力以及不可忽略的效果将会逐步凸显出来。大数据服务性、智慧性以及开放性的特性将会促进大平台系统、大服务体系以及大教育愿景的形成和发展，最终构建具备可持续性发展实力的智慧教育生态体系。在这样一个生态化的体系中，能够灵活运用开放、免费、共享等多元化的方法，让多元主体的教育资源应用率大幅提升，从而优化教育的政策、市场与社会环境。

优质的环境能够为智慧教育的形成与发展奠定强有力的根基。与此同时，利用健全的教育产品与服务建设教育产业链，运用大数据促进国家方面优化教育的决策，促进区域教育的均衡、持续发展，推动教学过程智能化和教育管理精细化，让教育生态系统最大化地发挥功能价值，让全民享受到更为优质的终身学习服务，从根本上推动教育事业的长效发展。

第三节　大数据时代下教育的具体变革

在如今的教育领域，大数据如雨后春笋般不断发展。

一、大数据时代教师的教学

大数据时代的教育给广大教师提出了更高的要求以及标准。首先，就教学设计而言，教师要注重合理设计与实际相符的有关本专业的大数据实验及实践环节。其次，教师要提高对网络资源的利用效率，积极选用任务驱动教学法以及其他多种多样的教学方案，利用新型教育科技与模式培养学生的学习兴趣，借助团队协作的方式，培养学生的合作精神，鼓励学生实现学习资源的共享与开放，从而更加高效地完成学习任务。具体模式可以按照下面的步骤实施：第一，教师可以将实际例子作为切入点，有效引入学科教学主题，营造相应的教学情景，引入课题，结合学生实际生活或者是从学生生活当中选取问题让学生思考，激发学生的求知欲与好奇心。第二，教师在新课教学环节可以有效选用多元化的多媒体数据资源，为学生营造一个活跃、轻松而又自由、和谐的课堂气氛。教师借助多元化数据资源的方式，可以让学生生动直观地掌握专业学习内容，充分体会到所学内容的实用性价值，为学生主动进行理论与实践的融合奠定坚实的基础。第三，教师应鼓励学生试着进行知识要点的总结，并在此基础上拓展延伸，让学生学以致用。广大学生在教师耐心和个性化的指导之下，自主进行所学知识的归纳总结，之后，再由教师进行修正与补充，巩固学生所学知识，丰富学生的理论积累，促使学生在实践操作当中应用理论和验证理论。

大数据时代背景下的教师不能只是知识的教授者，还应成为促进者、合作者，在教育教学中与学生成为同伴，激励学生大胆思考与探究，锻炼学生实践操作、动脑与动手整合的能力。

（一）谨慎选择教学资源是关键

目前，网络教学资源正在成倍增长，这些丰富多彩的信息资料能够成为学生拓展学习内容的强大助力，与此同时，还存在大量的精品课程以及名师名课，这让广大教师和学生目不暇接。所以，为了更好地适应大数据时代，选择以及运用在线学习资源成为必不可少的一个环节。当前，大量高校通过准确定位学校的办学特色，构建了很多规模多样的教学资源，同时，借助数据库在线学习网络与视频，打造突破时空限制的学习模式，充分体现出了学习的本质。

（二）改变枯燥的学习模式

在大数据的时代背景下，课堂讨论活动能够从校园延伸到无处不在的网络，如人人网、微博、邮件和其他社交网络媒体为学习各方提供了更多的选择，打破了学习交流的限制。开放性和自主性的学习能够彻底打破时空束缚，彻底突破传统枯燥和被动的学习模式。

（三）使预测、了解、评估教学行为变得简单

美国教育部在 2012 年 10 月发布了《通过教育数据挖掘和学习分析促进教与学》报告，该报告中特别指出大数据在教育当中的运用有两个重要方向，分别是教育数据挖掘与学习分析。所谓教育数据挖掘，实际上就是综合运用多元化的数据挖掘技术手段分析教育大数据，利用数据建模的方式找到学习结果与内容、资源、教学行为等不同变量之间存在的相关关系，进而预测学习趋势。所谓学习分析，主要指的是有效借助多元学科理论手段，利用广义教育大数据处理分析方法，借助已有模型与手段回答影响学习的诸多重要问题，评价学习行为，并为广大学生提供个性化的反馈。

大量的教育研究表明，大数据给学习活动带来了诸多改变，主要体现在三个方面：第一，可收集过去不现实，甚至不可能收集的反馈数据。第二，能够有效迎合与满足学生个性化的学习需要。第三，能够借助概率预测的方式对学习者的学习内容、时间、方式等进行合理化的调整与改善。

挖掘与研究教育大数据能够探究诸多教学变量和学习效果之间存在的相关关系，在解密教学黑箱，革新与优化教学过程，提升教育质量等方面发挥着不可替代的作用。

二、大数据时代学生的学习

（一）基于大数据的个性化自适应学习过程

美国于 2012 年发布的《通过教育数据挖掘和学习分析促进教与学》报

告提出了学习者自适应学习结构和数据的流程，该流程可以完成对显性与隐性数据的分析，有效建立凸显学习者特征的模型，为学习者提供适应性强的学习路径与对象，与此同时，使得教师可结合学习者的学习行为与需求给予个性化的教育干预。

以大数据为根基的个性化自适应学习系统要借助协同过滤技术，为广大学习者推送和他们兴趣爱好相近的学习信息资源。这样的过程能够让学习者进行自我学习的调控，提升其自主性，能够让教师给出个性化的引导与支持，与此同时，能够让系统发挥辅助作用，让学习者获得更多的辅助信息资源。

（二）个性化自适应在线学习分析模型

分析了以大数据为根基的个性化自适应学习过程结构，不仅要结合学生的个性化特点，还要考虑在大量数据中挖掘具备极高价值的信息要素。

第一，数据环境。数据环境主要指的是传统学习管理系统、社会媒体、开放性学习环境、自适应学习系统等。通过师生、生生以及学生和资源的交互产生大量的数据，绝大部分的数据都是由自适应学习系统中的活动数据交互生成的。其中需要特别考虑对数据环境中生成的碎片化、零散化、异构性数据实施全面整合，让学习者可以顺利地完成知识体系的建构。

第二，受益者。受益者包含学生、教师、智能导师、教育机构、研究者和系统设计师等。对广大学生来说，需要特别关注的是自组织学习，另外还要有能力对用户信息进行有效保护，避免出现数据信息滥用问题；对教师来说，一定要把学习者当作核心，结合学习信息进行教学方案的调整，做到有针对性的干预；对智能导师来说，要综合分析学习者的特点，特别是要考虑到他们的学习兴趣、认知层次以及风格等方面的表现，为广大学习者提供个性化的学习资源与途径；对教育机构来说，一定要细致研究存在潜在危险的学习者群体，在发现危险和危险隐患之后要给出预警和警告，之后还要进行相应的干预与指导，提升学生的成绩水平，丰富学生的学习成果，优化学生日常的出勤，促进学生升学率的提升等。

第三，方法。为了更有效地记录、追踪以及把握学生的差异化学习特征、需要、基础与行为，要为学生提供个性化的学习情境。大数据学习分析策略主要有个性化推荐、数据统计、数据挖掘等，其中关键是要综合运用多元化的技术手段，构建为评定学生成绩水平提供支持的个性化自适应学习分析系统，以保证系统稳定持续地运行，同时具备极强的可操作性以及可扩展性。

第四，目标。大数据学习要达成的目标涵盖监控、分析、预测、干预、智能授导、自适应、评价、反馈、个性化推荐和反思等多个方面，在此基础上，给出针对性的测量指标，目的在于促使学习者有效地控制与适应学习，拓展他们的学习路径、工具、资源、伙伴等。

（三）大数据带领人们走近并最终走进智慧学习

智慧学习能够让教育大数据得到有效的应用。在推动智慧教育的建设和发展过程中可有效借助大数据思想，并进行大数据思维的渗透。第一，定量思想。遵照可测量准则，推动学习行为、兴趣爱好、内容等多个方面的数据化。第二，关联思想。探究不同数据间存在的内在关联，探究差异化学习者认知景象的信息，奠定活动安排与内容设计的基础。第三，实验思想。借助大数据分析能够增强学习者运用大数据工具的热情，让他们能够更加自主自动地进行学习与合作，从中把控自身的学习行为，调控学习方案，让学习更富有智慧。

（四）大数据时代的学习应如何被评价

大量专家通过研究分析表明，大数据时代的思维方法让教育评价的改革有了新思路和新的解决路径。第一，构建发展性教育评价观。侧重于推动教育评价对象主体化发展，将学生的实际需求作为根本出发点与落脚点，关注学生的学习过程以及这一过程中产生的实践体验，与此同时，还要强调师生之间的密切交流。第二，延伸教育评价范围。教育评价的对象不只是学生，还有课程、教师、学校等多个方面。第三，反思。要杜绝片面追求学习成果，也就是考试成绩的行为。在教育评价环节不能只依靠考试分数。

当前，网络已融入了人们的日常生活与学习，这让发展性评价体系的构建拥有了技术手段以及其他方法方面的知识。可以预见，大数据将会彻底变革教育评价核心，延伸教育评价范围，强化教育评价技术支撑，从而促使教育评价朝着更为客观和全面的方向发展。

三、大数据时代学校的管理

（一）大数据从哪些方面优化了教育管理

首先，大数据让教育管理拥有了一个开放性以及和谐化的坚实平台。教育者能够提升数据资料获取的针对性与科学性，还能够实现对有关数据的添加、修改与分享。大数据平台当中还涵盖大量底层数据，也就是很多系统外的社会数据资源，这些数据也是制定出准确教育决策不可或缺的要素，会给决策的制定带来较大的影响。

其次，大数据让教育管理具体化水平大幅提升。大数据涵盖教育过程当中的主题、活动、结果等多元数据，有效处理这些数据资料能够让教育管理具体化水平得到提升。

最后，大数据能够推动教育管理朝着专业化与精炼化的方向发展。教育管理系统不只能够成为教育数据的存储空间，还能成为专业化的数据处理平台，确保整个处理过程专业又精炼。

（二）大数据教育管理应该遵循哪种模式

从 20 世纪 50 年代开始，西方教育管理的发展变革步伐就从未停止过。从开始的正规模式到学院模式，再到文化模式，随着时间的推移产生了模式方面的持续化转变。在过去的几年中，我国有很多年轻学者在中西方教育管理问题方面投入了较多的研究精力，但是更多的是对理论或理论思维模式的研究，在实践方面还需要丰富和完善。

教育管理大数据应把主客体、资源与目标当作核心，构建多媒体教学资源的云共享平台，有效发挥云技术的支持作用，优化教育服务，实现公平合理的教育资源优化配置。大数据教育管理的新型模式应包括以下内容。

首先，教育管理多元化以及专业化决定了教育管理主体的多元化、管理系统的多样化。在这一过程中，应许可并且激励社会机构参与到管理体系当中，但第一责任人应是学校校长与教师。

其次，教育对象是一切教育数据的来源，除了校长、教师和学生等学校的内部人员，还包括社会上接受教育的其他人士。

再次，教育管理资源占据主导地位，包括人才资源、财务资源、知识资源和技术资源。其中，人才资源是核心，财务资源是基础配置，知识资源包括教育内容、教育理论、教育方法和教育经验等，技术资源是生产力，能够满足教育服务需要。

最后，明确教育管理的预期目标。大数据教育管理目标是构建以智慧教育为代表的现代教育治理体系，构建以大数据为基础的现代教育服务体系，有效提高教育管理主体与服务对象的数据分析与挖掘能力，彻底变革教育管理模式，让现代教育管理走向智慧化的道路。

主体、对象、资源和目标共同构成了大数据背景下教育管理创新模式的四大引擎，促进了教育管理的现代化、智能化、科学化。

（三）教育大数据管理应如何实施

教育大数据管理是一项系统性的工程，需要经历漫长的发展时间。与此同时，在整个发展过程中必须循序渐进。通过对当前教育信息化的发展水平进行评估，人们认识到要真正实现彻底的教育大数据管理还有很长一段路要走。因此，要积极促进理论与实践的整合发展，结合实际需要选取恰当路线，合理设计长期的行动规划。

在教育大数据管理系统的底层部分进行教育云建设时，区域数据一定要严格遵照国家标准，为云端教育资源供给硬件。与其处在同一层面的教育数据挖掘，应利用分析统计方式研究教育中的数据，为管理决策者提供应用程序数据资源。在系统最高层次的是教育大数据管理，从公共服务一直到学生个体的全面进步，充分发挥大数据的优势，推动教育资源合理化配置以及个性化支撑，最终推动素质教育目标的达成。

（四）大数据将教育决策推向科学性

教育大数据不管是在辅助决策者，客观掌握现状，获取全面高价值信息上，还是在制定、落实与调控教育政策方面都有着不可替代的价值。

一方面，有些人认为在如今这个大数据时代，制定教育政策时不再局限在简单地归纳经验方面，也不是从自身经验和主观判断出发，而是提倡精细化捕捉多个层面的动态数据，挖掘数据之间体现出来的因果关系，把教育治理和政策决策当中遇到的困难和危机转化为前进的动力。

另一方面，也有人认为，通过对大数据进行合理化应用，能够让决策者在经验基础之上优化决策，提升决策水平，让教育决策可脱离意识和主观领域的偏见。

（五）大数据助力质量管理

有关报道指出，大数据时代的到来给大量数据提供了精良的工具，让数据价值可以被充分地挖掘和发挥出来。高等教育质量指数不仅能够助力质量监测以及系统运转等一系列工作，还能够作为将大数据技术广泛应用到教育当中的巨大突破口。

在大数据的时代背景下，不管是哪个层级的教育教学活动，都能够建立动态化教育质量监控体系，以此为根基能够有效调整与把控影响教育质量的诸多因素，提升教育质量水平。

第四节　区域教育信息化与教育均衡发展

所谓系统环境是指系统周围多元因素的集合体。教育大数据的系统环境涵盖教育大数据发展的社会环境、应用服务、应用场景、技术体系框架等多个方面。

在云计算以及大数据等现代信息科技的迅猛进步过程中，互联网的集成性和规模在不断扩大。在教育信息化的实践过程当中，以往教育信息化通常是将学校作为单位实施的，这样的操作方法非常简便，可操作性强，但是也存在着很大的缺陷，那就是会造成不同学校间重复建设、资源浪费、数据不能互相联通共享等多个方面的问题，会出现信息孤岛现象，让资源共享和资源利用率提升的目标无法达成。所以，将区县作为重要单位建立起来的区域教育信息化开始得到重视，也受到了社会各界的关注与支持。区域教育信息化把整个区域当作重要载体，实施教育信息化顶层设计，积极构建集中性数据中心，对多元化的教育数据进行收集处理与反馈，为教育大数据的产生与应用创造了良好条件。

提升区域教育信息化建设水平能够在极大程度上解决区域教育不均衡的问题。我国正处在中国特色社会主义事业建设的关键时期，面临的教育环境极为复杂，城乡、区域、校际都存在结构失衡问题。不同类型的学校都已经着手构建数字校园，并在建设过程当中部署大量信息化教学与管理系统，持续不断地生成大量的教育数据资源。怎样创造性地对这些信息资源进行合理化应用，推动区域教育均衡进步，成了摆在教育综合改革面前的重大研究课题。

区域教育信息化建设的核心是数据，根本是课堂，重点以及关键点是应用，突破点则是创新。区域教育信息化的推广应用让教育信息化工程实践当中的诸多关键性要素得到合理化的调配，促进了供需平衡目标的达成，同时也有助于满足学校与学生个性化发展的实际需要。在区域教育信息化持续发展和进步的过程中，教育资源与管理服务平台以及各类教育教学平台的建设，能够聚集更大规模的教育资源与管理信息，支撑教育教学以及教育管理的综合教育大数据。借助大数据技术可以有效获得学习进程当中产生的一系列动态数据资料，让教学的整个过程被充分记录下来，这样获得的数据资料比以往的数据更为全面，更具真实性。有关教育机构可以借助数据准确了解教育教学的实际情况，保证教育决策的制定拥有正确和全面的根据。

发挥大数据技术在数据收集、追踪等方面的优势，对所获数据展开全面、综合的统计研究与挖掘，能够在极大程度上拓大学生的学习与成才机会，与此同时，还可以获得全面科学的发展评估报告。教育大数据可以研究教师专业化成长的信息，有效发现教师在教育教学工作中存在的优势和缺陷，督促教师进步，促进教师资源的合理化分配，让学校可以充分发挥自身的特色。大数据可以为师生的个性化学习提供坚实的平台，推动个性化教育目标的达成；可以让区域教育聚焦于师生和学校，让均衡发展和个性化进步协调一致；可以准确把握与评估区域教育现状，预测将来的发展态势，使区域教育均衡进步，彻底改变过去经验主义的决策制定方法，把客观数据作为根本依托，提高决策的科学性与准确性，使全域教育改革成效进一步增强。

在把大数据作为支撑助推区域教育均衡和可持续性发展方面，我国很多城市开展了试验与探索。2011年，上海市构建上海市中小学生学业质量绿色指标体系。这个体系不但收录了大量有关学生学业水平的数据资料，还输入了学习动机、学业压力、家庭概况、师生关系等多个领域的信息资料。通过对多元的教育数据资料进行收集和分析，可以让区域教育管理走上科学化的发展道路，同时还能够全面改善教育指导，优化教育行为。上海市借助这样的方法，促进了区域内部教育资源的优化和改善，同时也获得了非常明显的成果，在未来上海市会继续促进绿色指标体系的扩大，建设更为完整的数据库，有效发挥大数据技术的优势作用，让区域教育走上均衡性和可持续性的发展道路，从根本上提高区域教育质量。

大数据背景下，大量教育数据的生成让区域教育走上了均衡发展道路，拥有了创造性的发展思路，也为灵活科学地应用大数据技术推动区域教育发展拓宽了渠道。在大数据时代，为了促进区域教育又好又快以及均衡性地发展，一定要将数据作为重要根据，掌握区域教育的动态发展情况，充分发挥大数据技术的价值，从教育环境、资源、机会与质量均衡这几个方面着手，多角度和多领域地助推区域教育的均衡进步。

第五节　教育大数据的技术体系框架与学习分析

一、教育大数据的技术体系框架

大数据的处理流程主要包括数据的采集、处理、分析和呈现。教育大数据技术体系框架从下往上分别是教育数据的采集层、处理层、分析层、展现层。利用数据的传输接口，采集层将收集到的多元化数据资料传递到处理层，借助数据整合存储等方法构建数据平台，把这个平台作为重要根基，分析层能够分析挖掘数据，把分析结果借助接口传播到展现层。在这个框架当中，安全与监控贯穿全程，形成对不同环节教育数据安全的强有力保障；标准和规范是整个框架的根基，以确保不同环节之间和整个教育系统数据的融通与共享。

与其他数据相比，教育数据具有独特性。如果简单进行概括的话，教育数据是分层的，只有把握不同层级的数据，才能有针对性地提供相应层级的数据报告，辅助教育决策的合理化制定。

为提升教育大数据的价值，首先要把好源头质量关，也就是要合理处理原始数据，保证信息处理的质量。与传统教育中的数据资料相对，教育大数据来源多且广，拥有规模极大的数量以及多元化的格式，同时在质量方面也各不相同。所以，采集教育数据一定要对数据格式进行合理化规范，同时实施初级层次的预处理，为后续数据的存储应用提供便利。

教育数据处理涵盖数据整合与存储这两个重要环节。所谓数据整合是运用高效数据整合法加工处理数据资料，在保留原来语义的前提条件下，去粗取精和去噪，从整体层面上确保数据的相关性与一致性；所谓数据存储是指将全部数据集中性地进行存放。构建教育大数据存储系统，不仅要用极低的成本储存大量的数据，还必须满足非结构数据管理的实际需要，确保数据格式可扩展。

数据分析层：该层是整个平台的"智慧引擎"，而该引擎的运行效果很大程度上取决于数据分析模型的设计。当前，教育领域典型的数据分析模型包括决策支持模型、校情监测模型、适应性学习模型、学业评价模型、学习预警模型、深度学习行为诊断模型以及学生画像模型。为了更全面地支持区域教育事业发展，平台在数据分析层需要尽可能地结合具体的业务需求，提供颗粒度更小、目标更聚焦的数据分析模型，生成可动态进化的区域教育大数据分析模型库。依据数据分析难度和结果的价值度，可以将数据分析初步分成描述性分析、诊断性分析以及预测性分析等三个层级，难度和价值度同步提升。调研发现，当前国内各地教育大数据平台的分析功能主要以描述性分析为主，而诊断性和预测性分析严重不足。

数据展示层：数据可视化有利于发现数据之间的关联性，便于及时做出决策干预，已经成为区域教育大数据的基本特征。数据展示层重点呈现六类教育大数据：教育基础信息大数据、信息化应用大数据、信息化资源大数据、教师队伍大数据、学生综合素质大数据以及教育安全大数据。通过对这六类教育大数据的可视化展示，可以辅助各级管理者便捷高效地"看数据、用数据、管数据"，实时掌握全区教育发展概貌与动态，开展数据驱动的教育科学决策。

教育业务丰富多样，具备明显的灵活性以及差异化的特征，所以一定要考虑教育数据的类型与目标，灵活科学地选用数据处理模型与方法。

二、教育数据挖掘与学习分析

2012 年，美国教育部发布《通过教育数据挖掘和学习分析促进教与学》报告，该报告提出的主张是运用大数据挖掘分析的方式进行自适应学习系统的优化调整，推动个性化学习的实现。报告还特别指出，把大数据技术运用到教育领域当中，主要集中在教育是挖掘与学习分析这两个领域。

所谓教育数据挖掘，实际上指的是把来自不同教育系统的原始数据变成有价值信息的一个过程。这些具备有用价值的信息资料，能够被多个主体使用。过去的传统教育数据挖掘更多侧重的是结构化以及单一对象的小规模数据采集，把挖掘的重点放在了结合当前经验知识预先构建模型，之后再根据既定模型完成分析。而在面向非结构化与异构数据时，因为不具备先验知识作为根据，所以通常无法有效构建显性教学模型，这就需要应用更高层次的数据挖掘技术。这个报告通过对相关领域的专家展开深度访谈，列出教育数据挖掘的研究目标。

第一，整合学习者的详细信息开展学习模型构建，为学习者的学习发展趋势进行预测；

第二，探究与调整涵盖最佳教育内容与顺序的领域模型；

第三，探究多元化学习软件提供的教育支持的有效性；

第四，利用相关数据构建计算模型，尤其是学习者、领域、教育软件的模型，确保有效学习。

所谓学习分析，主要指的是利用测量、搜集、分析、汇报等方面的数据资料，理解与优化学习及其发生环境。事实上，学习分析与教育数据挖掘存在着非常紧密的关联，选用的分析技术手法也有很多相似之处。目前，学习分析常用的方法有网络、话语与内容分析法。近年来，开始有更多的研究人员逐步应用滞后序列分析方法进行在线学习行为模式的识别与分析。

除学习分析与教育数据挖掘这两项重要行动之外，怎样借助数据可视化技术对分析结果进行格式化处理，给广大用户提供便利，也是教育大数据发展过程中急需解决的重要问题。

报告当中给出的观点是，学习分析应综合应用多元学科理论方法，通过广义教育大数据处理分析，运用已知方法解释学习过程中的重大问题，评估学习行为，并提供适应性反馈。教师和学校可以把学习分析获得的结果作为最重要的依据来调控教学内容，及时干预和指导存在失败风险的学生。

第六章　大数据时代教学模式的创新

第一节　基于项目的教学模式

一、基于项目的教学模式的概述

基于项目的教学模式近年来受到各国及各地区教育者的关注。其是以研究学科的概念和原理为中心，以制作作品并将作品展示给他人为目的，在真实世界中借助多种资源开展探究活动，并在一定时间内解决一系列相互关联问题的一种新型探究性学习模式。

①基于项目的教学模式的最大特点是旨在把学生融入有意义的任务过程中，让学生积极地学习、自主地进行知识的建构，以现实学生生成的知识和培养起来的能力为最高成就目标。②其实质上是一种基于建构主义学习理论的学习模式，强调学习应在合作中进行，在不断解决疑难问题中完成对知识的意义建构。③强调对学生动手能力的培养，强调经验、学生和活动这三个中心，在活动中培养学生的能力。④采取"做中学"的方式，通过各种探究活动、作品的制作来完成知识的学习。基于项目的教学模式强调现实、强调活动，与杜威的实用主义信息化教学概论是一致的。⑤其不是采用接受式的学习，而是采用发现式的学习。学生对问题形成假设，提出解决问题的方案，然后通过各种探究活动以及所收集的资料对所提出的假设进行验证，最后形成自己解决问题的方法。在这一系列的学习过程中，学生不断"发明"知识，并累积和建构新的知识。

基于项目的教学模式主要由内容、活动、情境和结果四大要素构成。

（一）内容——学科的核心观念和原理

基于项目的教学模式研究的主要内容是现实生活和真实情境中表现出来的各种复杂的、非预测性的、多学科知识交叉的问题。

第一，内容应该是现实生活中的问题。首先是关于现实生活中的一些真实的问题；其次是完整的知识而非知识片段，即强调知识的完整性和系统性；最后是值得学生进行深度探究，并且学生有能力进行探究的知识。

第二，内容应该与个人的兴趣一致，这样才能使学生对他们感兴趣的话题和所关心的事情进行学习。其中包括对复杂的话题和论点形成自己的观点，关注与他们兴趣和能力相一致的问题，从事当前、当地与他们兴趣相关的话题研究，从他们的日常经历中获得学习的内容。

（二）活动——生动有效的学习策略

基于项目的教学模式的活动主要是指学生采用一定的技术工具（如计算机）和一定的研究方法（如调查研究）对解决面临的问题所采取的探究行动。在基于项目的教学模式中，活动具有如下特征。

第一，活动具有一定的挑战性；

第二，活动具有建构性。基于项目的教学模式允许学生建构知识并生成自己的知识，所以他们很容易对知识进行记忆和迁移；

第三，活动应该与学生的个性一致。

（三）情境——特殊的学习环境

在基于项目的教学模式中，情境有如下作用。

第一，情境促进个人与个人之间以及个人和社会团体之间的合作。基于项目的教学模式比其他学习模式更能给学生提供丰富的、更具真实性的学习经历。因为它是在社区环境中进行的，在这种情境中，学习和工作需要相互依赖和协作。这种环境同时也促使学生避免人际冲突并且学会解决人与人之间的冲突。在没有压力、真诚合作的环境中，学生们对发展他们的能力充满了自信。

第二，情境鼓励学生使用并掌握技术工具。项目情境为学生学会使用各种技术（如计算机技术和图像技术）提供了一种理想的环境，这样就拓展了学生的能力并使他们为自己将来走向社会做好准备。

（四）结果——丰富的学习成果

基于项目的教学模式促使学生掌握丰富的工作技能并将这些技能运用到终身学习中。该项目的重点是获得特殊的技能，如传统的写作技能、语言技能和评判性思维的能力。同时，该项目的特有作用是使学生更多地去倾听和评价他们所不赞同的观点，总结他人的立场，对他人的立场进行有效的评价，并实践自由发言的民主原则。

二、基于项目的教学模式过程阐述

基于项目的教学模式是一种新型教学模式，是一种变革传统教学的新理念，这种学习强调的以学生为中心，强调小组合作学习，要求学生对现实生活中的真实性问题进行探究。通常其流程或操作程序分为选定项目、制订计划、活动探究、作品制作、成果交流和活动评价等六个步骤。

（一）选定项目

在基于项目的教学模式中，项目的选定很重要，它应该根据学生的兴趣来选定，同时又要考虑如下情况：首先，所选择的项目应该和学生日常的经历相关。至少要有部分学生对该项目比较熟悉，这样的话，他们才能对项目提出一些相关的问题。其次，除了基本的文化素养以及一些技能外，项目应能融合多门学科，如科学、社会研究以及语言艺术等。再次，项目的内涵应该是丰富的，从而可以进行至少长达一周时间的探究。最后，选定的项目应该更适合在学校进行检测。总之，在基于项目的教学模式中，教师应该充分考虑学生现有的知识经验和能力水平，以及学生通过努力是否能够达到项目学习的目标，解决项目中所出现的各类问题。

项目的选择应由学生来进行，这一点很重要，教师在此过程中仅仅作为指导者的角色，也就是说教师不能把某个项目强加给学生，其所起的作用是对学生选定的主题进行评价，即评价选定的主题是否具有研究价值以及学生是否有能力对该项目进行研究。根据评价的情况，如果有必要的话，教师可对学生选定的项目进行适当的调整或者建议学生对项目进行重新选择。

（二）制订计划

项目计划是对项目活动过程的详细规划。它包括学习时间的详细安排和活动计划。时间安排是学生对项目学习所需时间的一个总体规划，学生要做出一个详细的时间流程安排。活动设计是指对基于项目的教学模式中所涉及的活动预先进行计划。

（三）活动探究

活动探究是项目学习的核心或主体部分，学生大部分的知识内容和技能技巧是在此过程中学习的。活动探究是学习小组直接深入实地的调查和研究，它通常包括到户外活动，对必要地点、对象或事件进行调查研究。在调查研究的过程中，学生对活动内容以及对活动的看法或感想进行必要的记录，提出解决问题的假设，然后借助一定的研究方法和技术工具（此过程中，学生的研究方法和技术工具相当重要）来收集信息，然后对收集到的信息进行处理和加工，对提出的假设进行验证或推翻假设，最终得出问题解决的方案或结果。

（四）作品制作

作品制作是基于项目的教学模式区别于一般活动教学的典型特征。作品制作往往和活动探究交融在一起。在作品制作过程中，学生运用学习过程中所获得的知识和技能来完成作品的制作。作品的形式不定，可多种多样，如研究报告、实物模型、图片、录音、录像、电子幻灯片、网页和戏剧表演等。学习小组可对他们所研究的项目进行描述，并且展示他们的研究成果。作品反映了他们在项目学习中所获得的知识和掌握的技能。

（五）成果交流

学生作品制作出来之后，各学习小组要相互进行交流，交流学习过程中的经验和体会，并且分享作品制作的成功和喜悦。成果交流的形式多种多样，如举行展览会、报告会、辩论会、小型比赛等。参与成果交流的人员除了本校的领导、老师和学生之外，可能还有校外来宾，如家长、其他学校的教师和学生以及上级教育主管部门（如教育局）的领导和专家等。

（六）活动评价

活动评价是基于项目的教学模式与传统教学的一个重要区别。在基于项目的教学模式中，活动评价要真正做到定量评价和定性评价，形成性评价和终结性评价，对个人的评价和对小组的评价，自我评价和他人评价之间的良好结合。

活动评价的内容主要有课题的选择、学生在小组学习中的表现、活动计划、时间安排、成果表达和成果展示等方面。对结果的评价要强调学生获得知识和掌握技能的程度情况，对过程的评价要强调对实验记录、各种原始数据、活动记录表、调查表、访谈表、学习体会等的评价。

评价可由专家、学者以及老师来完成，也可以由同伴或者学习者自己来完成。教师可以观察学生在项目学习过程中所运用的技能和知识以及运用语言的方法。学生可反映他们自己以及同伴的工作和工作流程，如小组的工作情况如何，他们对工作和工作流程感觉如何，他们获得了哪些知识和技能。反映工作、检查流程以及明确重点和弱点知识区域都是学习过程中的组成部分。

第二节　基于网络的协作学习模式

一、基于网络的协作学习模式概述

（一）协作学习

协作学习是 20 世纪 70 年代初兴起于美国，20 世纪 80 年代中期取得很大发展的一种教学理论与策略，它是指通过小组或团队的形式组织学生进行学习的一种方式，是学习者在共同的目标和一定的激励机制下，为获得最大的个人小组学习成果而进行合作互助的学习方法。其模式是指采用协作学习组织形式促进学生对知识的理解与掌握的过程，通常由四个基本要素组成，即协作小组成员、辅导教师、协作学习环境、协作学习过程。协作学习是一种信息交流过程，学习者在学习过程中将探索发现的信息和学习材料与小组中的其他成员共享，甚至可以同其他组或全班同学共享，为了达到个人和小组学习目标，可以采用对话、商讨、争论等形式对问题进行交流、沟通。协作学习强调整体学习效果，同时关注学生个性的自我实现，每个协作成员都是学习过程的积极参与者，教师设置的小组共同目标保证和促进学习的互助合作，鼓励学习者各抒己见，并以小组的总体成绩来评价每个成员的成绩。协作小组中的每个人都对他人的学习做出自己的贡献，个人学习的成功是以他人的成功为基础的，因此，小组成员不仅要对自己的学习负责，还要关心和帮助他人的学习。

（二）基于网络的协作学习

基于网络的协作学习（CSCL）是指利用计算机网络以及多媒体等相关技术开展的协作学习，是一种特殊的协作学习，在这一学习过程中，多个学习者针对同一学习内容通过计算机网络平台建立交互和合作，以达到对教学内容比较深刻的理解与掌握。在基于网络的协作学习中，计算机网络具有快捷性、交互性、超时空性以及对资源的可共享性，因而网络环境下的协作学习除了具备非网络环境协作学习的特点外，还具备以下特点。

1. 突破了时空限制

网络打破了传统的班级、年级、学校的界限，打破了时空的局限性。就协作的范围而言，网络化协作学习突破了学校的空间局限，打破了学校的束缚，协作范围可以从班上的小组到整个班级以及班与班之间、年级与年级之间甚至校与校之间，使得协作学习真正变成了一种大环境下的学习，极大地促进了社会学习化和学习社会化。就时间因素而言，网络的异步交互功能实现了异步协作，使学习者不必受时间限制，可以更好地完成协作任务。

2. 教师对小组学习活动干预程度较低

在基于网络的协作学习中，教师角色相对传统教育中的角色有了很大变化，教师主要是对各小组的学习成果进行评价总结，对学习中的一些问题给予必要指导，而对小组在网络上的学习过程不过多干涉，学习者拥有了更多的选择性和灵活性，更容易促进个性化学习的开展。

3. 方便资源共享

协作学习中的成员为达成小组目标，需要不断交流信息和分享资源。计算机网络技术的发展已经使全球资源共享成为可能，利用搜索引擎等工具，可以快速获得大量学习资料，并且通过网络实现学习小组内的资源共享。

4. 协作形式多种多样

通过计算机网络，学生可以利用 Netmeeting、QQ、MSN、BBS、聊天室、留言板等工具，方便地与相距较远的老师、同学开展多样的沟通，自发地制订合作计划，开展讨论，共享合作成果。

二、基于网络的协作学习模式建构

网络信息具有非线性的组织形式、多媒体化表现方式、大容量的信息存储、便利的交互性等优势，这些都有助于学生认知策略的形成，因此在建构基于网络的协作学习模式时应充分考虑和利用网络技术的这些优点，尽量把网络的优点和协作学习的优点结合起来，要考虑到各种教学因素（如学习者、任务、情境等），还要考虑到网络的干扰因素。

三、基于网络的协作学习模式要素分析

（一）确定协作学习目标

首先，要对即将开展的学习内容进行选择，选择适合运用协作学习开展的学习体系。其次，确定小组协作学习的整体目标，即组目标，然后可根据学习内容的特点或者是学生的个体发展需要，将整体目标分解为子目标，或者是提出学习者的个人目标。在这个环节中，要注意个人目标或子目标与组目标的关系设定，二者之间要联系紧密，特别是个人目标要成为实现整体目标的必要因素，这样既有助于促进学习者的自主学习，实现个人发展，同时又能够促进学习者参与协作学习的积极性。

协作学习可以促进学习者的应用、分析、评价等高层次目标的实现，因此在设计整体目标时不能只把目标局限于某一门课程或者某一方面知识，可以在确定某方面的核心内容的同时，将涉及的相关内容进行有效融合，从而促进学生的全面发展。

（二）建立协作学习小组

基于网络的协作学习是一种以小组为单位的学习方式，每个学习者都处在特定的团体中，都有特定的协作伙伴，因此，科学合理地组建学习小组是实施网络化协作学习的必要前提，也是保证学习顺利开展的关键要素。协作小组可以由教师组建，也可以在协作学习目标的指导下由学习者自由协商构成，在学生自由组合时，教师要给予适当的指导和帮助。常见的协作小组有异质分组、就近分组、分层分组、同质分组、自由搭配等。具体的协作小组划分要根据学生的学习特点、所处地域、学习基础、个人特长、兴趣方向或性别等标准进行划分。无论以何种方式划分，都要体现互补互助、协调和谐的原则，小组成员间要有良好的人际关系和信赖程度，有时为了方便管理，会确定小组负责人，但是小组成员的权利是平等的。

（三）创设协作学习环境

良好的协作学习环境可以促进小组成员集体归属感的建立，从而促进小组成员之间形成融洽、多元的协作关系。学习环境通常包括硬件环境、软件环境和资源环境三个方面。硬件环境主要指学习者必备的计算机、计算机网络。软件环境指学习者在协作学习过程中所使用的软件工具，如

Netmeeting、QQ、MSN、BBS、聊天室、留言板、搜索引擎等。前两种环境都比较容易实现，而资源环境作为最重要的部分，也是人们最关注的。在设计资源环境时，要先了解网络资源的特点，围绕学生的需要来组织教学资源。有条件的学校可以把相关网络资源事先下载到校园网的资源中心，根据协作学习过程中知识掌握的需要，学生可以直接从校园网资源库中查询所需要的信息资源。

（四）设计协作学习活动

协作学习活动设计阶段就是通过小组成员讨论、协商或者是教师指导建立初步的协作学习计划，从而保证基于网络的协作学习的进度。在设计过程中要考虑每个学习者的具体情况，并根据协作学习中的个人目标或者子目标的序列关系，制定出协作学习的工作阶段。

（五）实施协作学习活动

协作学习实施过程是指按照上一环节设计的小组学习计划开展学习，但是在具体实施过程中学习者可以根据小组需求、个人需求以及教师方面的意见调整和修改前期计划，从而有效实施协作学习活动。在具体的实施过程中，教师可以很少介入学生具体的学习过程，但必须加强对小组协作学习过程的指导，在协作学习中要起到督导作用；教师可以根据学习者提供的协作学习计划，检查小组学习的进度与成果，或者通过 BBS、电子邮件及时布置有针对性的作业，检查作业，引导小组开展讨论等，从而深入地引导学生学习。

（六）评价协作学习结果

学习评价是检验学习是否达到目标，促进和完善协作学习活动的重要环节。对学习结果的评价应采用多种形式，促进全面真实地评价。要做到评小组与评个人，他人评与自己评，组内评与组外评相结合。当小组的学习阶段完成后，教师要及时对该小组的学习结果进行评定，评价的方式可以采用传统的考试、测验方式，也可以采用成果展示、任务完成等新型方式开展评价。小组之间可以采用质疑提问的方式开展互评与自评，小组成员间也可以开展互评与自评。

（七）教师指导

教师的指导作用并不是针对某一特定环节或者某一特定工作，而是贯穿在从准备到实施再到评价的整个过程，在每个环节中教师都能体现指导作用。教师虽然不直接参与学生的具体学习过程，但要随时监控学生的学习进程，以保证学习的正常进行，从而保证良好学习效果的产生。

四、基于网络的协作学习应注意的问题

（一）重视线下活动的重要性

基于网络的协作学习并不是所有的学习过程和学习活动都是在网上进行的，所以不能片面地认为这种学习就是让学生上网学习。学习者接触主题、制订计划、小组分工、深入研究等活动都是可以在线下开展，因此在开展基于网络的协作学习中要注意线上、线下相结合。

（二）加强真实感协作活动

基于网络的协作学习，学习者之间的交流和沟通大多数是通过网络进行的，学习者与其协作伙伴之间不易建立真实的亲近感，容易造成协作小组凝聚力不强，从而影响小组的学习效果。因此，可以利用虚拟技术模拟实体小组，小组成员可以在模拟的实体小组中发布自己的照片、兴趣爱好等并进行相互交流，让小组成员有身临其境之感，促进相互之间的熟悉程度，增进亲密感，以利于学习活动的顺利开展。

（三）突显指导教师的主导地位

通过对基于网络协作学习模式的探讨，可以看出教师在整个协作过程中的指导作用是不可忽视的。但是由于在基于网络的协作学习中师生通常是分离的，有时教师会忽视自己的指导作用，只关心最后的评价，对整个协作学习撒手不管，从而使学习者变成"放羊式"学习，制约了学习效果的产生，因此教师要想办法突显自己的主导地位，促进学习者的积极学习。

第三节 基于资源的主题教学模式

一、基于资源的主题教学模式概述

基于资源的主题教学模式是指学习者围绕一个主题，遵循科学研究的一般规范和步骤，通过充分发掘和利用各种不同的资源，在教师的帮助下进行的一系列探究活动。基于资源的主题教学模式的目的是让学习者提高问题解决、探究、创新等能力，促使学习者的学科素养和信息素养同时得到提升。它包括两方面的概念，即基于资源的学习和主题学习。基于资源的学习是通过充分发掘和利用各种不同的资源而展开的一种学习模式。我们知道，没有资源的教与学是不存在的，而我们为什么要强调"基于资源的学习"呢？原因有三：一是，资源的多少；二是，使用信息资源的能力大小；三是，使用信息资源是否有意识。信息技术，特别是网络技术的发展，信息资源的急速膨胀，在浩如烟海的信息中找到对自己有用的信息，并对这些信息进行处理已成为现代人的一种基本能力。如果说，以前一个人成功与否主要看获取信息的多少，现在就是看一个人的信息处理能力高低了。如今人们对信息的获取机会趋于均等，获得信息量多不再成为优势，而关键是看他的信息处理能力。基于资源的学习是培养学生信息处理能力的一种行之有效的方法。主题学习就是围绕着一个主题，遵循科学研究和一般规范步骤，学习者为获得问题解决能力和创新能力而展开的一系列探究活动。主题学习是针对学校教育学科的独立提出的，因为一个主题可以与多门学科相联系，消解学科之间的孤立，使学科走向融合，同时主题学习打破课堂教学的局限，激励学生走出课堂，走进社会，走进自然。

所以，我们探讨的基于资源的主题教学（RBTL）模式其实是基于资源的学习（RBL）和主题学习（TL）相互整合而形成的新型教学模式，是围绕主题展开基于资源的学习过程。在这个过程中，既强调资源的获取、选择、利用和评价，又强调学生实际能力的提高，特别是解决问题能力、创新能力以及信息素养等能力的提高。从而使学生在主题学习的过程中，既达到解决问题的目的，又达到信息素养的提升。

二、基于资源的主题教学模式构建

基于资源的主题教学模式。如图 6-1 所示。

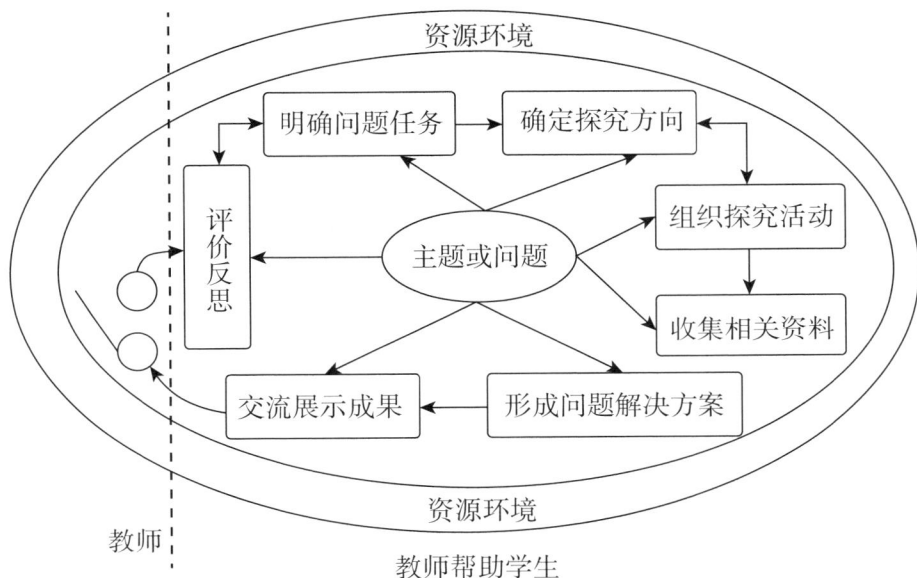

图 6-1　基于资源的主题教学模式

从模式图中可以看出，中心椭圆表示主题或问题，外围圆角矩形表示活动探究过程，评价反思贯穿于整个学习过程中。教师掌握着整个活动流程的"开关"，当教师决定组织学习者进行一次主题学习活动时，把"开关"合上即可开始基于主题或问题的学习。将这一过程置于资源环境中，学习者在学习过程中就可以把与主题相关的资源从所有资源中筛选出来，为达到学习目标所用。在主题活动探究过程中，教师作为支持者帮助学生进行自主探索。

三、基于资源的主题教学过程阐析

基于资源的主题教学（RBTL）的是以主题开发为前提，以活动探究为核心，并通过评价、反思不断优化整个学习过程的一个系统过程。其中包括三个主要环节：主题开发、活动探究和评价。

（一）主题开发——RBTL 的前提

主题是基于资源的主题教学模式中的核心概念，是指整合教学目标的、跨学科的学习内容或学习任务。在整个RBTL过程中，活动都是围绕主题展开的，主题开发的优劣直接影响着教学效果。为使学习者在学习过程中占据主动地位，应调动学生学习的积极性，提倡主题由师生共同开发，并要求主题要具有亲和力、跨学科性、开放性、挑战性和实践性，同时主题还应当整合知识技能、过程方法和情感态度与价值观目标，以使学生在学习过程中获得知识、培养能力和发展情感水平。

（二）活动探究过程——RBTL的核心

主题一旦确定，学生便可在教师的指导下进入实质性的学习过程，具体可分为以下几步：

第一，明确问题，阐述问题情境。主题在确定时只是一个比较笼统的概念，因此需要将其转化为一个或多个待解决的、具有可操作性的问题或任务。在这一过程中，需要从多方面不断地追究问题所在，描述问题产生的情境，恰当地呈现或模拟问题情境，并描述问题的可操控方面，使学生进入问题情境，拥有问题意识，为之后的进一步探究做准备。

第二，形成假设，确定探究方向。在自己或他人经验的基础上，就问题的答案和问题解决的原则、途径和方法提出设想，然后进行论证，在论证的过程中，可能需要不断修正或改变原来的设想，形成新的假设。

第三，实施、组织探究活动。这一步骤是整个教学和学习过程的核心，是培养学生知识技能、过程方法、情感态度与价值观的关键，教师可以根据学习目标组合多种活动进行教学，让学生获得直接的学习体验。

第四，收集、整理资料，找出资料的意义。大部分活动实施起来都是一个收集、整理资料的过程。资料的收集、整理是有目的的，只有了解资料的意义，才能使资料产生最大用途。

第五，形成问题解决方案。由于解决问题需要学习者建立多个问题空间，问题解决者必须将问题空间之间的认知或情境联系点结合起来，因此应确定并阐明问题求解者的多种意见、立场和观点；生成多个可行的问题解决方案；收集充分的证据来支持或反驳各种观点，以支持自己或他人的论点；讨论和阐述个人观点，评价各种解决方案的可行性，以便最终在最佳的行动方案上达成一致意见。

第六，探究结果展示和交流。根据探究内容展开相应的展示和交流活动，主要有报告、角色扮演以及辩论三种方式。

（三）评价——RBTL 的保障

RBTL 评价提倡综合性评价与过程性评价，倡导评价内容的丰富性与评价方式的多样性。在 RBTL 活动过程中，开展充分、恰当的探究有利于培养学习者的综合素质，如问题意识、科学素养、信息素养、创新能力、实践能力、自主 / 协作能力和反思能力等。在教学效果价值取向方面，RBTL 评价比较关注学生的问题意识、探究能力和反思能力的发展。

1. 问题意识

问题的确定非常重要，它是开展基于资源的主题教学活动中非常关键的一步。学生能否发现问题，取决于学生的问题意识强不强。学生问题意识的强弱，主要从学生的观察力、认知兴趣和求知欲以及丰富的知识经验等三个方面进行评价。

2. 探究能力

探究能力是基于资源的主题教学活动所培养的核心能力，在探究的过程中重点培养学生的信息素养、自主能力、协作能力、学习策略、批判性思维能力等。

3. 反思能力

除了教师、家长、专家等人员对学生的学习效果进行评价外，还需要学生对自我学习效果进行不断反思。反思是一个反省、自我评估的过程。反思主要是对前一阶段的学习任务进行反思，获得反馈，了解自己所获的知识，知道自己的不足，明确改善措施。

第四节 基于问题的信息化教学模式

一、基于问题的信息化教学模式概述

基于问题的信息化教学模式是信息化环境中的一种以问题为驱动，以培养学生的问题意识、批评性思维习惯、生成新知识能力以及独立学习能力和团队合作品质为宗旨和目标，强调学生学习的主体参与性的教学模式。在实施教学过程中，要突出学生的主体性，使学生积极主动地参与问题解决的全过程；要注重问题的优化设计，引导学生的开放性思维，激发学生对新问题的挖掘；要关注过程的实施，引导学生对所学知识的选择、判断、运用，从而有所发现、有所创造；要同实际问题相结合，培养学生解决实际问题的实践能力和创造性思维；要加强体验的严肃性和经验的积累，使学生树立批判意识和尊重事实的观念体系；要加强学生的合作意识，培养其集体观念和协作习惯；要增强学生在学习中尝试应用相关信息技术手段获取、加工、处理有用价值资料的能力。

基于问题的信息化教学模式是一种探究式教学模式。探究式教学模式是 20 世纪 50 年代由美国芝加哥大学的施瓦布教授在"教育现代化运动"中提出的。他认为学生学习的过程与科学家的研究过程在本质上是一致的，因此学生应像科学家一样，以主人的身份去发现问题，解决问题，并且在探究的过程中获取知识，发展技能，培养能力特别是创造能力，同时接受科学方法、价值观的教育，并发展自己的个性。

基于问题的信息化教学模式就是以学生为主体的教学模式，其宗旨是培养创造性人才。因此，在教与学的关系上应正确处理"教师主导"与"学生主体"的辩证关系，重视发挥教师和学生双方的主动性，并强调学生的主体地位；在教学组织上，应适当突破单一的班级授课制，开展分组教学和个别教学，以发展学生的个性，做到因材施教；在课程结构上，应强调学科之间的相互渗透与综合，以培养全才；在教学内容上，应处理好传统与现代、继承与创新的关系，力求教材建设适应当代科技发展的新潮流，及时吸收当今科技发展的新成果；在教学方法上，应主张采用建构主义教学理论，强调使用"任务驱动"法、研究法、发现法等教学方法，并根据不同的教学内容和教学目标进行多种教学方法的优化组合。

二、基于问题的信息化教学模式各要素间的优化

基于问题的信息化教学模式是以问题为中心，学生积极主动探究、领悟实质、把握规律的教学模式。在具体实践过程中，该模式要求学生在问题的驱动下通过自己观察、思考、上机来发现知识，并加以创造性的应用，建立相应的认知结构。教师的作用在于根据教育目标对学生施加积极的影响，充分调动学生的积极性、主动性，使其参与到学习的全过程，使学生用自己的思考和内心的体验去创造、发现知识和规律，同时发展他们自己的个性。

（一）学习者特征分析

根据教学任务，首先要对学生进行分析。因为学生是学习的主体，是意义的主动建构者。从哲学角度看学习者是内因，外界影响是外因，内因是事

物发展变化的决定因素，外因通过内因起作用。这就可以说明为什么在同一课堂中，教师实施同一教学，但不同学生的学习结果却存在差异。为了取得较好的教学效果，必须充分了解学生的特征并进行有针对性的设计。学习者特征涉及智力因素和非智力因素两个方面。与智力因素有关的特征主要包括知识基础、操作能力和认知结构，和非智力因素有关的特征则包括兴趣、动机、情感、意志和性格。

　　学习者分析的主要目的是设计适合学生能力与知识水平的学习问题，提供合适的帮助和指导，设计适合学生个性的情境问题与学习资源。

（二）教学目标分析

　　教学是促进学习者朝着目标所规定的方向产生变化的过程，它贯穿于教学活动的始终，分析教学目标是为了确定学生学习的主题。首先要考虑学习者这一主体。教学目标不是设计者或教学者施加到学习者身上的，而是从学习者的学习过程中得出的。其次，应尊重学习主体内在逻辑体系特征。因此，教师课前备课时就首先要分析本课的教学目标，确定教学的核心问题，明确学生需要探究什么、领悟什么。

（三）学习内容特征分析

　　学习内容是教学目标的知识载体，教学目标要通过一系列的教学内容才能体现出来，在解决问题过程中达到学习的目的。要使设计的问题是体现出教学目标，需要我们对学习内容做深入分析，明确所需要学习的知识内容、知识内容的结构关系以及知识内容的类型，这样在后面设计时，才能很好地涵盖教学目标所定义的知识体系。

（四）设计问题

　　设计问题是本教学模式的核心和重点，它为学习者提供了明确的目标，其他辅助设计使得任务更加明确具体，使得学习者解决问题成为可能，使得学习者在解决问题的过程中能够达到教学目标的要求。

（五）学习资源

　　学习资源是指提供与问题解决有关的各种信息资源（包括文本、图形、声音、视频和动画等）以及从因特网上获取的各种有关资源。学生自主探究学习、意义建构是在大量信息的基础上进行的，所以必须在学习情境中嵌入大量的信息。丰富的学习资源是学生学习的一个必不可少的条件。另外，还要注意怎样才能从大量信息中找到有用信息，避免信息污染，因此教学设计中要建立系统的信息资源库，提供引导学生正确使用搜索引擎的方法。

（六）提供认知工具

认知工具是支持、指引、扩充使用者思维过程的心智模式和设备。在现代信息技术学习中认知工具一般是指与通信网络相结合的计算机，学习者可以利用它来进行信息与资源的获取、处理、编辑、制作等，并可用其来表现自己的思想，替代部分思维，与他人协作等。

（七）管理与帮助

在本教学模式中，学生是学习的主体，但并没有无视教师的指导作用，任何情况下，教师都有控制、管理、帮助和指导的职责。教师需要在学习环境中确定学习任务，组织学习活动，提供帮助和指导，引导学生正确使用认知工具。教师是教学过程的组织者、指导者、意义建构的帮助者、促进者。

在传统的教学中，课堂教学管理包括合理安排课程内容、最大限度地发挥教学资源的作用、调动学生的积极性等。但在此模式中，教师由舞台上的主角变为幕后导演，这一改变极具挑战性，对老师提出了更高的要求。学习过程是一种发散式的创造性思维过程，不同的学生所采用的学习路径、所遇到的困难也不相同，教师面对不同情况要做出相应的反馈。在学习中，面对丰富的信息资源易出现学习行为与学习目标相背离的情况，教师要在教学实践中设置关键点，规范学生学习，这样有利于学生反思、升华所学知识的意义建构。

（八）学生探究学习

课堂上教师引导学生围绕问题进行探究以获得更深的领悟。具体的探究活动一般又可分为如下几个步骤：一是，思维探究，教师可让学生预览或向学生简单提示学习内容，让学生形成初步的探究思维；二是，上机探究，即学生通过独立探索、发现以获得知识；三是，应用探究，即学生根据自己"发现"的知识，经过上机确认，宣告完成任务。这一步又包括个别探究和小组协作探究。

（九）成果展示，师生互评

这是非常关键的一步，通过示范或成果展示，可以了解本堂课或此阶段探究学习的效果。学生个人探究的学习效果可以用转播示范的方法让他们示范给其他同学。如果是小组合作或个人完成的电子作品（如 Word、PPT 等），也要转播展示给全班同学，但在评价时要注意以下几点。

首先，教师要实现评价形式的多元化，既要进行终结性评价，又要开展过程性评价。此外，教师还可以让学生在小组协作研究过程中记录一些相应的原始数据，如记录一些资源网站，一些图片、动画的来源，文稿的始创等。

其次，教师要实现评价内容的多元化。教师不仅要注重作品的精美程度或技术程度，如图片清晰度、色彩搭配、排版布局、技术含量等，还要注意电子作品的选题、创意等方面。

最后，教师要实现评价主体的多元化。对于小组协作的作品评价，教师要让学生个体、小组等都成为评价主体，可以进行小组自评、小组互评、教师评价等。

（十）总结与强化练习

适时地进行教学总结可有效引导学生将自学的、零散的知识系统化。但总结时不能太细，可简明扼要地串讲知识体系，否则会重蹈传统教育的覆辙，限制学生的思维。总结之后，应为学生设计出一套可供选择并有一定针对性的补充学习材料和强化练习，以巩固所学知识。练习是培养学生能力、发展学生智力的有效措施之一。课堂上的巧"练"既能激发学生的探索兴趣，又为学生提供了再探究的机会，通过练习，一方面可以反馈学生的学习情况；另一方面为完成形成性评价提供了合适的评价内容和评价时机。

第七章　大数据环境下高等教育信息化平台建设

第一节　大数据时代下微课教学设计模式

一、微课教学与微课教学设计

教学设计强调的是在进行教学活动之前，根据教学目标要求，运用系统方法，对参与教学活动的诸多要素所进行的一种分析和策划的过程。简言之，教学设计是对"教什么"和"如何教"的一种操作方案。

微课教学设计是根据微课的教学目标与功能，运用系统方法综合考虑教学中各要素之间及要素与整体的本质联系，并在设计微课时综合协调它们的关系，形成时间短、内容精、以视频为主要载体的微课的策划过程。

常规的教学设计是基于教师和学生双边教学活动的设计，整个教学过程包含师生的互动。而微课的教学设计主要是基于教师单边的教学设计，微课中没有师生互动，主要包含微课学习中或者学习后的主观与客观测试、讨论与练习。

决定微课质量高低的首要因素是微课的教学设计。合理的教学设计是保持学习者有意注意的最佳方式，其次才是微课的表达形式。

微课教学设计是教学设计理论在微课开发过程中的应用。微课教学设计应更强调学生的自主学习，要考虑学习时间的零散性与片段性。微课教学设计的学习内容是独立的知识点或技能点，学习媒介是多样化的，学习方式是个性化与网络化的，教学活动是学生依托视频的单方面的学习。

在解决重难点问题的微课设计中，应考虑微课讲授知识时要具有高内聚、低耦合的特点。内聚是指微课内部各个知识模块之间关系的紧密程度，耦合是指各个微课之间的知识关联的紧密程度。所以，高内聚实现了单个微课描述的知识要紧凑、要独立，低耦合则强调了微课与微课间的联系要少，这样学习者更容易明白。在学习综合知识的微课设计中，则要主动加强知识之间的联系，使学习者能够综合运用所学知识。

二、微课教学设计的原则

微课的教学设计主要遵循微型化、以学习者为中心、实效性、易懂性的原则。

（一）微型化原则

在知识爆炸的时代，信息资源的无限量与注意力的有限性存在着矛盾，因此微博、微信、微课等微型化的资源受到热捧。微课就是微型课，课程时间短，通常仅为 5 ~ 8 分钟，最多不超过 15 分钟。微课要有效利用学习者的碎片化时间，精心设计内容明确、短小精悍的教学视频，以减少学习者的认知负荷，维持学习者的注意力，提高学习者的学习效率。当然，在坚持微型化原则的同时，要注意微课的系统化设计，以保障微视频结构课程的相对完整性。

（二）以学习者为中心原则

微课是为学习者服务的，往往以学习者的最终学习体验为衡量课程效果的评定标准。在课程设计过程中，课程内容的选择、学习活动和各项资源的组织都要围绕学习者这个中心进行。在课程内容选择方面，应先了解学习者的学习需求。在学习活动和学习资源的组织上，要充分体现学习者的主体地位，调动学习者的学习主动性，激发学习者的学习兴趣。

（三）实效性原则

微课是为广大学习者提供帮助的。在进行教学设计之前，一定要充分了解学习者真正需要的是什么，在他们学习过本微课之后，是否能够帮助他们顺利解决在日常生活中碰到的现实问题。微课内容的选择要来自于真实的生活情景或存在的现实问题，让学习者意识到这节微课是与大家的生活息息相关的。以真实情境引发要讨论的问题，不仅能够激发学习者的学习兴趣，还能保持学习者的学习动机。

（四）易懂性原则

易懂性原则是指在进行微课教学设计时要把抽象的问题形象化，把复杂的问题简单化。具体来讲就是教学媒体的选择要恰当，要选择最合适的表现形式。从戴尔的"经验之塔"理论可以看出，各种教学媒体所体现的学习经验层次是不同的，有的属于具体的经验，有的属于替代的经验、间接的经验，有的则属于抽象的经验。因而，不同的教学内容应选择不同的教学媒体来体现。或者说，不同的教学媒体适合表现不同的教学内容。

三、微课教学设计流程

教学设计的系统模型在微课中的应用，应结合职业教育的特点以及人们对教学设计过程模式的理解与认识，形成微课的教学设计模型。设计微课教学模型应包括以下流程。

（一）学习需要分析

教学系统同其他系统一样具有一定的目标，教学目标确定的依据之一就是针对教学系统环境的分析。这是系统理论中的一条重要原则——教学系统的目标应根据更大的教育系统的环境要求来确定，这是进行教学设计的逻辑起点。例如，针对职业教育，教学目标就是通过受训者所准备从事的职业、岗位的具体要求来确定。

由此可以看出，在制定教学目标之前，必须分析教学系统的环境。分析教学系统环境的过程，就是对学习需要的分析。只有在客观地分析了学习需要的基础上，才能提出并确定教学设计课题的目标。同时，还有许多其他问题需要考虑。例如，开展教学设计需要哪些条件，有哪些不利因素，哪些因素必须考虑进去，哪些因素可以从轻考虑，等等。总之，在学习需要分析中，必须解决教师"为何教"，学习者"为何学"的问题。

（二）学习内容分析

根据教育目标的指引，不同学校要有不同的培养目标，不同课程要确定不同的教学目标。根据课程目标，确定课程标准，选择教材。在此基础上，依据课程的整体目标，确定单元目标时，要着重分析学习者需要学习哪些知识和技能（知识点与技能点），要达到什么程度和水平以及培养何种能力和态度，要使得身心获得怎样的发展。学习内容的分析与学习者的分析密切相关，不仅要考虑教师如何教授这些内容，更要考虑学习者要怎样学习这些内容。总之，在分析学习内容时，必须解决教师"教什么"，学习者"学什么"的问题。

（三）学习者的分析

奥苏贝尔和加涅等心理学家的研究表明，学习者对某项学习目标的学习已具备的知识和技能、了解和掌握的程度是教学工作成败的关键。这就告诉我们，要完成教学设计的蓝图，必须分析学习者在进入学习过程前所具有的一般特征，必须确定学习者的初识状态，必须注意学习者认知结构的特点，必须了解学习者的学习准备状。因此，要分析学习者的生理、心理特点，从事某项学习的知识和技能的储备状态，并据此进行教学设计。

目前，高校的生源处于多样化的状态针对多种生源的学习基础参差不齐、学习能力各不相同、个性鲜明等情况，无论从系统设计上，还是在具体课程的教学设计上都要敢于实践与创新。单纯根据教学内容进行微课教学设计而不考虑学习者的水平与能力，是不可能获得良好的教学效果的。总之，教学设计要以学习者为中心，时刻考虑"谁学"的问题。

（四）教学目标的设计

在对学习需要、学习内容和学习者分析结果的基础上，可以对教学目标进行设计和编写。教学系统方法和现代教学理论强调，教学目标应该预先确定，应该说明学习结果，并以具体的、明确的术语加以表述，在教学活动前，必须把教学目标明确地告知学习者，使师生双方都明确教学目标，做到心中有数，以使教学、学习活动有的放矢。例如，有学者提出应以学习者通过学习后所期望达到的行为改变的具体指标来确定教学目标，而学者泰勒早在 20 世纪 30 年代就有类似的思想，不管从什么角度确定教学目标，它都应是明确、具体的。明确具体的教学目标有利于教学策略的制定和教学媒体的选择，同时也为教学评价提供了依据。

（五）教学策略的设计

教学目标确定后要进行教学策略的设计。①教学策略是实施教学过程的教学思想、方法模式、技术手段这三方面动因的简单集成，是教学思维对这三方面动因进行思维策略加工而形成的方法模式。②教学策略是为实现某一教学目标而制定的付诸教学过程实施的整体方案。它包括合理地组织教学过程，选取具体的教学方法和材料，制定教师与学生所遵守的教学行为程序。③教学策略是实现教学目标的重要手段，是教学设计研究的重点。教学策略主要研究课的类型与结构，教学的顺序与节奏，教学的活动、方法、形式、时空安排，教学活动失效对策等问题。简言之，教学策略主要解决教师"如何教"和学习者"如何学"的问题。

教学策略的设计需要考虑诸多因素，必须创造性地开展教学设计工作，灵活地安排教学活动，巧妙地设计各个环节，合理地安排各种因素，使之形成一种优化的结构，以发挥整体功能，求得最大的效益。

（六）教学媒体的设计

过去，教学媒体主要是黑板与粉笔，而现代科技突飞猛进的发展为教育提供了越来越多的教学媒体。所以，现在可以选择的教学媒体多种多样，选择的余地也很大。

1. 选择教学媒体的依据

（1）依据教学目标

每个知识点都有具体的教学目标，为达到不同的教学目标常需要使用不同的媒体去传递教学信息。

（2）依据教学内容

各门课程的性质不同，适用的教学媒体会有所区别，同一学科内各环节的内容不同，对教学媒体的使用也会有不同的需求。

（3）依据教学对象

不同的学生对事物的接受能力不一样，选用教学媒体时必须顾及学生的年龄特征。

（4）依据教学条件

教学中能否选用某种媒体，还要看当时当地的具体条件，其中包括资源状况、经济能力，师生技能、使用环境、管理水平等因素。

2. 选择教学媒体的原则

（1）最优决策原则

教学媒体有许多种类，各种教学媒体各有其优势与不足，没有一种能对所有教学情境都适用的教学媒体，所以要考虑在媒体的功效与所付出的代价之间取得最优决策。

（2）有效信息原则

从戴尔的"经验之路"理论可以看出，各种教学媒体所体现的学习经验层次是不同的，有的属于具体的经验，有的属于替代的经验、间接的经验，有的则属于抽象的经验。因而，不同的教学内容应选择不同的教学媒体来体现。或者说，不同的教学媒体适合表现不同的教学内容。

（3）优化组合原则

各种教学媒体都有其各自的优点，也有其各自的局限性。没有一种可以适合所有教学情况的"超级媒体"。各种教学媒体的有机组合将会扬长避短、优势互补，取得整体优化的教学效果。但是，媒体的组合要以取得极佳的教学效果为出发点，而不只是形式上的相加。

总之，不仅要选择教学媒体，还要具体设计教学媒体。教学媒体的设计是根据教学的实际需要和具体要求，将教学内容与方法转换为印刷的或视听的等具体详细、具有可操作性的实施方案，把学习内容充分展示给学习者，使学习者花费最少的时间，投入最少的精力，用最简捷的方式，获得最佳的学习效果。

（七）微课教学过程的设计

经过以上三个分析环节与三个设计阶段，教学设计者即可着手设计教学过程，即用流程图的形式，简洁地描述教学过程，简明扼要地表达各个要素之间的相互关系，直观地表示教学过程，给教师提供一个可供参考的教学流程。教学设计专家完成的更多的是教学设计过程模式的理论模型，实际具体完成教学设计任务的主体是教师。所以，一般情况下，作为微课的教学设计可以采用思维导图的方式来实现。

思维导图又叫心智图，是表达发射性思维的有效的图形思维工具，它简单却又极其有效，是一种革命性的思维工具。思维导图运用图文并重的技巧，把各级主题的关系用相互隶属与相关的层级图表现出来，把主题关键词与图像、颜色等建立记忆链接。思维导图充分运用左右脑的机能，利用记忆、阅读、思维的规律，协助人们在科学与艺术、逻辑与想象之间实现平衡发展，从而开启人类大脑的无限潜能，因此思维导图具有人类思维的强大功能。

（八）教学设计的评价

经过以上各环节可以得到教学设计的初步产品，即教学设计的实施方案。设计的方案能否带来理想的教学效果？学习需要、学习内容和学习者的分析是否准确、到位？教学目标的确定是否明确、具体？教学策略设计得是否合理、科学？教学媒体的选择与设计是否经济、有效？要回答这些问题，必须对教学设计进行评价。

对教学设计进行评价主要采用形成性评价，也就是在教学设计成果推广使用之前，先在一定范围内试用，以了解教学设计的可行性、有效性、实用性等效果。其中，教学目标的达成度是教学设计实施方案评价的主要方面。如果没有达到预期的教学目标，则要修改教学设计实施方案，然后再试用，再修改，直到满意为止。此外，有时也可以采用总结性评价。

四、微课的教学顺序

微课的教学顺序在整个教学设计中是非常重要的。由于微课具有短小精悍的特点，所以在有限的时间里讲什么内容是非常重要的。因此应充分考虑如何引入讲授内容，如何吸引学者的注意力，如何展开知识，如何深入与拓展，如何指导，如何结尾等。通常来讲，微课的通用教学顺序为引起注意→明确目标→知识讲授→教学指导→教学小结。

五、微课教学设计中可参考的教学模式与教学策略

分析学习者特征明确了学习的起点，分析教学目标明确了教学的终点，那么如何教与学就是选择恰当的教学模式与教学策略的问题，这也是核心问题。

（一）教学模式与教学策略

教学模式是在一定的教育思想、教学理论和学习理论指导下，为完成特定的教学目标和内容而围绕某一主题形成的比较稳定且简明的教学进程结构及其具体可操作的教学活动方式。教学模式是教学理论与教学实践的桥梁，既是教学理论的应用，对教学实践起直接指导作用，又是教学实践的理论化、简约化概括，可以丰富和发展教学理论。

一般将教学策略理解为在不同的教学条件下，为达到不同的教学目标所采用的方式、方法、媒体的总和，它具体体现在教与学相互作用的活动中。教学策略分普遍性教学策略和具体性教学策略。普遍性教学策略是指不与具体的学科知识和技能教学紧密相连的策略，如学习动力激发策略、课堂组织策略、自主学习策略、协作学习策略等。具体性教学策略是指针对某一具体知识和技能开展教学的策略，如语文学科的识字教学策略、作文教学策略，英语学科的听说教学策略、词汇教学策略等。

虽然在实践层面，教学模式、教学策略以及教学方法之间常常不是那么界限分明。但学界认为，相对而言，教学模式属于较高层次，规定着教学策略、教学方法，教学策略比教学模式更详细、具体，受到教学模式的制约。

在某个教学模式中，可以采用多种教学策略，同时，一个教学策略可用于多种教学模式中。

（二）常用的教学设计模式

在教学理论研究与实践中，形成了适用于不同学习结果的教学模式，这些教学模式有些体现了以教为主，有些侧重于以学为主。下面列举一些具有代表性、有较大影响的教学设计模式，可供大家根据不同的教学目标和学习内容选择参考。

1. 传递—接受教学模式

传递—接受教学模式适用于认知领域的教学目标，教师控制教学过程，学生能在较短的时间内掌握大量的知识，但不利于学生主体地位的发挥。该模式包括激发学习动机、复习旧课、讲授新课、巩固运用、检查等五个主要环节。

2. 九段教学模式

九段教学模式是美国著名教育心理学家加涅将认知学习理论应用于教学过程而提出的一种教学模式。加涅认为，教学活动是一种旨在影响学习者内部心理过程的外部刺激，因此教学程序应当与学习活动中学习者的内部心理过程相吻合。根据这种观点，他把学习活动中学习者内部的心理活动分解为九个阶段，相应的教学程序也应包含九个步骤：引起注意—阐述教学目标—刺激回忆—呈现刺激材料—提供学习指导—诱发学习行为（反应）—提供反馈—评价表现—促进记忆与迁移。

九段教学模式由于有认知学习理论作为基础，所以不仅能发挥教师的主导作用，也能激发学生的学习兴趣，在一定程度上调动学生的学习主动性、积极性，建立起学与教之间的联系，再加上其实施步骤具体明确，可操作性强，因此影响和应用都比较广泛。

3. 引导—发现教学模式

引导—发现教学模式适用于认知领域的教学目标，其以问题解决为中心，注重学生的独立活动，有利于学生的探究能力和创造性思维能力的培养，需要学习者具有一定先行经验的储备，比较适用于数理学科。该模式包括提出问题、产生假设、验证假设、总结结论四个环节。

4. 掌握学习教学模式

掌握学习教学模式是美国心理学家和教育学家布卢姆提出的，该模式旨在把教学过程与学生的个别需要和学习特征结合起来，让大多数学生都能够掌握所教内容并达到预期教学目标。该模式包括学生定向、常规授课、揭示差错、矫正差错、再次测评五个环节。

5. 随机进入教学模式

由于事物的复杂性和问题的多面性，要做到对事物内在性质和事物之间相互联系的全面了解与掌握，真正达到对所学知识的全面而深刻的意义建构是很困难的。因为从单一视角提出的每一个单独的观点虽不是虚假的或错误的，但却是不充分的，往往从不同的角度考虑可以得出不同的理解。为克服这种弊病，在教学中要注意对同一教学内容，在不同的时间和情境下，为了不同的教学目的，要用不同的方式加以呈现。同时，应避免内容的过于简单化。在条件许可时，应尽可能保持知识的真实性与复杂性，保证知识的高度概括性与具体性的结合，使知识富有弹性，以灵活适应变化的情境，增强知识的迁移性和覆盖面。作为教学内容的知识源泉应该是高度联系的知识整体，而不是各自为政的、分割的。换句话说，学习者可以随意通过不同途径、不同方式进入同样的教学内容学习，从而获得对同一事物或同一问题的多方面的认识与理解，这就是所谓的随机进入教学模式。随机进入教学模式主要包括以下几个步骤：呈现基本情境—随机进入学习—思维发展训练（由于随机进入学习的内容通常比较复杂，所研究的问题往往涉及许多方面，因此在这类学习中，教师还应特别注意发展学生的思维能力）—小组协作学习—学习效果评价。

6. 支架式教学模式

支架式教学模式来源于苏联著名心理学家维果茨基的"最邻近发展区"理论。最邻近发展区是指学生独立解决问题时的实际发展水平（第 1 个发展水平）和教师指导下解决问题时的潜在发展水平（第 2 个发展水平）之间的距离。可见，学生的第 1 个发展水平与第 2 个发展水平之间的状态是由教学决定的，即教学可以创造最邻近发展区。因此教学绝不应消极地适应学生智力发展的已有水平，而应当走在发展的前面，不停地把学生的智力从一种水平引导到另一种新的更高的水平。建构主义者正是从维果茨基的思想出发，借用建筑行业中使用的"脚手架"作为上述概念框架的形象化比喻。所谓脚手架是指教师所能提供给学生，帮助学生从现有能力提高的支持形式。支架的例子包括教师揭示或给予线索，或帮助学生在停滞时找到出路，通过提问帮助他们去诊断错误的原因并且发展修正的策略，激发学生达到任务目标的兴趣，指引学生的活动朝向预定目标。通过这种脚手架的支撑作用，可以不断地把学生的智力从一种水平提升到另一种新的更高的水平，真正做到使教学走在发展的前面。支架式教学模式由搭脚手架、进入情境（将学生引入一定的问题情境）、独立探索、协作学习、效果评价等环节组成。

在以上几种教学模式中，传递—接受教学模式和九段教学模式主要体现了以教为主的教学思想，引导—发现教学模式、支架式教学模式、抛锚式教学模式及随机进入教学模式更强调情景创设、学生主体地位的发挥，倡导自主、合作、探究的学习方式和策略，因而，具有更鲜明的信息化环境下的教学特征。

除了上述几种模式外，近些年在信息化教学实践中，已逐渐探索和形成了很多信息化教学模式。由于自主、合作、探究的学习方式既是信息化教学的主要特征，也是新课程改革所倡导的。下面将重点对常用的学习策略中的自主学习策略和协作学习策略做进一步的介绍。

（三）常用的学习策略

1. 自主学习策略

自主学习策略的核心是要发挥学生学习的主动性、积极性，充分体现学生的认知主体作用，其着眼点是如何帮助学生"学"。因此这类教学策略的具体形式虽然也是多种多样的，但始终有一条主线贯穿始终，这就是"自主探索、自主发现"。所以，通常也把这类教学策略称之为自主学习策略或发现式学习策略。然而，由于一些教师对自主学习缺乏深入的了解和深刻的认识，导致在实践中出现诸多问题。

（1）缺乏明确的学习任务

学习过程松散而效率低下，一切从学习的"需要"和"兴趣"出发，课堂处于放任自流的状态。

（2）缺乏必要的指导

教师在课堂上为了多给学生留出"自由"的空间，而不敢多讲一句话，不敢多提学习要求，不敢多对学生的学习做出适当的评价。

（3）自主学习活动花样繁多

为了自主而"自主"，对教材内容、学生的特征等缺乏深入的分析，在形式上追求丰富性，忽略了促进学生的意义建构这一根本目的。

因此，在自主学习设计中，应该注意以下几方面。

①重视人的设计。要在学习过程中充分发挥学生的主动性，体现学生的首创精神。环境是促进学习者主动建构知识意义的"外因"，理想的学习环境是必要的，但学习者是学习的"内因"，如果缺乏人的自主学习，意义

建构将无从谈起。设计的重点应放在能够促进学生发展上，而不是活动的形式上。

②目标明确。在自主学习中，学生对知识的意义建构是整个学习过程的最终目的。在学习过程中强调对知识的意义建构是正确的，但如果不分析学习目标，对当前所学内容不加区分，一概完成"意义建构"（即确定深刻的见解与掌握）则是不恰当的。正确做法应该是在进行教学目标分析的基础上选出当前所学知识中的基本概念、基本原理、基本方法和基本过程，将它们作为当前所学知识的"主题"（或者说"基本内容"），然后再围绕这个主题进行意义建构。另外，要让学生有多种机会在不同情景下去应用他们所学的知识，即将知识外化。

③让学习者能根据自身行动的反馈信息来形成对客观事物的认识和解决实际问题的方案，即能实现自我反馈。

④重视教师的指导。教师是学习过程的组织者、指导者，教师要对学生的意义建构起促进和帮助作用。在充分体现学生主体地位的同时，不能忽视教师的指导作用。

2. 协作学习策略

协作学习是以一种小组或团队的形式，组织学生协作完成某种既定的学习任务的教学策略或形式。在协作学习过程中，学习者之间以融洽的关系、相互合作的态度，对同一问题运用多种不同观点进行观察、比较、分析和综合。学习者共享学习资源，共同担负学习责任，共同享受成功的喜悦。常见的协作学习策略有讨论策略、角色扮演策略、竞争策略、协同策略和伙伴策略。

（1）讨论策略

讨论策略的运用要求是整个协作学习过程均由教师组织引导，讨论的问题皆由教师提出。讨论策略的设计通常有两种：一种是学习的主题事先已知；另一种是学习的主题事先未知。多数的协作学习属于第一种情况，但是第二种情况在教学实践中也会经常遇到。

（2）角色扮演策略

角色扮演包括师生角色扮演和情境角色扮演两类。师生角色扮演是指让不同的学生分别扮演学习者和指导者的角色，学习若需要解答问题，指导者则检查学习者在解题过程中是否有错误。当学习者在解题过程中遇到困难时，指导者帮助学习者解决困难。在学习过程中，他们所扮演的角色可以互换。情境角色扮演是指若干学生要按照与当前学习主题密切相关的情境分别扮演其中的不同角色，以便营造一种身临其境的气氛，使学生能设身处地去体验、去理解学习的内容和学习主题的要求。

（3）竞争策略

竞争指两个或多个学习者针对同一学习内容或学习情境，通过计算机网络进行竞争性学习，看谁能够首先达到教学目标的要求。由于学习者的竞争关系，学习者在学习过程中会很自然地产生人类与生俱来的求胜本能，所以学习者在学习过程中会全神贯注，易于取得良好的学习效果。在运用这种协作学习策略时，教师须注意恰当选择竞争对象，巧妙设计竞争主题，一方面要避免学生产生受挫感；另一方面又要巧妙利用学生不愿服输的心理刺激其进一步的学习。

（4）协同策略

协同是指多个学习者共同完成某个学习任务，在共同完成任务的过程中，学习者发挥各自的认知特点，相互争论、相互帮助、相互提示或者是进行分工合作。学习者对学习内容的理解和领悟就在这种和同伴紧密沟通与协作的过程中逐渐形成。

（5）伙伴策略

在现实生活中，学生们常常与自己熟识的同学一起做作业。没有问题时，大家各做各的，当遇到问题时，便相互讨论，从别人的思考中得到启发和帮助。伙伴学习策略与此类似，它可以使学生在学习过程中感到自己并不是孤独的，而是有一位伙伴可以互相支持、互相帮助，当遇到问题时，他可以随时与伙伴讨论。由于个人的思考范围有限，若在学习过程中能和伙伴相互交流、相互鼓励，可以达到事半功倍的效果。

在设计协作学习策略以及协作学习过程时，要注意以下几方面。

（1）建立合适的协作小组

协作学习指学习者组成一个群体，互相帮助，共同学习，通过协商和辩论，加深对问题的认识。因此，形成一个规模适当和构成层次合理的协作小组对于协作学习的成功与否非常重要。如果规模不合适或协作者之间基础相差悬殊，则可能不能形成协作或协作不充分，协作学习自然便会失败。

（2）学习主题具有挑战性，问题具有争论性

协作学习的主题可以由教师指定，也可以由学生自行确定。学习者协作解决的问题可以是围绕主题的并且能够引起争议的初始问题，也可以是深化主题的问题，还可以是稍稍超前于学生的智力发展水平的问题，这些问题是否具有可争论性关系到是否有必要组织协作学习。

（3）重视教师的主导

协作学习的设计和学习过程都需要教师的组织及引导，教师要设计有争议的问题以及评价方式。在协作过程中，教师要关注每位学生的表现，对学生表现出的积极因素给予及时的反馈和鼓励。如果学生的讨论出现离题或开始纠缠于枝节问题时，要及时加以正确引导，将其引回主题；对于学生在讨论过程中暴露出来的关于某个概念或认识的模糊或不正确的问题时，要用适当的方式进行引导。对于整个协作学习的过程，教师要做出恰当的评价。

现代信息技术在学生的自主学习和协作学习方面，能够提供有效的支持。信息技术可以为学生提供探索的问题情境，提供可以利用的各种信息资源和工具，支持学生之间的合作和沟通，并更好地超越课本与教材的限制，拓展学生学习的空间。

六、其他微课教学设计模式应用

（一）开门见山式微课教学模式应用

1. 开门见山式微课简介

开门见山式表示直接点明主题，不拐弯抹角。开门见山式微课表示教师在微课开始时便直接介绍本节微课的主要内容与学习目标。这种开讲方法能够引起学生的足够注意，便于其抓住本节课的知识脉络。通过对本节重点概念或关键问题的简介，引入知识内容，既突出了授课的重难点，又是一种微课知识引入的良好方式。

开门见山式微课即在视频刚开始时就直接阐述微课题目，如教师可以说："今天我们一起来学习'二进制与八进制、十六进制的数值转换'。"简洁明了不啰唆，在这一点上，微课与传统授课的过程还是有区别的，即略去课堂语言。开门见山式微课主要针对学习兴趣比较浓厚，学习积极性较强的学习对象。

2. 开门见山式微课教学模式设计

开门见山式微课通常教学内容简洁明了，直接切入主题。在开门见山式微课教学设计中，知识点的引入要能直接引起学习者的关注，知识的讲解要紧凑，教学媒体的选择要适合表现形式，注重直观形象，通俗易懂，教学总结要突出重点，还可以设置一些问题，以检验学生的学习效果。

3. 开门见山式微课的适用场合

开门见山式微课直接点明主题，明示讲解的主要内容与学习目标。这种方法能够引起学生的足够注意，便于其抓住本节课的知识脉络。这种方式适用于主动学习的学生，或者是目标明确、积极向上的学习对象。

开门见山式微课适用于课程的概念阐述、重难点解析和疑惑点解析，适合在教材配套的数字资源中使用。

（二）情境式微课教学模式应用

1.情境式微课简介

情境即情景、境地，也就是在一定时间内各种情况的相对的或结合的境况。从社会学角度讲，情境指与个体直接联系着的社会环境，是与个体心理相关的全部社会事实的一种组织状态。从心理学角度讲，情境指对象和时间等多种刺激模式，对人有直接刺激作用，有一定的社会学意义和生物学意义的具体环境。从学生角度看，情境可以理解为促使学生产生学习行为或从事学习活动的环境和背景，它是提供给学生思考空间的智力背景，能产生某种情感体验并诱发学生提出问题和解决问题的一种刺激事件或信息材料。综上所述，情境是指能使人引起情感变化的具体自然环境或社会环境。建构主义强调用真实背景中的问题启发学生的思维，其所指的真实背景就是情境。

情境可分为三类：第一类是真实的情境，指人们身边真实而具体存在的群体和环境；第二类是想象的情境，指在人的意识中存在的群体和环境，人与意识通过各种媒介可以互相影响和作用；第三类是暗含的情境，指某人或群体的某种行为中包含的某种象征意义。构成情境的要素有目标、角色、时空、设施、阻碍因素等。

孔子说："不愤不启，不悱不发，举一隅不以三隅反，则不复也。"孔子的这段话，在肯定启发作用的情况下，尤其强调了进行启发前学生进入学习情境的重要性。所以，良好的教学情境能充分调动学生的学习主动性和积极性，激发学生思维，开发学生智力，是提高教学效果的重要途径。教学情境指教师在教学过程中运用各种手段与方式创设的一种适教和适学的情感氛围，从而完成教学目标和任务。良好的情境可以使教学内容触及学生的情绪和意志领域，使学生的学习活动变为自己的精神需要，从而使课堂教学充满生命力。教学情境是课堂教学的基本要素，是教师教学意图的体现，而创设有价值的教学情境则是教学改革的重要追求。情境可以贯穿于整个微课，也可以应用于课的开始、课的中间或课的结束。一个好的教学情境应具备如下条件：

第一，生活性，要注重联系学生的现实生活，要充分挖掘和利用学生的经验；

第二，问题性，提出的问题要具有一定的挑战性，以利于学生创造能力的培养；

第三，形象性，要适合不同认知水平的学生学习，以引起学生的学习动机和兴趣；

第四，情感性，要具有激发学生情感的功效；

第五，学科性，要符合教学目标、教学内容、教学要求。

情境教学在教学过程中，依据教育学和心理学的基本原理，根据学生年龄和认知特点的不同，通过建立师生间、认知客体与认知主体之间的情感氛围，创设适合的学习环境，使教学在积极的情感和优化的环境中开展，让学习者的情感活动参与认知活动，以期激活学习者的情境思维，从而在情境思维中获得知识、培养能力、发展智力。它是利用具体的场景或所提供的学习资源激起学习者主动学习的兴趣、提高学习效率的一种教学方法。

传统教学与情境教学的区别在于：传统教学是把存在于自然状态中，在时间、空间中零散存在的知识抽取出来，直接呈现和传授给学生，让学生去理解记忆。在情境教学中，教师把自然状态的，在时间和空间上分散存在的情境，有目的地进行加工并组成有机的学习情境来组织课堂教学，学生在情境中可以发现问题和获取知识。不同的教学方式会引起完全不同的教学效果，传统教学中学生完全脱离知识和应用知识的背景，无法发现知识形成的途径，获得的知识难以应用于实践以及解决实际问题，情境教学中的学生可以得到学习策略和方法的锻炼，使获得的知识与实践得以紧密结合。

情境式微课应重视创设情境、设置任务，以激发兴趣，关注学生的内心体验与主动参与，把学生带入与教学内容有关的情境，让他们在情境中捕捉各种信息、产生疑问、分析信息并引出各种设想，引导他们在亲身体验中探求新知，开发潜能。为此，可从以下几方面进行实践。

（1）生活实例式

从学生熟悉的生产与生活的实际问题引入新课，能使学生感知书本知识和生活实际的紧密联系，从而激发学生的求知欲望。例如，在学习数据库时，可以让学生思考如何整理归纳班级学籍信息（如姓名、年龄，性别、籍贯和科目成绩等），从而引出建立学籍管理数据库的授课内容。

（2）创设悬念式

针对微课内容精心创设任务情境，让学生的思维在情景中尽情展开，并适时设疑，利用学生的好奇心、好胜心引入新课。例如，在一场暴雨之后，汽车被大雨浸泡，车主启动发动机，发现汽车损坏，那么保险公司赔不赔车主的损失呢？带着这种悬念，学生开始学习"汽车保险与理赔"课程的"近因原则"。

（3）实验演示式

英国教育心理学家托尼·斯托克维尔说："要想快速而有效地学习任何东西，你必须去看它、听它，感觉它。"通过实验演示或实物展示，把抽象、枯燥的内容具体化、形象化，可以使学生获得直观的感性认识，加深对学习对象的理解。例如，课前准备好废旧的硬盘、光盘、U 盘和移动硬盘等，让学生从存储介质、组成材料、容量、存取速度等各个方面分辨这几种外存储器的区别，从而引入"外存储器"的学习。请学生动手交换 A、B 杯中的可乐和橙汁，引出出现第 3 个空杯子的必然性，可以为本堂课讲解数据交换中的"中间变量"的作用打下坚实的基础。

2.情境式微课教学模式设计

在情境式微课中，情境的创设要贴近生活，以吸引学习者，与学习者产生共鸣，增加学习者的关注度。

情境式微课知识的讲解要注意层次性，注重引导学习者进行思考。教学媒体的选择要适合表现形式，注重直观形象、通俗易懂。问题的讲解要注重情境的延续性，最终要解决情境中的问题，总结考核最好设置一些问题，以检验学生的学习效果，如果存在没有掌握的知识，可重新学习。

3.情境式微课的适用场合

生活展现情境能使学习者直接、鲜明地感知目标，易于在观察中启发想象，比较适合认知类、思政类和素养类课程。实物演示情境具体直观，易于展示现场观摩、操作，适用于汽车、机床等实践操作类的实践操作演示。图画视频再现情境易于针对问题，分析问题，解决问题，适用于案例分析类课程，如会计、心理健康、法律基础等。虚拟仿真情境可以描述成本较高、难以演示、有安全隐患的场景，如医学类、网络基础、通信类、电子与电气类、数控加工模拟等课程。音乐渲染情境适用于大学语文、大学美育、体育类课程。表演体会情境可分为进入角色和扮演角色，适用于情景剧式微课的制作。语言描绘情境中，语言具有主导性、形象性、启发性和可知性，比较适用于素养类、讨论式的课程。

情境的创设要选择适合的老师，恰当的数字媒体资源，表现力较强的教师可以使用语言描绘情境，音乐可以衬托音乐渲染情境，图画、视频、动画可以描述图画视频再现情境，还可以描述生活展现情境等。

（三）探究式微课教学模式应用

1. 探究式微课简介

《辞海》将探究解释为"深入探讨，反复研究"。探究有广义与狭义之分。广义的探究是一种积极主动的思维方式，泛指一切独立解决问题的活动；狭义的探究专指科学探究或科学研究。简单地讲，"探究"就是努力寻找答案，解决问题。

美国学者彼得森认为，"科学探究是一种系统的调查研究活动，其目的在于发现并描述物体和事物之间的关系。其特点是采用有秩序的和可重复的过程；简化调查研究对象的规模和形式；运用逻辑框架做解释和预测。探究的操作活动包括观察、提问、实验、比较、推理、概括、表达、运用及其他活动"。

探究式教学就是以探究为主的教学。具体地说，它是指教学过程中，在教师的启发诱导下，以学生独立自主学习和合作讨论为前提，以某个知识点或者技能点为基本探究内容，以学生周围的世界和生活实际为参照对象，为学生提供充分、自由的表达、质疑、探究、讨论问题的机会，让学生通过个人、小组、集体等多种解难释疑的尝试活动，将自己所学的知识应用于解决实际问题的一种教学形式。探究式教学是将科学作为探究过程来讲授，让学生像科学家进行科学探究一样在探究过程中发现科学概念、科学规律，培养学生的探究能力和科学精神，找到解决问题的方法。具体包含两层意思：一是从教师角度——教学方面的研究，即探究式教学；二是从学生角度——学习层面的研究，即探究性学习。在教学过程中，教师和学生的作用是相互的，不能分开。

探究式教学模式是在探究教学理论的指导下，在探究教学实践经验的基础上，为发展学生的探究能力，培养其科学态度及精神，按模式分析等方法建构起来的一种教学活动结构与策略体系。一般来说，探究式教学模式包含理论基础、教学目标、操作程序与实施条件，表现为教学活动结构和教学策略体系。探究式教学模式从发展之初就是作为教学策略出现的，更注重微观层面，因而具有可操作性。同时，探究式教学模式具有特定的顺序性和阶段性，因此形成了一定的教学活动结构。教学模式的本质是程序，是对教学设计、实施、评价与反思等程序的说明。

　　由于探究式教学是师生共同开展的教学与探究活动，因此强调教师要创设一个以"学"为中心的智力和社会交往情境，让学生通过探索发现来解决问题。探索的目的不是把少数学生培养成科学精英，而是要使学生成为有科学素养的公民，它既重视结果又强调知识获得的过程，突出以学生为中心和全体参与，因而它特别有利于素质教育和创新教育的有效实施。探究式教学符合自然科学的认知规律。其具有以下特征。

　　第一，教学过程的主体性。探究式教学是学生在教师指导下的自主探究，在教学过程中突出了学生的主体性，教师的主导完全是为了更好地发挥学生的主体作用，并通过学生主体的充分参与、主动探究和主体的发展反映出来。

　　第二，探究学习的自主性。在探究式教学中，学生是在教师的指导下自主参与教学的全过程的，学生要获取知识，靠的是自己的主动探究，而不是填鸭式的接受灌输。

　　第三，情境创设的问题性。问题是科学探究的动力和起点，教学中若不能提出富有吸引力和挑战性的问题，学生就不会形成强烈的问题意识，也就不会有认知的冲动性和思考的积极性，因此问题是探究式教学的关键和核心。创设的具体问题既要充分关注学生的兴趣所在，又要处理好学生倾向与教学目标之间的关系，使二者有机结合。

　　第四，信息交流的互动性。探究式教学强调在自主探究的基础上进行小组或班级的合作学习探究，与传统模式中由教师单向传递信息所不同的是，在课堂上，师生之间、学生之间可以进行动态的信息交流，实现师生间的相互沟通、相互影响、相互补充，师生在互教互学中，形成学习的共同体。每个学生都能发挥各自的优势，获得表现的机会，从而激起探究性学习的热情。

　　第五，师生关系的和谐性。探究式教学尊重学生的主体地位，通过师生互动，创建活泼、积极主动的课堂教学气氛。教师的教完全是为了学生的学，师生之间民主平等，易于形成具有感染力和催人向上的教学情境，学生受到熏陶后，会激发出对于学习的无限热情和积极性。而缺乏交流的师生关系甚至严重对立的课堂教学气氛则会抑制学生的学习热情，更甚者则会使学生产生厌学情绪。

　　第六，教学要求的针对性。由于环境、教育、经历、主观努力和先天遗传等的不同，学生之间具有较大的个体差异，传统的教学模式往往忽视了学生的差异性，一部分学生感到要求过低；另一部分学生又感到要求过高，造成两极分化。而探究式教学对不同层次的学生提出不同的教学要求和不同的学习任务，符合因材施教，教学要求具有针对性，为实现有效的课堂教学创造了条件。

第七，教学评价的激励性。探究式教学变教师独自评价为师生共同评价，自评、互评、组评、师评、综合评价相结合，既重视评价结果又重视评价过程。探究式教学的分层次要求使学生在原有基础上获得不同程度的进步，既积累了知识，又开发了潜能，因而有机会受到表扬激励，获得成功的体验，从而满足自我实现的需要。

综上所述，探究式微课教学设计是指结合知识点与技能点适当的学习内容，创设生活中与专业相关的教学情境，以问题为中心，采取合作交流的方式，在教师的引导下，通过学生的实验、观察、操作、调查、信息搜索等方式，使学生自主地解决问题的教学设计。

2. 探究式微课教学设计模式

探究式教学是一种以学生为中心的教学模式，主要强调学生主体地位的发挥，倡导学生自主、合作、科学思维的学习方式与策略。在探究式微课的教学设计中，教师是主要讲解者，所以强调老师的角色扮演问题，既可以是学生提出问题，也可以是教师扮演学生角色提出问题，进而探究问题、解决问题。探究式微课的教学设计包括提出问题、产生假设、验证假设、总结结论四个环节。

3. 探究式微课的适用场合

探究式微课适用于理论性与实践性并重的工科类课程，如数据结构、数控机床的维修、机电设备故障诊断与维修、计算机的维修、网络故障的诊断与维修等。例如，在数据结构或者 C 语言程序设计微课中，为了更好地发挥实践教学对算法学习的促进作用，在探究式学习理论的指导下，研究并实践以学生为本，以团队协作为载体，融合任务驱动式、启发式等教学方法的教学模式，提高学生调试代码的能力。在机电设备故障诊断与维修微课中，呈现某种故障现象可能是由哪些因素导致的，就是一个"假设排除假设—缩小范围—找到故障"的过程。

（四）抛锚式微课教学模式应用

1. 抛锚式微课简介

建构主义"以学为主"的教学策略有支架式教学、抛锚式教学和随机进入教学三种。这三种教学策略都体现了以学生为中心的教学设计，能有效地促进学生的自主学习和对知识意义的主动建构。

抛锚式教学是指在多样化的现实生活背景中或在利用技术虚拟的情境中运用情境化教学技术以促进学生提高迁移能力和解决复杂问题能力的一种教学方法。抛锚式教学是一种学习框架，它主张学习者在基于技术整合的学习环境中学会解决复杂问题。在这种学习环境中，学生的学习内容和学习过程是真实的，所学结果具有较高的迁移性，从而使学生的学习变得有意义。

抛锚式教学要求建立在有感染力的真实事件或真实问题的基础上。确定这类真实事件或问题被形象地比喻为"抛锚"，因为一旦这类事件或问题被确定了，整个教学内容和教学进程也就被确定了（就像轮船被锚固定住一样）。建构主义认为，学习者要想完成对所学知识的意义建构，即达到对该知识所反映事物的性质、规律以及该事物与其他事物之间联系的深刻理解，最好的办法是让学习者到真实环境中去感受、去体验（即通过获取直接经验来学习），而不是仅仅聆听别人（如教师）关于这种经验的介绍和讲解。

由于抛锚式教学要以真实事例或问题为基础（作为"锚"），所以有时也被称为"实例式教学"或"基于问题的教学"。

抛锚式教学中的核心要素是"锚"，学习与教学活动都要围绕着"锚"来进行设计。教学中使用的"锚"一般是有情节的故事，而且这些故事要设计得有助于教师和学生进行探索。在进行教学时，这些故事可作为"宏观背景"提供给师生。该模式在全球范围内产生了较大的影响，已得到广泛认可和应用。

抛锚式教学的基本环节包括创设情境、确定问题、自主学习、协作学习、效果评价。然而，由于微课本身是一种单向的教学，所以抛锚式微课更多的是基于真实事例或问题为基础的实例式教学，或者是基于问题的教学。

2. 抛锚式微课教学设计模式

抛锚式教学的主要目的是使学生在一个完整、真实的问题、事件或环境（如一个事件、一个真实的设备场景，或者是一个真实的项目）中产生学习的需要，并通过学习者共同体中成员间的互动、交流，即合作学习，凭借自己的主动学习、生成学习，亲身体验从识别目标到提出和达到目标的全过程。总之，抛锚式教学是使学生适应日常生活，学会独立识别问题、提出问题、解决真实问题的一个十分重要的途径。

3. 抛锚式微课的适用场合

抛锚式微课适用于思想政治类、财经类等文科或者素养类摆事实、讲道理的系列专题微课开发，因为这种类型的课程通常能以视频、图片的方式把学生引入相关的事件当中，表达方式相对单一。工科类课程则会涉及相关的实践项目，具体包括项目的展示、问题的分析、教师的相关操作与演示等。

（五）理实一体式微课教学模式应用

1. 理实一体式微课简介

理实一体式微课即理论实践一体化的微课教学设计模式。其突破了以往理论与实践相脱节的现象，教学环节相对集中。它强调充分发挥教师的主导作用，通过设定教学任务和教学目标。让师生双方边教、边学、边做，全程构建素质和技能培养框架，丰富理论教学与实践教学环节，提高教学质量。在整个教学过程中，理论和实践交替进行，直观和抽象交错出现，没有固定的先实后理或先理后实，而是理论中有实践演示，实践中有理论的应用，突出了学生动手能力和专业技能的培养，可以充分调动和激发学生的学习兴趣。

理实一体式教学中主要运用讲授法、演示法、练习法。

（1）讲授法

讲授法重点在课堂上，其将项目展开并通过演示操作及相关内容的讲解后进行总结，从而引出一些概念、原理并进行解释、分析和论证，根据教学内容，既突出重点，又系统地传授知识，使学生在较短的时间内获得构建的系统知识。讲授要有系统性，重点突出，条理清楚。讲课的过程是说理的过程，即"提出问题—分析问题—解决问题"，做到由浅入深，由易到难，既符合知识的系统规律，又符合学生的认识规律，使学生逐步掌握专业知识。

（2）演示法

演示法是教师在理实一体式教学中通过教师进行示范性实验及示范性操作等手段使学生通过观察获得感性知识的一种教学方法。它可以使学生获得具体、清晰、生动、形象的感性知识，加深对所学知识点与技能点的理解，把抽象理论和实际事物及现象联系起来，帮助学生形成正确的概念，掌握正确的操作技能。教师要根据课题选择好设备，如软件、工具、量具等。

（3）练习法

练习法是指学生学习完理论课之后，在教师的指导下进行操作练习，从而掌握一定的技能和技巧，对理论知识通过操作练习进行验证，系统地了解所学知识的方法，练习时一定要掌握正确的练习方法，强调操作安全，提高练习的效果。教师要认真巡回指导，加强监督，发现错误动作时立即纠正，保证学生练习的准确性。教师要对每名学生的操作次数及质量做好记录，以提高学生练习的自觉性，促进练习效果的提高。教师要求不操作的学生在旁边认真观摩，指出操作中的错误。教师还要及时提问，并将提问效果作为平时的考核成绩。

理实一体式教学模式旨在使理论教学与实践教学交互进行，融为一体。采用该教学模式，一方面，可提高理论教师的实践能力和实训教师的理论水平；另一方面，教师将理论知识融于实践教学中，让学生在学中做、做中学，在学做中理解理论知识、掌握技能，打破教师和学生的界限（教师就在学生中提问，就在学生身边），从而大大激发学生的学习热忱，增强学生的学习兴趣，学生边学边练边积极总结，能达到事半功倍的教学效果。

2.理实一体式微课教学设计模式

理实一体式微课避免了理论与实践相脱节的问题，使教学环节相对集中。在实训项目过大时，可以开发系列微课或者专题微课，实训类微课可以加强知识的联系与应用，也可以结合抛锚式或者探究式教学模式一起使用。

3.理实一体式微课的适用场合

职业教育的特点是以学生的生活、生存技能的培养为根本目的，更强调对实践技能的训练。理实一体式微课适合职业教育电子类、电气类、机械类、汽车维修类、计算机类、机电一体化、经管类实训、物流类等众多实践性较强的专业使用，也非常适合开发系列化的专题微课。它不仅能将现场操作演示、虚拟展示、桌面操作过程等记录下来，同时也便于模仿与推广。

第二节　　大数据时代下慕课的基本特征与课程模式

"慕课"这一概念被提出后，迅速在全世界得到了普及。由于经济、文化以及国情的不同，人们对慕课的认识存在诸多差异，试图对慕课概念做出广泛认可的清晰界定会比较困难，但是慕课的基本特征已经被大家广泛地接受了。

慕课之所以发展迅速主要得益于教育的开放性。慕课虽然兴起于21世纪初，但自2000年来，教育的开放性被广泛传播，2002年，美国麻省理工学院建立开放课程软件，紧接着于2006年建立开放大学并设置了开放学习课程，这代表着开放教育运动的迅速发展。受早期慕课课程的影响，众多顶级大学纷纷开始兴办多种多样的网络学习平台，如麻省理工学院于2012年创办的 edX。随着科技的快速发展，越来越多的教育机构如高等教育机构以及教育组织开始大规模地利用网络学习平台。

在课程范围上，慕课是以连通主义理论和网络化学习的开放教育学为基础的。这些课程跟传统的大学课程一样循序渐进地让学生从初学者成长为高级人才。课程的范围不仅覆盖了广泛的科技学科，比如数学、统计、计算机科学、自然科学和工程学，也包括了社会科学和人文学科。慕课课程并不提供学分，也不算在本科或研究生学位里。通常，参与慕课的学习是免费的。然而，如果学习者试图获得某种认证的话，则一些大规模网络开放课程可能会收取一定学费。在授课形式上，采用的是一种将分布于世界各地的授课者和学习者通过某一相同的话题或主题联系起来的方式方法。

尽管这些课程通常对学习者并没有特别的要求，但是所有的慕课都会以每周研讨话题这样的形式，提供一种大体的时间表，其余的课程结构通常会包括每周一次的讲授、研讨问题以及阅读建议等等。

最后，在测验方面，慕课的每门课程都有频繁的小测验，有时还有期中和期末考试。考试通常由同学评分（比如一门课的每份试卷由同班的五位同学评分，最后分数为平均数）。一些学生成立了网上学习小组，或跟附近的同学组成面对面的学习小组。

一、慕课的基本特征

有关专家认为："如果从两个维度上看慕课，那么可能一个维度就是聚焦于规模；另一个维度是聚焦于社区和联系。"这两个维度，前者体现了慕课的大规模特征，后者则侧重于说明慕课的开放性以及由开放而形成的社区联系特征。慕课在网络环境中体现的特征主要是大规模性和开放性。

1. 大规模性

慕课的大规模首先体现在课程的参加人数上。单从美国大型公开在线课程项目 Coursera 平台来看，到 2014 年底，它的在线注册人数已经超过 1 000 万，并且这个数字还在不断增加中。从具体某一门课程的参加人数来看，最初 MITx（edX 前身）开设的"电路与电子学"从 2012 年 5 月到当年 8 月的 14 周时间里，共有 15.5 万学习者注册加入，并且最终超过 7 000 名学习者完成课程获得了课程结业证书；同时很火热的还有斯坦福大学开设的"人工智能"课，其在线注册人数为 16 万，学习人员来自全球 190 多个国家和地区，最终完成学习的人数是 2.3 万。较之传统课堂只有几十人的学习人数和结业人数，这些都显示了慕课的"规模"之大，受众之广。"人工智能"

课的相关授课教师提到，这门在线课所影响的学生数超过其 20 年来课堂教学的总和。除了那些已经造成轰动的已完结课程，现在很多慕课平台新开设的课程的参与人数也动辄上千上万，这是传统课程所无法比拟的。

其次，慕课的"大规模"也体现在慕课平台上有大量可供选择的、涵盖几乎全部学科领域的网络课程。到 2014 年底，全球最大的网络课程联盟 Coursera 共上线了涉及 25 个学科的近 900 门课程，其中较多课程集中在人文、经济金融、商业管理、信息技术、社会以及教育等领域。侧重基础教育的可汗学院目前在 YouTube 上有超过 4 000 多个教学影像供人们免费观看，内容也不仅仅是几何、代数、物理、化学、历史等 K12 课程，而是涉及医学、金融经济、计算机科学等诸多学科。当然，这些课程的授课语言并不全部是英语，而是采用多语种授课，其中以中文、法语、西班牙语等语言授课的课程受到相当一部分学习者的追捧。同时，为了更好地接受不同文化的知识，各个慕课平台都组建有学员们自己的翻译组和字幕组，使得其他不懂外语的慕课学习者不再局限于以自己母语授课的部分课程，学习内容也随之增加了。而且，随着越来越多的学习者的加入，他们的学习意愿和学习过程都以数据的形式记录了下来，形成了慕课学习大数据，这些大数据可以帮助教师更好地选择和设计有效的课程与教学，促使慕课的学习内容更为多元。

再次，慕课各个平台的合作伙伴中各研究机构以及世界级名校的数量也具有担当"大规模"的特点。到目前为止，Coursera 已经有 118 个来自世界各地的高校和机构合作伙伴，edX 的合作机构与高校也已经超过 60 多家，清华大学、北京大学、韩国首尔国立大学、日本京都大学以及中国香港大学等亚洲高校都在其合作名单之中。而且，随着慕课的不断完善，越来越多的学校会加入慕课平台，这已经是一种不可避免的趋势。

最后，慕课背后有"大规模"的教师团队以及大量人力和资金的投入。因为慕课不再是一位教师面对几十个学生的传统模式，它面对的是数以万计的网络自主学习者，它的课程设计与制作以及课程投放之后的管理与维护等都不是一位教师所能驾驭得了的。所以一门慕课课程从开始准备到结课评估，需要一个完整的教学团队分工协作，共同努力。以 MITx 的"电路与电子学"课程为例，它的团队一共包括 21 人，其中，负责讲座、作业、实验室和辅导的有 4 位指导教授，还有助教、开发人员、实验室助理等协助人员17 人。制作一门上线使用的慕课课程，较之传统授课，教师团队需要更久的准备时间。他们要选择教学素材，设计教学与活动、进行视频拍摄等。在课程进行中，也要不间断地监控学生的学习进程，及时给予反馈和答疑。除了人力投入外，各个在线平台的资金投入也是"大规模"的。例如，可汗学院作为一个非盈利的免费在线学习机构，每年约要用 700 万美元来维持运行，其大多资金来源于捐赠；比尔·盖茨也在 edX 创立之初捐赠 100 万美元，赞助 edX 采用"翻转课堂"的形式为全世界的低收入家庭学生提供更多元的在线课程。

2. 开放性

慕课的兴起离不开信息技术的进步，它是将开放性网络资源与高校教学管理系统进行有效结合的创新型教学模式，只要是平台的注册用户，便可以在一定程度上不受限制地使用世界范围内的优质教育资源。科勒认为在线授课的社会条件已经成熟，这一代学生从小就习惯了利用技术手段学习和社交，这种方式对他们来说非常自然。

慕课的开放性首先表现在学习对象上，即真正意义上的"有教无类"。它不像传统的教学那样，会受到时间、地域、年龄、文化、收入等因素的阻碍，人们可以在任何时间、任何地点，根据自己的实际条件及需要，通过在线网络来进行学习，不再受制于其他条件。

其次，是教学与学习形式的开放性。慕课平台所提供的课程是在主动学习、深度学习等理念的基础上进行的，它可以利用各种社会软件和云服务来促进学习及讨论，并创建和分享视频以积极参与其他所有的活动。因此，它充分体现了教学与学习形式的开放互动。

再次，是课程内容和资源的开放性。慕课虽然是通过网络进行的，授课时间较短，但它的课程内容及资源却很完整，一节慕课包括很多资源，且这些资源都比较灵活，能够进行修改及扩展，并可以随着课堂需要及教学环境的变化而不断地进行变化。

最后，也是最为重要的是教育理念的开放。目前，很多国家、大学以及课程之间的隔离比比皆是。但是慕课及与其相关的开放教育运动所传播出来精神，则足以跨越时空、国界以及学科，从而实现知识的有效传播。

二、慕课的课程模式

在慕课的发展过程中，有基于连通主义学习理论的 cMOOC 和基于行为主义学习理论的 xMOOC 两种不同教学理念和特征的课程模式。

1. cMOOC 课程模式

2008 年，加拿大学者大卫·柯米尔与布莱恩·亚历山大提出慕课概念。同年 9 月，加拿大学者乔治·西蒙斯和斯蒂芬·唐斯应用该概念开设了第一门课"连通主义与关联知识"。有 25 名来自曼尼托巴大学的付费学生以及 2 300 多名来自世界各地的免费学生在线参与了这门课程的学习。这种基于连通主义学习理论的慕课类型被称为 cMOOC，并在随后得到逐步推广，如 eduMOOC、MobiMOOC 等。但整体而言，cMOOC 的课程范围基本上还是局限于教育学科相关领域。

cMOOC 的理论基础是连通主义学习理论，即知识是网络化的，学习是连接专门节点和信息源的过程。西蒙斯指出，cMOOC 的核心包括连通主义、知识建构、师生协同、分布式多空间交互、注重创新、同步与共鸣、学习者自我调节等。cMOOC 将分布于世界各地的授课者和学习者通过某一个共同的话题或主题联系起来，学习者通过交流、协作构建学习网络以及进行知识学习。

（1）cMOOC 课程模式分析

① cMOOC 课程模式中学习者的基本学习活动

第一，浏览课程内容与安排，注册课程；

第二，获取教师在学习网站上提供的各种类型的学习材料；

第三，参加讨论组、在线讲座等活动，参与讨论学习内容，分享个人观点；

第四，制作个人学习资源，如音频、视频等，并进行分享；

第五，充分利用社会化网络各种工具，如微博、博客、社交网络等，进行学习活动，建立学习网络。

② cMOOC 课程模式的特征

第一，在 cMOOC 中，教师提供的资源是知识探究的出发点，教师的地位和作用与传统课堂教学不同，更多地是扮演课程发起人和协调人的角色，而非课程的主导者。教师要设定学习主题，安排专家互动，推荐学习资源，促进分享和协作。

第二，学习者在 cMOOC 中具有较高的自主性，学习依赖于学习者的自我调控。学习者会自发地交流、协作、建立连接、构建学习网络。

第三，学习者进行基于多种社交媒体（如讨论组、微博、社会化标签、社交网络等）的互动式学习，通过资源共享与多角度交互，拓展知识的范围。

第四，学习者通过交流、协作、构建学习网络，通过社区内不同认知的交互，进行新的知识的学习。

（2）eMOOC 应用策略与方法

就如何进行 cMOOC 的学习，研究者与实践者们给出了有价值的策略和方法。

①柯米尔提出成功学习慕课的五个步骤

第一，确定学习目标；

第二，在博客、微博等社交网络上介绍和展示自己；

第三，构建个人学习网络；

第四，参加学习小组和学习社区；

第五，关注个人学习进程和内容；

②西蒙斯也提出了、有效参与 cMOOC 的九个步骤

第一，确定学习目标；

第二，在社交网络上展示自己；

第三，交互；

第四，构建学习网络；

第五，管理课程资源；

第六，创作与分析；

第七，发现和解决问题；

第八，合理期望；

第九，坚持参与。

③其他观点

克措普洛斯与豪格认为，要想成功学习慕课需要从课前、课中、课后三个阶段入手。在课前，要通过浏览网站了解课程内容，考虑个人时间安排，熟悉课程中将要用到的学习工具；在课中，要及时进行自我介绍，积极参与课程讨论与交流，学会提出问题，从大规模的信息中过滤有用知识等；在课后，学习者之间仍然要继续保持交流。

2. xMOOC 课程模式

（1）xMOOC 课程模式分析

xMOOC 是慕课的一种新型发展模式，以 2012 年发展迅速的 Coursera、Udacity、edX 等为代表。xMOOC 与 cMOOC 都是基于网络的慕课类型，但两者是具有不同应用模式的开放课程。与 cMOOC 相比，xMOOC 更接近于传统教学过程和理念。

一门 xMOOC 一般会在预定的时间开始，为了及时参加课程，学习者需要提前了解课程介绍与课程安排，并进行注册。在学习过程中，也可以根据

学习者的个人学习情况，退出某门课程的选课。每门课程相对传统教学的学期较短，一般为 10 周左右。慕课平台为课程实施提供了多种课程组件，包括课程视频、讨论区、电子教材、测试等。

课程开始后，教师定期发布课件、作业、授课视频，这些视频不是校内课堂的录像，而是专门为了该 xMOOC 录制的，很多视频会提供多语言字幕（如中文），以方便全球学习者学习，延伸课程的开放程度。

在 xMOOC 中，学习视频一般比较短小，而且在视频中会安排及时的问题与测试。这是为了更好地保证学习效果。由于视频学习是一种单向传递，学习者需要在没有他人监督的条件下保持对学习内容有足够的关注与交互。通过短视频并辅以及时的问题测试，可以保持学习者注意力的有效集中和对学习内容的理解。同时，这种短视频方式也有助于学习者对学习步调的把握，使学习者能够比较方便地定位到自己的学习位置。

课后一般有需要完成的阅读和作业，作业通常会有截止日期，学习者应自觉、按时完成课程作业。作业成绩可以通过在线自动评分、自我评判打分、学习者同伴互评等方式获得评估。

课程会安排小测试和期中、期末考试。学习者应在规定的时间内参加考试，获得考试成绩。学习者被要求诚信守则，诚实而独立地完成学习、作业与考试。edX、Udacity 等主要的 xMOOC 项目也与培生等公司合作，使学习者能在全球分布的培生考试中心参加考试。

课程网站开设有讨论组，学习者可以进行在线学习交流。课程还会组织线下见面会，使学习者进行面对面的交流活动。例如，Coursera 已经在全球3 000 多个城市组织了课程线下见面会，学习者可以根据自己的地域选择加入邻近的线下见面会，进行面对面的学习交流，形成地区性的学习小组。

完成课程并考试合格后，学生可以得到某种证书或者获取学分。

（2）xMOOC 的教学原理

①检索性学习与测验

在进行慕课学习，观看视频的过程中，学习者经常会有这样的体验：看着视频就难以持续集中注意力，逐渐开始走神，有时候甚至会停下课程去做其他事情。这样的体验无疑会浪费学习时间，降低学习效率。如何从课程设计上提高学生在线学习的注意力呢？一种有效的方法是检索性学习与检索性测验。因此，慕课教学设计的关键要素之一是广泛使用交互式练习，在视频、测试中提供丰富的互动练习，使学习者可以及时检测学习效果。这是一种检索性练习方式。

检索性练习是一种从短期记忆中回溯信息，以增强长期记忆的行为。卡尔·K·斯帕纳等人研究发现，频繁互动可以避免注意力分散，这是确保学习者持续专注的一种有效手段。例如，在视频中插入暂停，要求学习者回答简单的问题后才得以继续，以确定学习者是否还在认真学习，是否已经充分理解所学的内容。卡尔皮克和罗杰与卡尔皮克和布朗特的研究也证明了学习者的"知识检索"和"知识重构"等学习活动的效果甚至优于许多复杂的学习策略。

②精熟学习

20世纪70年代，美国心理学家布鲁姆（B.S.Bloom，1968）针对美国教育制度中只注意培养少数尖子学生而忽视大多数学生发展的弊端，提出了"精熟学习"的新学习观。他指出，现代教育不能只面对少数学生，而应该面对全体学生，让绝大多数学生都能学好。

精熟学习建立在以下三个基本假设的基础上：第一，几乎所有的学生都能掌握某一学科的学习内容；第二，一些学生比另一些学生需要多花一些时间达到掌握水平；第三，一些学生比另一些学生需要更多的帮助（例如，个别指导或额外的练习等）。因此，精熟学习认为，只要给予足够的学习时间和相应的教学，大多数学生都能够掌握学习内容。该方法将学习内容分成小的单元，学生每次学习一个小的单元并参加单元考试，直到80%～100%地掌握学习内容通过考试后，才能进入下一个单元的学习。布鲁姆在教学研究中，证实了精熟学习的成效相对于传统教学能提升一个标准偏差。一个标准偏差的差异，即指在传统课堂中如果有50%的学生能够通过评量，则通过实施精熟学习能有84%的学生通过评量。

慕课平台课程的嵌入式测验和在线练习的设计理念为学习者提供多重知识内容的练习和实时与重复的反馈练习。课程会随机派送相关知识主体的不同形式的题目让学习者练习，使学习者有机会反复熟悉相关概念，强化重要概念，实现知识的习得与迁移。

精熟学习通常包括下列组成成分，这些部分在慕课平台也得到了良好的实现和使用：

第一，教学内容被划分成一系列较小的独立单元，每一单元包含有少量的学习材料。

第二，各单元按一定的逻辑序列排序，为后面的学习奠定基础，使基本概念首先得到学习，较复杂的概念随后进行学习。

第三，在每一单元结束时，通过考试检验掌握水平。在学习者学完一个单元，进入下一个单元前，必须参加有关这个单元内容的考试，以检验是否掌握了该单元的学习内容。

第四，每一单元要有一个具体的、可观察、可测量的单元测验掌握标准。

第五，为需要额外帮助或练习的学习者提供"补救"措施，以使他们掌握知识。有些学习者并非总是能够一次通过测验，对这些需要帮助的学习者，教师要提供更有针对性的教学方法，如不同的学习材料、参考书，学习小组以及个别指导等。

3. cMOOC 与 xMOOC 的比较

cMOOC 与 xMOOC 在教学理念上存在不同：cMOOC 侧重于连通主义的知识建构，注重促进学习者的知识获取与创造；而 xMOOC 则更侧重于传统教学模式，注重使学生掌握课堂教学内容。在当前慕课的发展过程中，xMOOC 成了主流。

第三节　大数据时代下微课与慕课的未来发展

当前，信息技术已发展到移动互联网时代，其对教育具有革命性的影响，政府和个人必须予以高度重视。今天的学生被称为"数字时代的土著居民"，他们的思维方式、学习方式与生活方式发生了巨大变化，教育工作者需要适应这种变化。美国著名教育学家杜威说过，"如果还像昨天我们被教授的那样去从事教学的话，那么，我们就掠夺了我们的儿童的明天"。教育的时空在不断扩大和延伸，"先学后教""以学论教""以学定教"成为教育改革和评价的新趋势。今天，教育工作者不仅要关注自己"如何教"，更要去多关注学生"怎么学"。信息时代的每一位教育工作者都必须以敏锐的信息素养、开放的教学理念和学习者的姿态，积极参与新技术、新媒体下教与学方式的变革，比如翻转书包、翻转课堂、微课、思维可视化、3D 打印、图片处理技术、网上会客室、可汗学院、未来学院虚拟现实、学分银行等。这也是信息时代每一位教育工作者专业发展的有效途径和必然使命。

一、微课的未来发展

当今社会是一个"互联网 +"的时代，是一个移动互联的时代，它给教育带来的变化是非常可观的。它会带来资源获取方式的变革，以前的教育以

"教育工作者、教材、教室"为中心，这些资源都是相对封闭、极其有限的，而且是趋于僵化的、静态的。例如，教育工作者反复在课堂上强调让孩子们放学后去预习功课，这个习惯一直延续到现在，然而却是违背教育规律的，不符合人性化学习原则；教育工作者布置的课后作业是预习第几页到第几页的教材，可这些教材是专家编写的，它们的表述严谨、结构完整甚至"面孔冰冷"，教育工作者让对课本不熟悉的学生进行预习，这些预习往往是浅层而无效的。现在，教育工作者把这些知识点做成微课，在学生放学回家后让学生观看，通过直观的视频形式让学生预习新课。和从前的教材预习的模式相对比，这种方式更适应学生的需要、更具有"温度与情感"。

微课建设理念从提出至今仍是一个新生事物，其理论基础、开发途径、应用模式、技术指标、评价体系等方面还有许多需要完善的地方，这就必须依靠广大教育工作者在实践中去修订、丰富和结合未来教育的发展趋势，相关学者认为微课将在以下五方面得到突破。

第一，未来微课在开发方式上：将跳出"小微课"的局限，迈向"大微课"时代。当前的微课过于关注单个微课的设计与开发，视野过小，过于零散、碎片、重复、无序，学生在使用的时候往往是"用了上节没有下节"，微课学习往往是支离破碎、"只见树木不见森林"。未来微课的发展方向将会是在微课程专家主导下的基于"顶层设计"和"系统规划"的建设导向。微课将从无序走向有序，从零散走向系统。例如，基于学习主题、专题的建设，围绕教材知识体系的同步建设，建成一门课程一个学科（专业）的系列化、体系化的微课程。要引领大众从当前过于关注微课"碎片化呈现""快餐式学习"的认识泥淖，走向在关注在线教育时代微课"碎片化呈现"的同时深入到学习者高效学习体验的"自我知识体系建构"和"问题解决能力形成"的深化应用阶段。

第二，未来微课在建设类型上：支持移动、在线、泛在学习的微课数量将激增。调查统计数据表明，目前我国现有微课类型过于单一、同质且以知识讲授型微课为主（占 80% 以上），单个微课内容较多、容量较大、时间偏长、使用不便，应用环境和方式多是离线、下载观看、教室使用为主。未来微课的应用将更加靠近微课的"本质使命"：时间更短、内容更精、类型多样，支持用户个性化的移动学习、在线学习、泛在学习等多种学习方式，实现"人人皆学、处处可学、时时可学"。基于微信端的移动学习型微课和基于 APP 应用程序的学习型微课开发将成为一个新热点。

第三，未来微课制作技术上：交互式学习、虚拟仿真、3D 视频体验式微课将成为新宠。微课教育工作者应该经常追问自己几个问题：一节 40 分钟的完整版的视频课件，学生学不下去"情有可原"，但做成 4 分钟的微课学生就一定能够看完看懂吗？学生学习微课时难道仅仅是"观看"微课视频吗？学生在课堂上迫于教育工作者的"监控"和"情面"也许还会听下去，但微课更多是"一个人""一对一"的学习情景—很多时候旁边并没有教育工作者和同学在场，单靠传统的讲授甚至是灌输，学生学习微课时只是按顺序播放视频还能吸引学生的注意力吗？因此，即使是最简单、简短的微课，也要通过交互教学设计（如创设情景、提出问题、布置练习、设计任务、开展活动）和交互技术设计（如师生互动、虚拟仿真、3D 视频、在线评测反馈等）来促使学生深度参与到微课教学活动中来，与视频里的教育工作者、问题、任务等进行"互动"，这样的学习才是有效的。

第四，未来微课在建设主体上：将从"单打独斗"的封闭式建设走向基于"互联网＋"思维的"众筹"与"联盟"。未来的微课建设开发人员将不再局限于教育工作者，而是多主体和多元化，体现出"互联网＋"时代的"众筹"和"创客"的特点。教育工作者、学生、家长、教育企业及任何对教育感兴趣的人员，都可以将有教育价值的主题加上自己的创意制作（创作）成具有个性化的微课，信息时代的任何一个人都具有资源提供与消费的双重权利。因此，从某种意义上来说，学生创作的微课、教师指导学生或与学生共同录制的微课，既是当前热火朝天的"创客教育"的一种新范式，也是人类学习金字塔中倡导的"让学习者及时教会别人"作为一种移动互联时代最有效的学习方式的新突破。

第五，未来微课应用途径上：基于大数据的智能化的区域性微课学习管理平台将会百花齐放。微课就像是一粒沙、一滴水，随意放置不能产生任何价值。因此，从某种意义上来说，微课学习与管理平台比微课资源本身更为重要。微课平台设计要考虑到用户的"应用体验需求"而不是"资源数据管理"，除了要符合在线教育的规律，还要与线下传统班级教学流程相融合。这方面可以借鉴美国的可汗学院平台，其不仅是自主学习的个性化平台，更是学校基于翻转课堂、混合学习的公用平台，具有实名注册、学习诊断、学习行为记录、学习路径形成、个性资源推送、志愿者答疑和参与讨论交流等功能。微课只是一个学习行为激发的"引子"，由于众多的学习者经常在学习社区互动交流、讨论留言，因此将会形成一个群体性学习的社交区域，产生更多的智慧型资源。

二、慕课的未来的发展

慕课作为世界开放教育资源运动的一项新晋的发展成果，它对高等教育、基础教育、职业技术教育等学校教育中的正式学习和非正式学习，都产生了重要而深远的影响。

从国内外的平台开发、慕课建设、学习应用、科学研究发展情况来看，慕课始终处于一种高速发展和快速演变之中，而且，作为新兴事物，慕课学习与教育实践又迫切需要教育理论研究者跟进研究，为学习与实践提供支持和指导。

学术界、教育界、新闻媒体、社会公众对慕课进行了诸多评说，人们议论纷纷、褒贬不一。在诸多评说之后，对于慕课，人们开始回归到一种更加务实和理性的思考之中。世界各地数千万的慕课学习者始终没有停止学习的步伐。在今天这样的一个学习型社会，每一个人都可以通过网络，随时、随地向其他人学习想要学习的几乎任何东西。这是人类历史上前所未有的。然而，究竟如何将慕课整合到各级各类的学校教育和培训实践之中，使这种非正式学习模式为正式学习贡献力量，各级各类学校和教育工作者还面临诸多严峻的挑战。展望未来，慕课的发展及应用可能会出现以下趋势。

第一，在未来一段时间里，慕课将会持续高速增长。当前，慕课的平台越来越多，越来越多的大学加入进来，越来越多的课程上线，越来越多的公众了解并开始借助慕课促进自己的成长与发展，越来越多的研究报告涌现出来。展望未来，我们相信，在未来相当长的一段时间里，就全球范围而言，慕课将会保持持续高速增长的态势。

第二，对于慕课，人们的看法将会越来越趋于理性。目前，慕课已经并正在对世界范围内的各级各类学校教育和企业培训产生重要而深远的影响，这种影响将持续地显现出来。但是，有关慕课"颠覆大学"的看法仍然过于激进。毕竟，无论是慕课还是大学，都在有意无意地进行着或快或慢的变革。慕课为每一个社会公民提供了借助网络提升自己、自我发展与完善的一个机会，然而，这个机会要变成现实，还需要每一个学习者的自觉、自主、自愿、自控的学习内驱力以及在线参与式的学习方法与技巧。唯有如此，这个机会才有可能带来成功。

第三，慕课将会不断地渗透到学校教育与企业培训之中。随着慕课模式的不断成熟，国内外越来越多的高等院校、企业人力资源部门、培训机构开始尝试将慕课整合进学校课堂教学和企业培训之中。慕课这种发端于世界在线教育与开放教育的非正式学习模式，已经开始不断地渗透到大学和培训机构的课堂之中。

展望未来，相信会有越来越多的大学、中小学和企业培训机构开始尝试将传统的面对面教学与包括慕课在内的在线教学结合起来，把世界范围内的一流大学的慕课资源用于课堂教学。基于混合学习的教学模式将成为最有前景和最具生命力的教学模式，我们深信，这种态势将会有增无减。

第四，慕课的学分认证和商业模式等问题将找到解决途径。就目前情况而言，在国内外，慕课还主要是作为一种非正式的在线学习形态，受到了学习者的喜爱和推崇。可是要想将慕课整合进中小学、大学乃至企业培训之中，学分认证、考核评估、学籍管理、商业模式等一系列难题就必须得到很好的解决。否则，慕课就很难很好地进入到各级各类学校教育体系之中。这是慕课发展目前面临的诸多瓶颈中比较突出的问题。就国内外慕课的发展实践来看，一些慕课提供者、在线教育机构和大学管理者已经开始尝试各种不同形式的解决方案，并取得了良好的效果。展望未来，相信慕课的学分认证和商业模式等问题将会找到解决途径。

第五，慕课教学法将会得到更多关注，学习支持服务将会进一步加强。回顾过去几年慕课在国内外的发展，不难发现，越来越多的报刊、文章、会议、讲座、研讨会开始谈论慕课，相关的报道、评论、赞誉、批评不断地涌现出来。然而，对于慕课教学法这一关键因素，人们却不够关注。在笔者看来，要想真正体会慕课的奥妙、了解慕课的机制、感受慕课的魅力、享受慕课学习带来的乐趣，非得了解慕课教学法不可。因为，不了解慕课教学法，就没有办法真正了解慕课，也就不可能真正地开发出好的慕课平台和课程，自然也就不可能很好地提供慕课学习支持服务。

不仅如此，对慕课教学法的相关研究也将不断涌现出来。慕课到底是如何组织教学的？慕课学习者应当具备怎样的素质和技能，得到怎样的学习支持服务，才能更好地享用来自全球一流大学的"精神大餐"？慕课学习者如何借助慕课学习，融入全球性的实践社群之中，通过网络，向其他来自世界各地、背景不一、职业迥异的慕课学习者学习？如何激发慕课学习者的学习动机，并使其学习动机得以保持？所有这些问题，都将成为未来研究的方向和重点。展望未来，相信慕课教学法将会得到更多关注，学习支持服务将会进一步加强。

第六，慕课研究将会成为在线教育和开放教育的热点，得到进一步加强。作为一种新兴事物，慕课也是一个实践先行的领域。随着慕课实践的不断快速发展，慕课研究，包括慕课教学法、慕课学习、慕课平台、慕课教学设计、慕课学习支持服务、基于慕课的混合学习、慕课学习评价、课程设计与开发等一系列问题，将会成为在线教育和开放教育研究的热点。未来，慕课研究将会得到进一步加强，并反过来有力地支持慕课的快速、健康发展。

第八章　大数据环境下高校数字化智能校园的信息安全建设

第一节　机房智能化信息管理系统的建设策略

高校现代教育技术中心是集教学、科研和服务于一体，负责计算机基础教学、校园信息化、数字化建设，多媒体教学规划、建设、运行协调和管理，教育技术开发、推广、普及、应用等工作的教学单位。而作为下设网络中心的机房是整个校园网的核心和枢纽，它的运行状态将直接关系到整个学校的教学、科研和管理工作能否顺利进行，因而加强网络中心机房的科学管理就显得尤为重要。因此，制定一套关于机房智能化管理系统有效的方案就显得十分必要，该方案能对机房的配电、UPS、空调等环境设备及门禁、消防、保安、水循环系统和设施进行即时、完善的监测和智能化控制。同时，机房智能化管理系统也应融合机房的管理措施，这样，机房所发生的各种事件，系统都能在给出指示信息的同时，结合机房的具体情况做出处理决策，提示值班人员进行操作或自动操作处理，并对所有的事件及操作都有科学的记录。

一、机房管理现状

目前，在高校机房的管理中，普遍存在三个方面的问题。

第一，很难真正做到全天都有专人值班并定时巡查机房环境设备，因而在很多情况下不能及时发现和排除故障，不能记录事故发生的时间等基本信息，不能为查找事故原因及采取适当的防范措施提供比较系统和科学的依据。

第二，机房管理人员在管理每一台服务器和设备的时候，都必须进入机房内进行操作，但机房内服务器、空调、风扇和 UPS 等设备的运转使机房内部噪音很大，再加上机房内的封闭性导致空气不好流通，使得管理人员在机房里待上一段时间就会明显感觉到身体不适。这些噪音、辐射和温度对管理人员身体健康的影响不容忽视。

第三，机房设备繁杂，有着不同的服务器和不同的网络设备，各种设备又都有着不同的操作方法、操作界面，管理人员不得不穿梭于各种服务器、机柜所组成的丛林中寻找机器故障，这种单点式的维护耗费了大量的人力成本，使得工作效率严重低下。

二、机房管理总体要求

高校的网络中心机房是大学各种数字化信息数据存储、交换的心脏，其服务器、网络核心设备的安全运行直接关系到学校对内、对外的信息发布及学校教学、科研和管理工作的正常运作。所以对机房的管理要保证校园网络中心机房的环境必须满足计算机等各种微机电子设备和工作人员对温度、湿度、洁净度、电磁干扰、噪声干扰、安全、后备、防漏、电源质量、振动、防雷和接地等的要求，以保证网络中心机房是一个安全、可靠、实用、高效、不间断和具有可扩充性的机房。

（一）系统构成

高校网络中心机房设备系统大体可分为供配电系统、环境系统、消防系统、保安系统等四大部分。供配电系统可分为一级配电、二级配电和 UPS 等部分；环境系统可分为空调系统、新风系统和温湿度检测等部分；消防系统可分为早期预警系统、温烟感检测系统和其他消防设施；保安系统可分为门禁系统、电视监控通道报警系统等部分。智能化管理系统能实现自动监控并即时显示各系统的相关参数和画面，做到实时监控、实时追踪显示；故障自动报警，自动弹出故障所在画面，逐级画面监视；电话语音报警；历史数据存储、查询、打印等。

（二）管理的对象及主要功能

1. 供配电系统

通过数字式电源检测模块实时监测 UPS 输入一级配电的三相电源参数（电压、电流、频率、功率因数、有功和无功功率等），系统管理员和操作员能清楚地了解电压、电流是否均衡。如果电压、电流越限，系统自动播放多媒体语音报警。同时，系统将自动拨打预先设置的电话号码，通知有关人员处理。在历史曲线图中还可以按天查询各参数的历史记录，如电压、电流、有功和无功功率的最大值、最小值、平均值等。

通过 UPS 厂家提供的通信协议，可以利用智能通信接口进行 UPS 故障诊断，对 UPS 内部整流器、逆变器、电池、负载等部件的运行状态进行实时监测，发现故障时会自动报警。实时监测 UPS 的整流器、逆变器、电池、负载等的有关参数，如电压、电流、频率、有功功率及负载输出峰值等参数，并有直观的图形界面显示。可以根据历史曲线图，判断 UPS 的质量及可靠性。UPS 发生故障时，系统会自动切换到相应的画面，并播放报警语音。系统处理提示窗将提示操作人员如何处理故障，拨打预置的电话号码。如设置了冗余电源，系统可自动进行电源在线切换，同时将所发生的事件存储入库，以便查询。

2. 环境系统

通过空调智能控制器可以实现空调监管功能，显示压缩机、过滤器、风机、加热器、外部设备的状态，有故障时处理窗口会提示应如何处理。系统可以直接设定空调温度、湿度，并控制启停，还可实现定时和远程控制等多种功能。

机房新风系统主要有两个作用：一是，给机房提供足够的新鲜空气，为工作人员创造良好的工作环境；二是，维持机房对外的正压差，避免灰尘进入，保证机房有更好的洁净度。通过新风系统智能控制器可以实现新风系统监管功能，能够显示风力并在有故障时处理窗口会提示应如何处理。可由系统直接设定新风系统风力并控制启停，还可实现定时和远程控制等多种功能。

采用漏水检测系统是指用漏水检测线将水源包围起来，通过漏水智能控制器可实时对空调机排水区域、中心机房区地板下面及其他排布水管的区域进行监测，一旦发现漏水将实时报警，提示管理人员及时处理。

3. 消防系统

机房采用七氟丙烷自动灭火系统的无管网气体消防系统。机房内设四个防火区，即供配电区、服务器区、网络区、工作区。每个防火区都由探测火情设备智能感烟、感温探测器、防火与灭火设备气体喷洒指示灯、现场紧急启动/停止按钮、声光讯响器、切换模块和气体灭火钢瓶及控制主机组成。通过消防系统智能控制器可以检测防火区的温度和烟的浓度。当探测器发出火灾信号时，经甄别后由报警和灭火控制装置发出声光报警，下达联动指令，关闭联锁设备，发出灭火指令，延退 30 秒电磁阀动作，启动容器和分区选择阀，释放启动气体，开启各储气瓶容器阀，从而释放灭火剂实施灭火。机房内的消防系统与整个大楼的消防系统形成联动，可以及早监测到火灾发生情况并及时报警。

4. 保安系统

门禁系统，即进出权限管理系统，包含门区权限管理，进出时段和进出方式管理。若卡号不符或属黑名单，将闭门并报警，监控管理者通过微机可实时查看每个门的人员进出情况和每个门区的状态。出入记录查询系统可存储所有进出记录、状态记录，可按不同条件进行查询，并以各类报表的形式打印输出，异常报警系统在异常情况下可实现微机报警。

电视监控通道报警系统对电梯口、走廊、操作室、阳台、备件仓库、电源室进行图像监视和报警，作为安防功能可与公安 110 报警系统联网。电话语音通知可以将所发生的事件很快地告知机房维修人员，以便及时进行故障处理。

5. 服务器

服务器的管理分为两部分：一是服务器硬件参数的检测；二是服务器软件方面的检测。硬件参数的检测是指对每台服务器的 CPU 利用率、可用内存、磁盘空间等数据进行监管，当智能化管理系统采集到的数据超出正常数据范围时，系统会根据报警级别自动将报警信息发给相应人员，要求相关人员对服务器进行处理。软件方面的检测是指针对不同服务器所提供的服务进行监管，其中主要对软件的可用性、会话情况进行监管，以保证服务器的正常运行。

三、机房智能化管理系统的应用

机房智能化管理系统可以帮助高校相关管理人员及时了解机房内各种设备的运行状况，发现各种异常情况。

（一）环境管理系统的实现

机房环境是确保整个中心机房正常运行的基础。在环境管理中，可以对机房的供配电、温湿度、精密空调等设备进行详细监控，而且机房内的消防系统与整个大楼的消防系统可以形成联动，及早监测到火灾发生情况并及时报警。在管理软件的底层，也就是数据采集层，部署了针对不同环境检测参数的数据模块，并从设备的通信卡上采集设备的实时参数和报警信息，采集的数据经过采集模块传递给管理主机。

（二）服务器管理系统的实现

服务器是整个中心机房的核心部分，各业务系统的正常运转均依赖于服务器的稳定运转。对服务器运行情况的管理是整个中心机房管理的重点。服务器的管理分为两部分：一是服务器硬件参数的监测；二是服务器所提供服务的可用性监测，即软件方面的监测。对服务器的监测可分为三级，分别是一般报警、严重报警和故障。一般报警表示服务器发生了部分故障，但还没有影响正常运行；严重报警表示发生了影响服务器正常运转的故障，但服务器还在正常运行，如果对这一故障不进行处理，持续一段时间后可能会导致服务器不可用，这两级报警都表示服务器仍然可用。故障表示服务器已经不能正常运行了，需要马上进行处理。

在硬件参数检测方面可以使用软件对服务器进行监测。每台服务器的CPU 利用率、可用内存、磁盘空间等数据都在监测之列，当管理系统采集到的数据超出正常数据范围时，系统会根据报警级别，自动将报警信息发给相应人员，要求相关人员对服务器进行处理。

在软件监测方面，要针对不同的服务器所提供的服务进行监测，其中监测的重点是数据库和某些特殊的软件服务。在数据库系统中，要对数据库的服务、数据存储、数据处理、错误日志、数据库锁等参数进行监管。在其他的软件服务中，主要对软件的可用性和会话情况进行监测，以保证服务器的正常运行。

（三）网络管理系统的实现

网络系统作为数据中心机房的重要组成部分，网络运行的情况直接影响到整个系统的运行。使用 NETCOOL 软件可实现对整个网络系统的有效监管。NETCOOL 软件具有多厂商设备监管、即时处理、故障预警、跨平台支持等优点，能够有效地对全部网络设备和通信线路进行监管。

对网络系统的监管分为三个平台，即基础平台、监控平台和流程平台。在基础平台部署了数据探针，可实时读取网络设备和通信线路的数据。从基础平台上读取的数据传递给监控平台，监控平台会对数据进行分析、分类、汇总，将其分为综合事件、网络性能和动态生成的网络拓扑。在综合事件中，可以看到按照信息事件、预警事件、故障事件的发生次数生成的柱状统计图。网络性能可以完整地显示该网络设备各端口的协议状态、带宽、流量、IP 地址等相关参数。动态生成的网络拓扑显示了当前组成整个网络系统的各设备的相互关联情况。数据在经过监控平台处理后，用户就可以从流程平台上查看相关数据，同时，如果发生了比较严重的预警事件或者故障事件，监控平台还会将报警信息通过发送邮件、短信、自动语音呼叫等方式传达给相关人员进行处理。

从目前一些高校网络中心机房的使用情况来看，机房智能化管理系统的使用帮助用户解决了很多机房管理问题。通过机房智能化管理系统，可以对机房内的设备进行自动化和智能化的管理，有效地节约了各种资源，为高校提供了一种稳定可靠、投资合理、高效方便、舒适安全的机房环境。机房智能化管理系统正在为大型数据中心机房的正常运转提供可靠的和一流的技术保障。

第二节　教学联合体网站平台的建设方案

深化高等学校教育教学改革，推进高校教学管理制度创新，促进优质教育资源共建共享，高水平、高质量地推进高等教育大众化，是高等学校的一项长期而重要的任务。《全国教育事业"九五"计划和 2010 年发展规划》中明确指出，高校要以"共建"和"联合办学"为主要形式，通过发展各种形式的联合办学，努力提高办学效益。随着信息时代的日益发展，计算机技术及网络技术在教育领域广泛应用，高校教学联合体网站应运而生。构建高校教学联合体网站能突破时间、空间和高校教学媒体的限制，为高校教学管理、教育管理提供一个理想的共享平台，有效促进高校教学联合体的建设进程。

一、高校教学联合体网站的设计

（一）高校教学联合体网站的主要功能模块

高校教学联合体网站除了涉及高校普通网站应有的网站公告、新闻动态、科研动态、重要链接、后台管理等模块外，还应包括以下主要的教学联合功能模块。

1. 用户管理模块

在高校教学联合体网站中有两类用户，即学习者和高校联合体的教师。高校教学联合体的教师兼有系统管理员功能，用户注册只是针对学习者的，高校教学联合体的教师则是通过手工分配进行管理的。新用户注册包括呈现注册时的填写表格和注册要求、检查用户注册输入信息的合法性、给出输入错误的提示信息、检查用户名是否重复、将用户注册信息保存到数据库中、给出用户注册成功的信息提示。用户进入高校教学联合体网站的页面后，可以随时修改用户名和用户角色以外的个人资料。用户资料修改功能包括呈现用户原来注册时的所有信息、呈现修改资料表格、检查用户修改内容的合法性、将修改后的用户信息保存到数据库中、给出用户修改完成的提示信息。

2.资源中心模块

在一定范围内向社会公开自己的资源，让更多的人享用资源，是高校教学联合体发展的需要，更是各校自身发展的需要。可见，资源是高校教学联合体网站的核心功能，对高校各类资源的建设和组织至关重要。

高校教学联合体网站的资源有一部分是在网站建设时提供的，如与高校教学联合体相关的文件、规章制度、招生与就业信息以及图书信息资源等。还有一部分是在后期使用中由教师和学生在进行学习、探索和研究的过程中不断积累和收集的，如高校教学联合体的在线学习资源以及精品课程等。用户可以使用高校教学联合体所有相关资源，也可以把自己收集的相关资料上传到服务器中供其他用户浏览和使用。

3.教学管理模块

教学管理模块的主要功能是在教学资源共享的框架下，建立有利于学生跨校选修专业和课程、学分互认、教师互聘、优势互补的教学管理平台和服务体系。通过该模块的应用可以建立有利于教学资源共享的运行制度，鼓励教学联合体中的各所学校尽可能多地开放实验室、图书馆、计算机中心、体育场所等教育教学设施。

4.协作学习模块

协作方法是达到协作教学目的的有效保证，方法正确可促进联合教学的深入发展。在协作方法上，高校联合体要本着教学信息反馈、教学经验交流、教学优势互补、教学资源共享的原则广泛开展学习交流活动，协作学习模块就是基于这样的目的而设计的。

从本质上讲，高校教学联合体协作学习模块类似于论坛，但高校教学联合体协作学习模块的功能更为全面，是所有高校教学联合体用户实现交流的一种有效方式，它为高校教学联合体的用户提供了一个相互交流的平台，更为用户进行协作学习提供了工具。协作学习模块不仅可以使高校教学联合体用户针对某个专题提出讨论主题，还可以使联合体的所有用户参与主题讨论，发表自己的观点。此外，协作学习模块还可以协作高校教学联合体的用户根据学习内容的不同而采用不同的活动方式，强调高校教学联合体用户之间的协作能力和实际解决问题的能力，组织者要对协作活动过程有良好的组织和引导，使高校教学联合体用户体会到协作学习的有效性。

（二）高校教学联合体网器的 C/S 处理流程

在高校教学联合体网站的三层结构中，一台服务器对应许多客户端。为了降低 Web 服务器处理数据的负担，要让客户端执行尽可能多的代码，即在客户端处理一些程序，如即时检查用户输入内容是否合法，这项工作在客户端使用脚本语言即可处理，而不再需要将程序提交到服务器进行处理。在高校教学联合体网站中客户端处理程序使用的是 JavaScript 脚本语言。

此外，高校教学联合体网站的客户端和服务器之间，使用了标准的 HTTP 通信协议。客户端通过 HTTP 协议向服务器端提出请求，并得到响应。服务器端接受客户端的请求后，根据要求处理数据，并将处理结果以页面的方式返回给客户。高校教学联合体网站中使用的 Web 服务器是因特网信息服务器（IIS），IIS 提供了因特网服务器应用程序接口（ISAPI）。当 IIS 从客户端收到一个扩展名为 asp 的 Web 页面请求时，通过 ISAPI 接口送给 ASP，ASP 便会处理这个页面，并通过 IIS 的 ISAPI 接口向客户发出响应。

二、高校教学联合体网站的安全性

高校教学联合体网站的有效实施为高校教学及管理的信息化提供了平台，这一平台意义重大，因此保证该平台的安全性尤为关键。高校教学联合体网站的安全性主要通过以下几个措施来加以保证。

（一）服务器双机热备

为了保证数据的安全，应优先选用高性能价格比、高可靠性的集群技术。因为集群可以很好地实现负载均衡与容错，更重要的是具有较高的可靠性与安全性。所有服务可在集群内均衡分布访问的 IP 流量，并可以完成如下功能：解决高校网络拥塞问题，就近提供服务，实现地理位置无关性；为高校教学联合体网站的用户提供更高的访问质量；提高服务器响应速度；提高服务器及其他资源的利用效率；避免高校网络关键部位出现单点失效的错误。

（二）数据备份与恢复

根据高校教学联合体网站平台以及原有一些应用系统的需求，高校教学联合体采用高校网络数据备份、系统灾难恢复和网络数据恢复策略来保护网站平台的数据。高校教学联合体网站平台包含大量的共享数据，每天都会有新的数据产生，并在高校网络上传输，最终进入设计完善的数据库系统。对于这些系统的备份，建议采用磁盘备份的方法，并结合专业的备份软件，使之具有实现固定周期的系统灾难恢复的功能。

（三）数据库的安全保护

（1）数据库的通信保护

数据库与应用服务器直接的通信采用数据库的 IP-SEC 加密通信方式，保证数据传输的安全性。

（2）数据库的权限保护

建议采用数据库支持的认证授权方式，确保系统的稳定性、可靠性。

（3）用户定义的数据库角色

这些角色用户将数据库中具有相同安全权限的用户分为一组。需要创建数据库登录，将它们映射到特定的数据库用户。然后将数据库用户添加到数据库角色，并使用角色在单独的数据库对象（存储过程、表和视图等）上创建访问权限。在数据库中，为便于对用户及权限进行管理，可以将一组具有相同权限的用户组织在一起，这一组具有相同权限的用户就称为角色。

（四）网络传输及本地数据的加密保护

高校教学联合体网站所有主要的客户端与网络中心服务器端双向传输的数据、信息等，由通信程序进行 DES 加密后传输，以确保高校教学联合体网站服务器与用户端之间传输的数据信息的安全。

三、高校教学联合体网站的配置发布

高校教学联合体网站建设完成后，需要进行相关的配置，以完成发布任务，从而实现高校教学联合体网站的试运行。

（一）配置 IIS 的 IP 地址

IP 地址是每台计算机的网络地址，IIS 作为服务器管理软件，应该为其配置一个特定端口地址作为访问时的地址。系统默认的 IP 是 127.0.0.1，设置 IP 和端口号时，右键点击"默认 Web 站点"，选择"属性"，然后选择"Web 站点"即可设置 IP 和端口号，并可针对不同的虚拟目录配置不同的端口号。

（二）建立虚拟目录

右键单击"默认 Web 站点"，选择"新建"，然后选择"虚拟目录"，根据提示的各个选项即可设定指定物理地址的虚拟目录，包含在该虚拟目录中的文件即可在 IIS 上运行。

（三）设定虚拟目录

虚拟目录建立以后，需要对它的各个属性进行设置，包括访问的权限、应用程序设置以及虚拟目录默认的首页。完成这些 IIS 的配置对 ASP 文件的顺利运行是不可或缺的。

（四）运行程序

运行程序可以用 IE 或其他浏览器的浏览功能，也可以用先前配置的虚拟目录来浏览。

总之，我国高等教育已从精英教育模式转变为大众化教育模式，高校的管理体制尽管加快了改革的步伐，但仍不能满足社会发展的需要，高等教育结构的现代化尚待完成。而高校教学联合体网站的构建就是寻求高校发展的一种创新办学模式，它可以达到盘活教育资源、降低教育成本、提高办学水平、促进社会经济发展的目标。高校教学联合体网站的建设，也标志着高等教育坚持科学发展观，步入规模、结构、质量和效益全面协调发展的新阶段。

第三节　校园网双层入侵检测系统的建构

随着网络的普及和发展，高校均组建了自己的校园网，通过校园网开展科研协作、网络远程教育、网上各种应用业务等变得越来越便利。但随着校园网规模的不断扩大和黑客攻击手法的日益多样化，高校对自己的校园网网络安全的要求也日益增强。校园网络面临的安全问题越来越严重，仅靠传统的防火墙技术并不能保证校园网的安全，因为防火墙是一种被动防御性的网络边界安全工具，对在网络内部所发生的攻击行为无能为力。研究表明，80% 的入侵来自于系统内部，而入侵检测系统（IDS）则是一种基于主动策略的网络安全系统。因此，要重视对研究高校校园网的入侵检测方法的研究。

然而，传统入侵检测系统一般是单纯地在用户层或核心层对数据包进行监控，这种方法不可能监控整个多层网络体系，很多非法入侵者容易被漏检。而用户层的入侵检测系统只能在 Winsock 层上进行，其对于网络协议栈中底层协议的数据包无法处理（如 Ping to Death）。此外，核心层的入侵检测系统有一个明显的弱点，即编程接口复杂，而且编写出来的软件自动化安装太困难，很容易造成整个网络的瘫痪。

一、高校校园网存在的问题分析

（一）校园网的安全问题

网络安全从本质上讲就是网络上信息的安全，除了网络系统和计算机系统等软硬件环境的安全之外，最主要的是数据信息和内容的安全性。校园网既是大量攻击的发源地，也是攻击者最容易攻破的目标。导致当前校园网常见安全问题的原因如下。

第一，计算机系统的漏洞对信息安全、系统的使用、网络的运行构成严重的威胁。

第二，安全意识淡薄，没有对接入网络的计算机采取基本的保护措施，从而造成文档资源流失、泄密等。

第三，计算机蠕虫、木马、病毒泛滥，影响用户使用、信息安全和网络的运行。

第四，外来的系统入侵、攻击等恶意破坏行为。有些已经被攻破的计算机会被用作黑客攻击的桥梁。其中，拒绝服务攻击目前越来越普遍，许多这样的攻击是针对重点高校的网站和服务器等。

第五，内部用户的攻击行为给校园网造成了不良的影响，损害了学校网络的正常运行。

第六，校园网内部用户对网络资源的滥用。有的校园网用户利用免费的校园网资源提供商业的或者免费的视频、软件资源下载，占用了大量的网络带宽，影响了校园网的应用。

第七，垃圾邮件、不良信息的传播。有的校园网用户利用校园网内无人管理的服务器作为中转，严重影响学校的网络运行等。

（二）入侵检测系统分类比较

1. 基于主机、网络和分布式的入侵检测系统

按照入侵检测的数据来源和系统结构来看，入侵检测系统可以分为基于主机的 IDS（HIDS）、基于网络的 IDS（NIDS）和分布式 IDS（DIDS）（见表8-1）。

表8-1　不同入侵检测系统之间的比较

系统类型	HIDS	NIDS	DIDS
数据来源	主机系统日志	网络数据流	主机系统日志和网络数据包
优点	确定有无攻击、适合加密和交换环境	实时检测及响应、系统资源消耗少	适合高速网络、效率高
缺点	系统资源消耗大、实时性差	本身也易受到攻击	本身组件易受到攻击

2. 异常检测和误用检测的入侵检测系统

按照入侵检测系统所采用的技术来看，入侵检测系统可以分为误用检测与异常检测两种，如表8-2所示。

表8-2　不同入侵检测技术之间的比较

技术类型	误用检测	异常检测
原理	把现有的活动与已知的入侵特征匹配	把现有的活动与"正常"的统计数据进行比较
优点	准确性高	可检测未知攻击
缺点	无法检测未知入侵	"正常"数据难以获取

3. 数据包捕获技术比较

网络数据包的捕获技术是实现各种网络安全系统的基础，也是实现本系统的关键技术。在 Windows 平台上，捕获数据包可以在应用层和核心层实现，如表8-3所示。

表8-3　不同数据包捕获技术之间的比较

	技术类型	优点	缺点
应用层	Windows2000 包过滤接口	针对性强，控制粒度细	对网络协议栈底层协议的数据包无法处理
	Winsock 动态链接库替换		
	Winsock SPI	针对性强，控制粒度细，而且能完成 QoS 控制，扩展 TCP/IP 协议栈，URL 过滤等	对网络协议栈底层协议的数据包无法处理
核心层	TDI 过滤驱动程序	可捕获应用程序的所有数据及进程的详细信息	无法得到有 Tepip.sys 接收并直接处理的数据包信息
	Win2k Filter-Hook Driver		
	Winsock SPI	实现简单	对 Ipfiltdrv.sys 的依赖性强，功能单一
核心层	NDIS 中间层驱动程序	可截获较为底层的封包、加密、网络地址转换、过滤、认证等操作	针对性差，控制粒度细，不能灵活控制具体应用层程序及控制相应的策略

二、双层入侵检测系统设计

通过比较分析可看出，传统入侵检测系统单独采用应用层或核心层技术，对数据包捕获均存在缺陷，因此，可以用两种模式相结合的双层入侵检测系统来避免各自的缺点，同时发挥各自的优点。双层入侵检测系统可以通过各种技术对校园网络系统进行实时监测，以发现来自系统外的入侵者和系统内部的滥用者，为计算机系统提供完整、可控、可信的主动保护。

（一）设计思想

双层入侵检测系统的设计思想采用 NDIS 中间层驱动技术与 Winsock SPI 技术相结合的方案。基本策略：NDIS 中间层驱动程序对进出网络的封包进行检查，并根据匹配规则进行第一级检测，主要完成最基本的安全设置，如传输层及以下层协议分析，IP 地址、端口检测等，网络恶劣状况下的断网操作以及 SPI 无法完成的操作（如检测 ICMP 数据包等）。被 NDIS 中间层驱动程序放行的网络数据会由 SPI 进行检测，主要完成针对应用程序和 Web 网址的第二级检测。

（二）工作原理

本系统采用基于规则与特征的入侵检测模型，通过对接收到的原始数据包的分析，根据攻击的行为特征建立模型。当接收到数据包时，首先通过中间层驱动程序进行分析，如果满足某种特征的攻击行为则直接将数据包丢弃，并向用户发送警告。如果不满足，则将接收到的数据包送到应用层，由 SPI 实现再次进行分析，如果此次满足某种特征的攻击行为，则将数据包丢弃，并向用户发送警告。如果不满足，则将数据包交给用户。

（三）系统结构

双层入侵检测系统分为三个模块，分别为核心层包捕获模块、应用层包捕获模块、用户界面模块。

1. 核心层包捕获模块

该模块位于核心层的驱动程序，根据定义的模式匹配规则进行操作，同时将产生的日志信息发送至上层模块。本模块处于操作系统核心，采用 DDK 开发。

2. 应用层包捕获模块

该模块处于应用层的动态链接库，位于 SPI，拦截所有基于 Winsock 的网络通信，根据定义的模式匹配规则进行操作，同时产生日志信息发送到上层模块。该模块采用 VC6.0 开发。

3. 用户界面模块

该模块是一个普通的应用程序，提供用户接口。用户在此设置模式匹配规则，收集并保存前两个模块产生的日志信息，向用户提供日志查询功能。

网络应用程序的数据都要经过下两层的处理，IDS.EXE 负责模式匹配规则设置、日志的读取，而具体的匹配规则的实施以及安全功能的实现和日志的生成在 APPIDS.DLL 和 KERIDS.SYS 中。

三、校园网双层入侵检测系统的关键技术

（一）环形缓冲区设计

在环形缓冲区结构体设计中，有如下几个重要的变量：

1. 读序号和写序号

用来确定当前缓冲区中数据包的数目。

2. 读指针和写指针

用来确定需要拷贝到 Win32 应用程序的缓冲区包含多少个数据包。

3. 数据包长度数组

存储每一个数据包的长度，使 Win32 应用程序正确解析每一个数据包。

缓冲区是共享资源，通过事件等待机制来进行读写，也就是向缓冲区读包和写包不能同时进行。以太网的最大传输单元（MTU）为 1 514 B，Windows 页面大小为 4 kB，设定每个数据包的大小为 2 kB，环形缓冲区设计存储 100 个包，申请的内存空间为 200 kB。在具体操作环形缓冲区时，读写序号通过存储包个数 1 ～ 100 来记数，读写指针则是根据整个缓冲区的大小来记数，以实现循环。在到达缓冲区边界（末尾）时，需要分段读或写，也就是当前缓冲区末尾不够读写下整个数据包的内容，需要将剩余的部分从缓冲区的头部读或写。

设置一个时间阈值（1 秒）和需要读取的最小的数据包个数（25 个，为设计的总包数的 1/4），对于时间阈值和数据包的个数，都可以由 Win32 应用程序设定再传递到驱动程序。设定两个读包策略如下：

第一，当缓冲区中存有的数据包数目达到所设定的最小数据包个数时，采用事件通知机制通知 Win32 应用程序将数据包全部读取出来。

第二，超过时间阈值并且缓冲区中有数据包时，Win32 应用程序自动读取数据包。

通过以上策略很好地解决了数据包的读取问题，同时采用多包读取策略减少了上下文切换的时间，使系统具有较高的效率。

（二）数据包解析

在数据包解析的过程中，为提高驱动程序的效率，要尽早丢弃非目标数据包。对于数据包的算法如下。

第一，检查是否是 IP 协议数据包，不是则丢弃此包；

第二，进一步检查是否是 TCP 数据包，不是则丢弃此包；

第三，检查端口号是否是应用程序所设置的端口号，不是则丢弃此包；

第四，根据相应的协议，跳转到文本的起始处，由 KMP 算法来循环匹配关键词，若匹配成功则立即返回（后面的关键词不用再匹配）并丢弃此包，然后将此包放入缓冲区，若匹配不成功则放行此包。

四、校园网双层入侵检测系统的实验分析

实验的目的是将单独的用户态入侵检测、单独的内核入侵检测和本书的入侵检测进行对比。实验数据来自于全球互联网架构大会，选取了 20 个正常数据集，20 个异常数据集，然后分别对这 3 种入侵检测系统进行测试。每种测试均进行 20 次正常访问和 20 次攻击访问。第 1 次是采用用户态入侵检测，第 2 次采用内核入侵检测，第 3 次采用本节设计的双层入侵检测系统。

从测试结果看，第 1、2 次测试中漏报或误报数较高，而第 3 次测试的漏报和误报数都较低。

实验结果初步表明，大多数入侵检测系统采用单一的检测策略可能会造成严重的漏报或误报，而采用双层入侵检测系统可以综合各层的长处，这样可以降低漏报率和误报率。

五、校园网双层入侵检测系统的应用

入侵检测系统通常被认为是防火墙之后的第二道安全闸门，它部署于防火墙之后，对网络活动进行实时检测，是防火墙的延续和合理补充。在校园网络中部署入侵检测系统，能够从计算机网络系统中的若干关键点收集并分析这些信息，查看校园网络中是否有违反安全策略的行为和遭到袭击的迹象，起到有效防御各种攻击，控制网络资源滥用的作用。利用该系统的日志，还可以分析出部分用户的上网行为，从而找到处理校园网内部攻击、外部攻击和误操作的方法，实现对校园网信息的实时保护。

通常情况下，校园网络被划分为多个不同的子网，每个子网都有一个用于上联的交换机，各个子网汇总到网络中心后连接到高性能服务器群，高性能服务器群放置在防火墙的 DMZ 区，以保证内外网的安全访问。防护安全的重点是校园网的中心服务器群和网络骨干区域，为了安全起见，可将入侵检测探测器放置在校园网关键子网的上联交换机和核心交换机上。

系统通过检测和防护校园网络系统中重要区域和服务器群的安全运行，既能够有效防御外部威胁对校园网重要网络区域和服务器群造成的安全损

失，提高校园网络的整体抗攻击能力，又能够有效控制校园网络资源的滥用情况，阻止用户因使用各种即时通信软件、P2P下载、网络在线游戏以及观看在线视频而出现影响网络正常运行的情况，并通过净化网络流量可以实现网络加速的目的，通过对校园内部网络攻击和误操作进行实时保护，可以在网络系统受到危害之前拦截和响应入侵，从而实现入侵检测的功能。

总之，防火墙技术在一定程度上改善了校园网络安全问题，但仍然存在并伴随着一些新的安全问题，而校园网双层入侵检测系统对校园网络安全起到了增强和补充的作用。随着入侵检测技术的发展，可以将数据发掘、专家系统和神经网络技术等融入入侵探测技术中，从而建立先进的入侵探测算法的数学模型，并且围绕互联网本身、网络安全和通信协议，把无序的数据变成有序的数据，将人控制网络安全软件的模式变成计算机的自我学习，以适应高校校园网的高速和高性能，从而更加有效地解决高校校园网络的安全问题。

第四节　校园教学管理信息化的延伸与发展

一、新媒体的界定及特点

媒体是指承载、加工和传递信息的介质或工具。当某一媒体被用于教学时就成了承载教育信息的工具，此时则被称为教学媒体。从20世纪70年代末开始，我国高校的教学媒体工作开始起步，主要分为听觉、视听、计算机多媒体和网络教学辅助媒体四个阶段。20世纪70年代末、80年代初，高校主要以无线电广播、收音机、录音机等听觉媒体为手段。1979年中国成立中央广播电视大学，20世纪80年代开始兴办电视师范专科教育，大学教学除了录音设备外，还多了幻灯机、投影机、录像机和电视机，电影、电视开始广泛进入大学教学，从而结束了单向媒体的历史。电影、电视因其动态、真实的表现形式深受广大学生的喜爱。近年来，计算机多媒体和计算机网络具备了人机交互功能，其集声像、语言、图片和色彩多方位刺激的教学手段于一体，给整个教学过程带来了巨大的变化，这些新型媒体以信息丰富、传递便捷、交互性强的特点，大大改变了传统的教学模式和学习方式。

（一）新媒体的界定

对于新媒体的界定，现在尚无定论，美国《连线》杂志将其定义为"所有人对所有人的传播"。也有专家认为，"只要媒体构成的基本要素有别于传统媒体，才能称得上是新媒体。否则，最多也就是在原来的基础上的变形或改进提高"。本书认为，新媒体是报刊、广播、电视等传统媒体发展起来的新的媒体形态，是利用数字技术、网络技术、移动技术，通过互联网、无线通信网、有线网络等渠道以及电脑、手机、数字电视机等终端，向用户提供信息和娱乐的传播形态和媒体形态。新媒体的特征是具有交互性与即时性、海量性与共享性、多媒体与超文本、个性化与社群化。

（二）新媒体传播的特点

与传统媒体相比，新媒体的传播有很多新的特点。

第一，新媒体传播是一种多媒体的传播，基于网络的新媒体运用文字、图片、声音、图像等手段，全方位、多角度地为受众呈现事物原貌。

第二，新媒体传播走向了分众传播，实现了"个性化"和"一对一"的传播，可以根据特定受众群的需求而制定满足其使用的传播策略以及传播方式。

第三，新媒体传播是一种渗透式传播，突破时空界限，受众通过手机、网络、电视等无处不在的新媒体，随时可主动或被动地参与到传播过程中。

第四，新媒体传播具有高科技的特性，无论是网络还是手机和数字电视，新媒体的传播都离不开技术的支持，这样的特性也决定了受众必须具有相应的新媒体工具使用能力。

第五，新媒体传播具有很高的交互性，其反馈迅速、及时，受众观点可多元化呈现。

二、高校新媒体教学环境构建与管理

现代科技在教育领域的广泛应用，使得多媒体教学环境——多媒体教室的建设在高校飞速发展。多媒体教室的建立不仅提高了教学效益和教学质量，同时为传统教学模式提供了新的平台。如何充分、合理、安全、科学地构建和管理多媒体教室，满足多媒体教学需求，保障多媒体教学的正常进行，是当前教学管理部门亟待研究和解决的问题。

（一）多媒体教室构建的原则

1.实用性

实用有效是多媒体教室主要的构建目标，只有操作简单、切换自如、效果良好，才能最大程度地发挥设备的效益。

2.可靠性

人机安全、设备的长期稳定运行等可靠性要点作为系统构建方案的首要设计原则，是为了保证系统在运行期间为用户执行安全防范和高质量服务管理提供有效的技术支持手段，并为用户降低系统运行方面的人工和资金成本。

3.兼容性

多媒体教室要为不同厂家、不同型号的同类设备提供实现兼容性的可能。

4.先进性

多媒体教室设备的选型要适应技术发展的方向，特别是中央控制软件要充分体现整个系统的先进性。

5.扩展性

多媒体教室能够和互联网相连，并能自由调用教室外的教学资源，这是多媒体教室可扩展性的首要标准。

6.安全性

考虑到多媒体教室的多用性（可在非教学时间供学生使用），其操作台应根据设备规格定制并兼顾防盗、防火功能。

7.便捷性

一键关机或远程控制关机（使用继电器根据设备操作流程分时控制设备的开关时间）改变了以往教师上下课开关设备的烦琐现象，方便了教师的操作。

8.经济性

系统设计和设备选型应注重实用功能，以降低总体投资，实现先进性与经济性的完美统一，实现设备性能、价格比的最佳组合，要从学校教学管理的实际需求出发，摒弃一切学生不需要的华而不实的东西。

（二）多媒体教室的构建

多媒体教室的构建应根据构建原则科学、合理地选择设备。设计多媒体操作台要根据学科需要及拟建多媒体教室的位置、形状、大小、座位数量，相对集中地构建多媒体教室。根据管理方式，可分为单机型和网络管理型多媒体教室。

1. 单机型多媒体教室的构建

单机型适合多媒体教室相对分散的区域，或是对设备要求较简单的部分学科的多媒体教学。

（1）电子书写屏

电子书写屏的使用省去了显示器，并替代了黑板的传统书写功能。目前主要产品有 Wacom、伯乐等，其主要功能为同屏操作、同屏显示、具备风格各异的书写笔、自动排版、文书批改、手写识别、动态标注、后期处理等。电子书写屏的使用可有效避免多媒体教室设备因使用粉笔灰尘过多而出现故障、影响设备使用的情况发生，尤其可以避免投影机因灰尘过多而频繁保护停机以及液晶投影机的液晶板因灰尘过多产生物理性损伤等问题，同时为教师提供了洁净的教学环境，有益于教师身心健康。

（2）中央控制器

采用具有手动调节延时功能的中央控制器设定时间控制投影机、功放、投影幕布、计算机等设备的开关，可以保证投影机散热充分，延长投影机灯泡和液晶板的使用寿命，并防止多个设备同时通电和断电时对设备的损坏。

（3）投影机

投影机配置要根据多媒体教室的大小，选择不同亮度和对比度的品牌液晶投影机。一般情况下，亮度和对比度越高的投影机价格越高。因多媒体教室的后期耗材消费主要是投影灯泡，品牌投影机的选用将有效避免投影灯泡购置的困难，能够保证投影灯泡的质量，同时要注意选择配备高使用寿命和灯泡亮度稳定的 UHP 冷光源灯泡的投影机。

（4）扩音系统

扩音系统的配置需要根据多媒体教室的大小、形状及教学声音环境要求来进行选择，应选用无线话筒，以有利于教师在教学时表现其形体语言。目前使用的扩音设备主要有两类：壁挂式和组合式，两者都具备线路输入功能，能满足相应音源的扩音需要。有的学校多媒体教室使用移频增音器，虽然教师在短距离内脱离了话筒的束缚，但过多地衰减了低频和高频，且扩音效果也不尽人意。

（5）操作台

操作台应根据设备规格科学合理地定制，以方便使用（如教学需要用的设备接口的安装），并兼顾防盗性。操作台门锁采用电控锁，通过中央控制器实现一键开关机，即一开即用、一关即走，极大地方便了教师的使用。

单机型多媒体教室在构建中应根据多媒体教学特点采取优化措施，不用录像机、DVD、展示台、卡座等不常用或多余的设备，以使整个系统简洁明了，利于教学与管理。

2. 网络管理型多媒体教室的构建

网络管理型多媒体教室适合于多媒体教室相对集中的区域，其可以根据各学科需要构建功能不同的多媒体教室。该配置与单机型多媒体教室配置的不同在于采用网络中央控制系统，其操作可采用网络远程控制和本地控制，增加了监控系统，其相关功能如下。

（1）中控系统

网络管理型多媒体教室采用的是网络中央控制系统，包含教室网络中控和总控软件。该系统具有高集成度、接口丰富、功能强大的特点；内嵌网络接口，采用 TCP/IP 技术，可通过校园网互联，实现远程集中控制；具备网络、软件、手动面板三种控制方式选择；具备延时功能，可以防止通断电时对设备的损坏。

（2）操作台

操作台与单机型多媒体教室相同，也要根据设备规格合理地定制，以方便使用（如教学需要用的设备接口的安装），并兼顾防盗性。操作台门锁的开启可通过网络远程控制，也可本地操作，即与中控系统联动的控制锁同时也是操作台的门锁。多种设备联动可实现系统的一键开关机，即一开即用、一关即走，方便使用。

（3）监控点播系统

监控系统的使用有利于管理人员远程掌握教学动态，通过相关控制软件使得教师所用计算机屏幕内容与上课音视频同步录制，通过该系统可以实现即时点播和转播功能。

（4）对讲系统

对讲系统的使用有利于及时发现、解决问题。目前，实现的对讲方式有多种，如双工对讲系统、半双工对讲系统、电话对讲系统、网络 IP 电话方式等。

（三）多媒体教室的管理

目前，高校教学基本建设不断发展，多媒体教室不断增加，只有不断完善多媒体教室的管理才能保证多媒体教学的正常进行。

1. 管理制度建设

随着教育技术与课程整合的不断深入，教师使用多媒体教室的需求也不断增多，但教师的教育技术水平参差不齐，因此制定相应管理制度、规范多媒体教学日显重要。

多媒体教室的管理制度建设主要应考虑以下几点。

第一，使用多媒体教室设备要提前预约，统一安排；

第二，教师按操作规程操作平台，不得私自搬动设备和接线，无关人员不得操作多媒体设备；

第三，不得在计算机内设 CMOS 密码和开机密码、修改和删除原有 CMOS 参数和应用软件；

第四，课间休息时应关闭投影机电源，以便提高投影机使用效率；

第五，课后教师应按操作规程退出系统；

第六，课后教师应填写使用登记表。

2. 管理系统建设

管理系统建设分为多媒体教室教学管理系统和多媒体教室网络控制管理系统，其中较为重要的是多媒体教室网络控制管理系统。教学管理应由目前普遍使用的人工安排多媒体教室逐步过渡到网上预约，通过开发适合学校实际的多媒体教学管理系统，采取智能化预约，提高多媒体教学的管理效率。

多媒体教室网络控制管理是指通过该系统可在主控室内控制多媒体教室内的相关设备，实现设定功能，并能实时与任课教师交流，保障教学正常的进行。目前，国内生产多媒体教室网络控制管理系统的厂家较多，高校应根据教学实际多方论证，选择适合的多媒体教学系统。多媒体教室网络控制管理系统的实施将使反映问题和解决问题变得更加快捷。管理上的方便、直接和高效，解决了多媒体教室数量增加后，管理复杂、人员紧张的难题。

3. 管理人员建设

以人为本，明确人才队伍建设对多媒体教室管理具有重要的作用。在加强多媒体教室硬件建设的同时，应注重和加强管理技术队伍的建设。多媒体教室管理技术队伍是多媒体教室建设的骨干力量，对保障多媒体教学正常进行及教育技术与课程整合起着重要作用。由于高校各学科教师对多媒体技术的掌握程度不一，管理人员的任务不仅是建设、管理好多媒体教室，同时应根据教师需要担负起多媒体技术培训的任务，更好地为教师服务、为教学服务。

在人员建设方面应逐步引进高学历、高层次人才，将其充实到管理技术队伍中来，改善队伍知识结构；要为现有技术人员制订培训计划，让他们定期到国内名校进修，重视技术人员对新技术的学习与消化，提高其业务水平和实践技能，以适应技术的发展和多媒体教学的需要；要重视和发挥管理技术队伍的作用，用好人才，积极创造条件，调动人员的工作积极性；要加强考核，建立人员考核制度，提高管理队伍的整体素质，造就一支业务水平高、奉献精神强、富有团结协作精神的管理技术队伍，使其为学校教学科研工作做出积极贡献。

只有不断优化结构、提高素质、建设高水平的管理技术队伍，才能充分发挥现代信息技术的作用。同时，通过多媒体教室的构建，可以在实践中积累经验，完善多媒体教室建设，从而更好地为教学服务。

4. 管理方式建设

多媒体教室使用人员广，使用频率高，操作水平参差不齐。应根据不同配置，采用相应的管理方式，这对优化管理资源显得极其重要。

（1）自助式管理

自助式管理是指教师掌握多媒体技术及设备操作规程后，对所使用的多媒体设备实行自我管理。每学期开学初，对使用多媒体教室的相关教师根据使用教室的设备差异分别进行技术培训，培训内容为多媒体教室使用规章制度、操作规范以及多媒体基础知识等，培训结束后颁发相应的资格证书。在开始使用一段时间内投入管理人力现场跟踪、记录相应教师的操作能力，有针对性地进行再培训。对能独立操作的教师核发独立操作证书，对其使用的教室采用自助式管理，教师上课前到规定地点领取相关钥匙即可，设备的开关由教师自行操作。在自助式管理过程中，管理人员应加强对多媒体设备的课后维护，对每次检查结果及时登记备案，发现问题及时解决，以保证下次上课时设备可以正常运行。自助式管理适合于相对分散，无法或不适合安装管理系统的多媒体教室。该措施的实施能有效缓解管理人员紧张的局面，当然也需要相关职能部门的配套支持。

（2）服务式管理

对于实行网络管理的装有监控系统的多媒体教室可以实行服务式管理。服务式管理是指教师无须对设备开关进行操作，而是通过网络管理系统将开课多媒体教室的教学设备在上课前 5 ～ 10 分钟全部开启（投影机、计算机、展示台等设备），教师直接使用设备即可。管理人员通过监控系统全程监控设备使用情况，在上完课后，检查设备状况并关闭设备与操作台。

服务式管理与自助式管理都应在管理过程中加强设备管理，增加巡查力度，做好设备使用记录，及时了解设备使用状况、投影机灯泡的使用时间，定时还原计算机系统等。这极大地方便了教师的使用，提高了教学效率，同时体现了管理为教学服务的思想。多媒体教室的构建与管理是一项系统工程，科学、先进、管理规范是多媒体教学的基本保证，管理人员应在实践中不断摸索、及时沟通，以教学为本，加强管理机制，最大程度地保障多媒体教学的正常进行，促进技术与课程的整合。

三、高校课外学分认证统计信息系统的设计

（一）课外学分统计信息系统相关研究

1. 课外学分简介

课外学分指在正常课堂教育教学之外，根据受教育者的需求和自身的努力以及教育、教学的需要，对教育者直接或间接地有目的、有计划、有组织的指导下，以实现教育目的的一种活动。课外学分是校园最为显性的一个层面，它以学生为主体，包括志愿服务、学术科技、兴趣爱好等内容的多种活动，是学校教育的重要组成部分，是课堂教学的有益补充。对于不同学科的学生来说，通过选择课外活动，可以多学一些本学科以外的东西。不同学科的相互渗透、相互交叉使知识不断丰富、融会贯通，这对人才的培养起到了重要的作用。

课外学分是我国高校大学生学习生活的重要方面，构成了大学生业余生活的重要部分，有利于发展学生的特长，激发同学们的学习兴趣和积极性，有助于开发学生的潜能和创造力，培养学生分析问题和解决问题的能力，促进学生的全面发展。课外学分系统不仅丰富了大学生业余生活，拓展了大学生的视野，提高了大学生的综合能力和实践能力，还使学生能够初步了解社会，特别是通过参加学术类活动可以提高大学生的专业知识，使其了解本领域的前沿技术。同时，课外学分是大学生探索自我、发展人际关系的天地，是生活教育实践的场所，是引导大学生参与社会、塑造健全人格，促进大学生全面发展最自然、最直接、最有效的教育方式。

综上所述，课外学分为学生德智体美的全面发展提供了一个平台，通过

课外学分可以对学生进行思想品德教育，在活动中加深学生对思想观点和道德意识的自我认识，调动学生学习的积极性，激发他们的求知欲和好奇心，在充分发挥学生独立自主精神的条件下，使其扩大视野、锻炼技能，使学生将理论知识应用于实际的工作中，培养学生多方面的兴趣爱好，增进其身心健康，提高他们在未来的学习、工作中继续探索的勇气。课外学分能引导大学生树立正确的人生观、道德观、价值观，使其摆正个体价值与社会价值、理想价值与现实价值、道德价值和功利价值等之间的关系，切实地肩负起建设中国特色社会主义的伟大使命。

2. 国内外研究现状

（1）国内课外学分研究现状

在国内，大学生课外学分一般被称为课外活动，主要是指以科技活动、文艺活动、体育活动、实践创新、沟通交际等内容为主的活动，这些活动的组织大多在校团委的指导下由学校各协会主办。我国最早的课外学分是西安交通大学 1999 年在本科生中实施的《课外实践必修学分培养方案》，其中规定："学生在校学习期间，除完成课内必修、选修、实践环节等学分外，还必须获取 8 个课外实践学分，方准予毕业。"

目前，在中国知网检索大学生课外活动会发现，关于这方面的文章不多，每年仅 100 篇左右，而且大多数都是理论上的研究和形式上的活动，没有具体的应用软件来管理，大都以教务系统为载体，依靠社团每年给学生加几个学分来计算。当前，全国 80% 的高校都实施了《本科生课外教育学分考核认定办法》，但多数高校并没有将其作为必修课纳入教学考核范围，只是将其作为一门考查课，成绩仅供参考。

（2）国外课外学分研究现状

国外的课外学分对大学生能力培养方面更加注重，投入的时间、精力、资金也更多。在哈佛大学，一个全日制在校大学生每周只需在教室里听课 12 ~ 18 小时，而用于课外活动的时间一般为 22 小时左右。然而在我国的大多数高校中，一个全日制大学生一般每周在教室里听课达到 24 ~ 26 小时，而课外活动时间又被大量习题所挤占，因此根本没有时间去参与其他活动。

在国外，很多高校通常从政府、社会慈善机构、公司以及高校自身四个渠道谋取资金，专项基金通常依靠政府补贴、社会赞助、国际基金组织支持、学校支持等。在这样的环境中，国外很多大学的学生课外活动能够较好地落到实处，真正实现学校教育与专业、社会接轨，学生也因此会产生成就感和自豪感，从而使课外学分的活动内容更加丰富、形式更加灵活。例如，国外的课外学分不局限在学校，也有在福利院、医院、教堂等场所开展的公益活动，还有关于政治、经济、军事、法律等的活动。

3. 系统技术基础

（1）C/S 与 B/S 结构

① C/S 结构

客户端/服务器（C/S）模式的工作原理是客户端程序将用户的要求提交给服务器程序，再将服务器程序返回的结果以特定的形式显示给用户；服务器程序的任务是接收客户程序提出的服务请求，进行相应的处理，再将结果返回给客户程序。C/S 模式的结构形式是一种两层结构的系统：客户端系统上的表示层与业务逻辑层为第一层；网络上的数据库服务器为第二层。因此，C/S 模式的软件系统主要由三个部分组成，即客户端应用程序、服务器管理程序和中间件。

课外学分统计信息系统客户端用 C/S 模式是因为 C/S 模式具有很多突出的优点，主要有如下内容。

交互性强。在 C/S 模式中，客户端拥有功能丰富的应用程序，包括出错信息提示和在线帮助等方面的强大功能。

响应速度快。由于 C/S 模式的客户端与服务器直接相连，没有中间环节，因此对于相同的任务而言，C/S 模式的响应速度要比 B/S 快。

数据的储存管理功能较为透明。在数据库应用中，数据的储存管理功能是由服务器程序和客户应用程序分别独立进行的，并在服务器程序中集中实现。所有这些对于工作在前台程序上的最终用户是"透明"的，他们无须过问背后的过程就可以完成自己的一切工作。

服务器端负荷轻。服务器程序被启动后时刻等待着响应客户程序发来的请求；客户应用程序运行在用户自己的电脑上并对应于数据库服务器，当需要对数据库中的数据进行任何操作时，客户程序就自动地寻找服务器程序并向其发出请求，服务器程序根据预定的规则做出应答、送回结果，应用服务器运行数据负荷较轻。

② B/S 结构

浏览器/服务器（B/S）模式是 Web 兴起后的一种网络结构模式，Web 浏览器是客户端最主要的应用软件。这种模式统一了客户端，将系统功能实现的核心部分集中到服务器上，简化了系统的开发、维护和使用。客户机上只要安装一个浏览器，服务器安装数据库软件，浏览器便可以通过 Web 服务器同数据库进行数据交互。

B/S 模式的工作原理是客户端运行的浏览器软件以超文本标记语言（HTML）的形式向 Web 服务器提出访问数据库请求，Web 服务器在接受客户端的请求之后，首先以结构化查询语言（SQL）的形式将其交给数据库服务器，数据库服务器将处理完之后的结果返回给 Web 服务器，Web 服务器负责将结果转化为 HTML 文档形式发送给客户端浏览器，最终以 Web 页面的形式在客户端浏览器上显示出来。B/S 模式的特点主要有如下内容。

维护和升级方式简单。利用 B/S 架构开发的软件只需要管理服务器就行了，系统管理人员不需要在几百甚至上千部电脑之间奔走，所有的操作只需要针对服务器进行，所有的客户端都只是浏览器，根本不需要做任何维护。如果是异地，只需要把服务器连接专网即可实现远程维护、升级和共享。因此，软件升级和维护会越来越容易，而使用起来会越来越简单，这对用户人力、物力、时间、费用的节省是显而易见的。

成本降低，选择更多。凡使用 B/S 架构的应用管理软件，只需安装在 Linux 服务器上即可，而且安全性高。所以服务器操作系统的选择很多，不管选用哪种操作系统都可以让大部分人使用 Windows 作为桌面操作系统，而电脑不受影响，这就使免费的 Linux 操作系统快速发展起来，Linux 除了操作系统是免费的，连数据库也是免费的，因此这种选择非常盛行。

B/S 模式具有很强的开放性，模式结构易于扩展，可提供集成地解决企业内部各种业务问题的服务，提高企业信息化系统的集成度。

由上述分析可知，B/S 的优越性主要体现在对信息的发布和数据的共享方面，并可大大减少管理人员维护和升级的工作量，所以 B/S 模式比较适用于系统与用户之间信息交互量比较少的应用场合，对于需要频繁地进行大量数据信息交互以及要求快速地进行数据处理的场合。采用 C/S 模式是一种较好的选择。课外学分系统既要考虑先进性，也要考虑成熟性，一种比较好的方案是将 C/S 与 B/S 模式交叉并用，这样可以充分发挥两种模式的优点，并规避各自的不足。这种交叉并用的体系结构模式，其实质是对 C/S 模式的数据库统计、分析、控制的强项功能与 Web 技术的信息查询、信息发布强项功能进行有机结合，为课外学分系统的结构模式选择提供了最佳解决方案。

（2）.NET 框架和 ADO.NET

① .NET 框架

.NET 框架是 Microsoft 为开发应用程序创建的一个富有革命性的新平台。.NET 框架可以创建 Windows 应用程序、Web 应用程序、Web 服务和其他各种类型的应用程序。

.NET 框架提供了公共语言运行库（CLR）和 .NET 框架类库两个主要的组件。其中，公共语言运行库是 .NET 框架的基础，它提供了内存管理、线程管理和进程处理等核心服务功能，并且还实施了严格的类型安全控制及代码准确性控制等功能。.NET 框架类库是一个面向对象的可重用类的组合，利用 .NET 框架提供的类库可方便地进行多种应用程序的开发。例如，进行传统的命令行或图形用户界面应用程序的开发以及基于 ASP.NET 的应用程序开发等。

从层次结构来看，.NET 框架主要包括三个部分：公共语言运行库、服务框架和上层的两类应用模板（传统的 Windows），即应用程序模板（Win Forms）和基于 ASP.NET 的面向 Web 的网络应用程序模板（Web Forms 和 Web 服务器）。

② ADO.NET

ADO（Active Data Objects）是 Microsoft 开发的面向用户的数据访问库，ADO.NET 是 ADO 的后续技术，提供对 SQL Server 等数据源的一致访问。数据使用者可以通过 ADO.NET 连接这些数据源，并检索、操作和更新数据。ADO.NET 允许与不同类型的数据源以及数据库进行交互，不仅能够对一般的数据库进行访问，同时也能够对文本文件、Excel 表格或者 XML 文件进行访问。

ADO.NET 系统由两个重要部分组成，即 .NET Data Provider 和 ADO.NET 系统架构。ADO.NET 具有三个专用对象，即 DataAdapter、DataReader 和 DataSet，用于执行相应的特定任务。

.NET 框架提供统一的编程模式，不论什么语言和编程模式都是用一样的 API。其中的数据提供程序 .NET Data Provider 包含以下四个主要对象。

Connection 对象：用于创建一个到达某个数据源的开放链接。通过此链接，用户可以对一个数据库进行访问和操作。

Command 对象：用于执行面向数据库的一次简单查询。此查询可执行如创建、添加、取回、删除或更新记录等动作。

DataReader 对象：用于从数据库中检索只读、只进的数据流。查询结果在查询执行时返回，并存储在客户端的网络缓冲区中，直到使用 DataReader 的 Read 方法对它们发出请求。

DataAdapter 对象：可以隐藏和 Connection、Command 对象沟通的细节，通过 DataAdapter 对象建立、初始化 DataTable，从而和 DataSet 对象结合起来在内存存放数据表副本，实现离线式数据库操作。

（3）C# 简介

C# 是微软公司发布的一种面向对象的、运行于 .NET 框架之上的高级程序设计语言。C# 包括如单一继承、接口、与 JAVA 几乎同样的语法和编译成中间代码再运行的过程。同时，与 COM（组件对象模型）是直接集成的，C# 综合了 VB 简单的可视化操作和 C++ 的运行高效率，以其强大的操作能力、便捷的面向组件编程的支持，成为 .NET 框架的主角。

C# 的特点：

①完全支持面向对象编程，包括接口和继承、虚函数和运算符重载的处理。

②对自动生成 XML 文档说明的内置支持，自动清理动态分配的内存。

③对 .NET 基类库的完全访问权，并易于访问 Windows API。

④改变编译器选项，可以把程序编译为可执行文件或 .NET 组件库，该组件库可以用与 ActiveX 控件相同的方式由其他代码调用。

⑤可以用于编写 ASP.NET 动态 Web 页面和 XMLWeb 服务。

C# 是多种语言的混合体，它既体现了 Java 语言的简洁性和 VB 语言的简单性特点，同时也体现了 C 语言的强大功能和灵活性特点。C# 是一种集成各语言优势的网络化时代的有效开发工具。

（4）SQL Server 2008 简介

Microsoft SQL（结构化查询语言）服务器是一种典型的关系型数据库管理系统。目前，常用的关系数据库管理系统有 Access、SQL Server、Visual Foxpro、DB2、Oracle 等。

SQL Server2008（"SQL 2008"）是运行在网络环境下的数据库服务器。数据库是数据管理的实用技术，它的出现极大地促进了计算机应用向各行各业的渗透。SQL Server 2008 是单进程、多线程、高性能的关系型数据库管理系统，它可以对存储在计算机中的数据进行组织、管理和检索，可以使用 Transact-SQL 语言在服务器和客户机之间传送请求。SQL Server 2008 是一个性能更全面的数据库平台，SQL Server 2008 数据库引擎是企业数据管理的核心，它为关系型数据和结构化数据提供了比前面的版本更安全、更可靠的存储功能，这一点对于构建和管理高性能的数据库应用程序是十分重要的。

（5）MVC 设计模式

MVC 设计模式是一个存在于服务器表达层的模型，由模式、视图、控制器三部分组成，它将应用分开，改变应用之间的高度耦合。应用程序由这三个部分组成，事件导致控制器改变模式或视图，或者同时改变两者，只要控制器改变了模式的数据或者属性，所有依赖的视图也会自动更新。类似的只要控制器改变了视图，视图也会从潜在的模式中获取数据来刷新自己。MVC 要求对应用分层，虽然花费了额外的工作，但产品的结构清晰，产品的应用通过模型可以得到更好的体现。

MVC 设计模式具有如下特点：首先，最重要的是应该有多个视图对应一个模型的能力。在目前用户需求的快速变化下，可能有多种方式访问应用的要求；其次，由于模型返回的数据不带任何显示格式，因而这些模型也可直接应用于接口的使用；再次，由于一个应用被分离为三层，因此有时改变其中的一层就能满足应用的改变；最后，它还有利于软件工程化管理，不同的层各司其职，每一层不同的应用具有某些相同的特征，有利于通过工程化、工具化产生管理程序代码。

（6）RFID 技术

① RFID 技术简介

射频识别（RFID）是一种非接触式射频识别技术，它是自动识别技术的一种。RFID 的基本组成部分有以下三方面。

其一，应答器，由天线、耦合元件及芯片组成，一般来说现在都是用标签作为应答器，每个标签具有唯一的电子编码，附着在物体上标示目标对象；其二，阅读器，由天线、耦合元件、芯片组成，读写标签信息的设备，可设计为手持式 RFID 读写器或固定式读写器；其三，应用软件系统，是应用层软件，主要是进一步处理收集的数据，并使其为人们所使用。

RFID 的特点：射频识别系统最重要的优点是非接触识别，它能穿透雪、雾、冰、涂料、尘垢等恶劣环境阅读标签，而且阅读速度极快，大多数情况下不到 100 毫秒即可完成阅读。

② RFID 技术的工作原理

当持卡人持储存了信息的卡进入识读器感应范围后，识读器向卡片发送检验电磁波请求读取卡片信息，RFID 芯片解调检验电磁波收到请求读取卡片信息的指令后，将卡片信息附加在 RFID 芯片反射的检验电磁波里，读写器收到反射回来的电磁波后通过解调识读卡片信息，并将其和 RFID 系统主体数据库的信息进行对比核实，若核实通过则读写器向卡片发送检验电磁波请求读写个人信息，若核实未通过，则 RFID 系统主机记录诚信记录并控制警报装置发出警报。

（二）系统需求分析

1. 系统设计目标

随着信息化校园、数字化校园的发展，信息系统开始向着规模化、智能化、网络化的方向发展，高校学生急剧增加，有关学生的各种信息量也在成倍地增长。在这种情况下，单靠人工来处理学生信息，工作量变得很大，用计算机可以将人们从繁重的工作中解脱出来，仅使用一些简单的操作便可及时、准确地获取需要的信息。系统设计的目标是采用基于项目的软件工程面向对象研究方法，系统实现学生、会议、教室的管理，签到的统计、汇总，报表打印等功能，使课外学分管理工作系统化、规范化、自动化，从而达到提高管理效率的目的。大学生课外学分认证统计信息系统采用 B/S 和 C/S 混合架构自上而下的开发模式，开发过程主要包括前台应用程序的开发和后台数据库的建立及维护两个方面。系统所要实现的基本目标主要有以下内容。

第一，教室、会议、终端、项目、统计信息的管理（添加、删除、修改等）；

第二，教室、会议、终端、项目、签到记录等信息的检索、统计、报表打印等；

第三，实现指定教室、指定会议、指定人员参加讲座；

第四，通过刷校园卡实现身份识别、签到，刷卡后显示签到者姓名、照片、学号等信息；

第五，数据通信安全，信息安全，统计准确；

第六，安装简单、操作方便、系统运行效率高；

第七，具有较强的可维护性和扩充性，能够适应用户的业务需求变化。

出于上述考虑，该系统确定的设计采用自上而下扩展、快速原型法。自上而下先从整体上协调和规划，由全面到局部、由长远到近期，从探索合理的信息流出发来设计信息系统。快速原型法先构造一个功能简单的原型，然后对原型逐步修改，不断扩充完善到最终的系统。此外，为了提高模块的高聚合性、易扩展性，降低模块间的耦合程度，数据库的设计原则是把它作为中间模块，从而既实现数据共享、提高模块的独立性，又使系统具有更高的可修改性。

2. 系统功能分析

课外学分系统在指定教室、指定人员来参加讲座时，通过读写器刷校园卡签到的方式实现身份识别、签到，上传签到数据后，通过后台自动统计签到人员的听课次数、听课权重，从而管理成绩、分配学分，打印报表等。其中，较重要的功能分区是服务器端和客户端。

服务器端：主要负责管理人员信息、教室信息、终端信息、会议信息的管理（如添加、修改、删除、查询等），系统参数信息设置，同时统计、查看签到情况，分配学分，打印报表，分析数据等。

客户端：主要负责教室初始化程序、初始化读写器、下载会议、显示会议信息，刷卡，身份识别后显示签到人姓名、学号、照片等信息，上传流水供服务器查询、统计。

3. 系统需求分析

（1）性能需求

第一，数据精确度。数据必须精确、可靠、真实，进行操作请求时（如查找、删除、修改、添加），应保证输入数据与数据库数据的高度匹配性，而在满足用户请求时，系统应保证所响应数据的查全率。

第二，响应特性。为满足用户的高效要求，数据的响应时间、更新处理时间、数据转换与传输时间、运行时间都应在 1 ～ 2 秒之内。如果需要与外设交互（如打印机）时，响应时间可能较长，但应在可接受范围之内。

第三，较高可扩展性与维护性。系统采用模块化设计，"积木式"的开发，有利于后期系统的维护、升级与扩展。

第四，支持数据库备份与灾难性恢复。数据库有一定的抗灾与容灾能力，具有较高的可靠性与容错能力。同时，采用备份服务器和硬盘镜像技术，使数据恢复简单、方便。

第五，自动化、信息化、网络化程度高。系统能自动统计信息、打印报表，同时，支持在线传输数据，适合在校园内使用。

（2）运行环境

①服务器

操作系统：Windows Server 2000/2003/2008。

数据库：II S6.0 以上和 Microsoft SQL Server 2008。

②客户端

操作系统：Windows 2000/2003/XP 或更高版本。

软件：Microsoft.NET Framework 2.0 以上，Windows XP/Vista/7/8，SQL Server 2003sq4、SQL Server 2005 sp4 IE6.0 以上版本。

4. 系统可行性分析

（1）技术可行性

首先，对于大多数高校而言，经过几年的建设，校园网已经相当完善，目前已覆盖了全校，为网上数据交换提供了现成的信息高速通道，为信息管理的实现打下了坚实的网络基础。同时，校园卡的应用日益广泛，深入到学校生活的各个角落，兼备银行卡、身份卡、消费卡等多种功能，一卡在手，走遍校园，成了学生在校学习、生活的必备之物。

其次，系统设计与开发将基于主流的 Windows 开发平台，采用 MVC 开发模式，模块化的动态链接库（DLL）封装技术，B/S 和 C/S 混合构架，后台数据库采用 SQL Server 2008 和 Visual Studio 开发环境，稳定且灵活，完全面向对象，有着较高的扩展性和跨平台性。后台数据库采用 SQL Server 2008，它和 C# 之间有着统一的底层接口，并且 SQL Server 2008 数据库的吞吐量很大，完全胜任海量数据的存储与访问，性能稳定可靠，完全能满足系统的要求。

（2）经济可行性

课外学分系统的开发得到了学校与有关部门的资金支持，开发所需要的硬件和软件设施能很快得到配置，从而保证了开发工作可以顺利地进行。另外，该系统的应用可减少人力物力的投入，提高工作效率以及学校教务信息化水平，具有较为深远的意义。

（3）社会可行性

使用可行性：该系统界面美观，操作简单，易于掌握。

运行可行性：该系统支持并发网络访问，系统运行对服务器要求不高，PC 机装上运行环境即可作为服务器使用。

法律可行性：该系统为学校部门内部使用，无商业运营现象，又是自主开发设计的，因此不会侵权。

（4）系统分析总结

该系统的可行性研究为深入分析系统目标、系统需求和实施条件，分别从技术、经济、社会三个方面进行了可行性调查研究和比较分析，并对项目建成以后可能取得的经济效益、社会效益及工作环境影响进行预测，从而提出此项目是否值得实施和如何进行开发的意见。

综上所述，课外学分系统在网络设施、资金设备、开发力量等方面具有较好的工作基础，系统分析和需要完全符合国家相关政策与标准，并切实取得了良好的社会效益。经调研，该项目功能设计科学合理，符合实际需求，具有一定的前瞻性、可操作性，方案切实可行，内容翔实，组织管理和运行维护有足够的保障，已经具备进行正式设计与开发的条件。

（三）系统设计

1. 数据库设计

数据库是信息系统的核心，信息系统离不开数据库，信息管理的实质就是对数据的管理，将数据库管理系统应用于信息管理，有助于信息管理的规范性、系统性、科学性，能极大地提高信息管理的效率，更好地发挥信息管理的作用。该系统数据库采用 SQL Server 2008，其优点如下。

（1）数据压缩和备份压缩

内嵌在数据库中的数据压缩和备份压缩可以更有效地存储数据，同时提高了性能、加快了备份速度、节省了操作时间。

（2）星型连接查询优化器

SQL Server 2008 查询性能采用星型连接查询优化器，通过辨别数据仓库连接模式降低了查询响应时间。

（3）最大程度地减少管理监视

监视框架管理是基于策略的新型管理框架，它通过对数据库操作定义一系列策略来简化日常维护操作，以降低成本。

（4）集成捕获变更数据

系统捕获到变更后的数据后，会将其放在变更表中，提供改进的查询功能，允许管理和修改数据。

2. 接口设计

设计开发课外学分系统与校园卡管理系统接口集成，采用共享数据中心模式，保持各业务原数据库表不变，通过触发器或者开发数据接口读取需要共享的数据，并且进行转换、汇总生成新的共享数据库。Web 服务器是一种通过 Web 部署提供对业务功能访问的技术，它成为企业相互交流信息资源的一个接口。Web 服务器可以突破服务器、网络宽带的限制，以较快的速度提供跨平台的数据服务，它最基本的目的是为各个不同平台、不同应用系统提供协同工作能力，以实现供应商与客户之间的无缝交互。

3. 系统设计与开发

（1）系统设计原则

为确保系统的建设成功与可持续发展，在系统的建设与技术方案设计时应该遵循如下原则。

①实用性和可靠性原则

信息系统的实用性是开发信息系统应遵循的首要原则，要以够用为度，并注重理论与实际相结合。

可靠性是指系统在特定的时间内、特定的环境中和条件下，无失效执行其预定功能的概率。可靠性包括硬件可靠性和软件可靠性。硬件是一种物质产品，失效的主要原因是硬件故障，可靠性主要体现在硬件设备性能的稳定上；而软件是一种逻辑产品，失效的根本原因是设计错误，软件可靠性主要体现为应用软件操作系统的稳定性和软件功能可靠、无故障及具有可操作性等。

②易扩展性和易维护性原则

扩展性原则是指在系统建设中要充分考虑未来的发展，不仅要留有充分的发展空间，还要在以后能够进行"积木式"的扩展。易维护性原则是指，系统在运行中的维护应尽量做到简单易行，维护过程中无须使用过多的专用工具，要做到在保障系统故障率最低的同时，即使遇到突发事件，也能保证数据的快速恢复。

③先进性和安全性原则

设计上重点突出"技术为业务服务"的主题，要对业务和技术进行综合考虑，在吸纳先进设计理念和丰富经验的基础上，形成具有实际特点的设计方案。系统为保障硬件的安全采用备份服务器和硬盘镜像技术等，而系统的软件安全表现在登录系统时，要通过身份验证来辨别用户，并对各级用户分配不同的权限。同时，及时修复系统漏洞，安装杀毒软件。

④易管理和复用性原则

该系统在开发过程中，采用面向对象的方法和模块化的思想，将整个系统分解为模块加以实现，这就使得系统易于管理、易于修改，其各功能模块可重复使用。

（2）系统开发方法

系统开发常用的方法有生命周期法和快速原型法，校外学分系统采用的是快速原型法。快速原型法是针对结构化生命周期法的问题提出的一种新的系统开发方法，它首先构造一个能反映用户要求、功能简单的原型，然后对原型逐步修改完善，并且精益求精，最终建立完全符合用户要求的新系统。原型就是模型，而原型系统就是应用系统的模型。

快速原型法的主要优点有如下内容。

第一，它提供了一种验证用户需求的环境，允许在系统开发生命周期的早期进行人机交互测试。

第二，它提高了系统的安全性，能减少系统开发的风险。

第三，它既可以用实例建立新系统，也适用于对旧系统的修改。

第四，它加强了开发过程中用户的参与程度，加深了用户对系统的理解。

第五，可以提供良好的系统说明和示例示范，简化开发过程的项目管理和文档编制。快速原型法的应用克服了生存周期法的不足，具有缩短开发周期、降低维护费用、适用性和可靠性强、调试容易等优点。基于快速原型法可以利用较短的时间首先开发一个平台原型，然后根据待实现的系统功能对原型进行讨论分析和修改，开发一个系统后提供给用户试用一段时间，根据用户的反馈意见对系统加以维护和完善，确定系统的框架，最终在这个框架的基础上逐步细化并详细编制各个功能模块。

（四）系统详细设计

1.服务器端

服务器端在信息系统中占据关键性的地位，决定着系统的主要功能。用户在使用系统时要首先输入正确的用户名和密码，登录服务器。

（1）用户管理

用户管理可以实现对用户的查询、添加、修改、删除等操作的管理。拥有相应权限的用户才能执行相应的操作。

用户查询：可以按用户名和姓名查询。

用户增加：单击新增按钮，输入用户名、姓名、权限即可增加用户。

用户编辑：单击编辑按钮，修改用户名、密码信息。

用户删除：单击删除按钮，直接删除用户信息。

（2）教室管理

教室管理可以实现对教室的查询、添加、修改、删除等操作。

查询入口：教室编号、教室名称、教室地点。

查询结果：教室 ID、教室编号、教室名称、教室地点、说明（以表格显示）。

教室添加：点击编辑教室 ID 为 0 的表格第一行可添加教室，添加教室时教室编号（必须为教室表存在的教室编号）、教室名称、教室地点、教室说明也都必须填写。

教室编辑：除表格第一行 ID 为 0 的项外，点击编辑其他表格均可做更新操作，修改项可为教室名称、教室地点、教室说明。

（3）终端管理

终端管理可以实现对终端的查询、添加、修改等操作。

查询入口：终端 ID、教室编号、终端 IP、教师名称。

查询结果：终端 1D、教室编号、教师名称、终端 IP、终端说明。

终端添加：点击编辑终端 ID 为 0 的表格第一行可添加终端，添加终端时教室编号（必须为教室表存在的教室编号）、终端 IP（IP 不可重复添加）、终端说明都必须填写。

终端修改：除表格第一行 ID 为 0 的项外，点击编辑其他表格均可做更新操作，修改项可为教室编号（必须为教室表存在的教室编号）、终端 IP（IP 不可重复添加）、终端说明。

（4）讲座管理

讲座管理可以实现对讲座的查询、添加、修改、删除等操作。

查询入口：讲座编号、讲座名称、主讲人、教室编号、教师名称、开始时间。

查询结果：讲座编号、讲座名称、主讲人、教师编号、教室名称、开始时间、结束时间、权重、主题图片、讲座说明（以表格显示）。

讲座添加：点击添加讲座，进入添加讲座页面，输入讲座名称（讲座名称不可重复）、主讲人、教室编号（必须为教室表存在的教室编号）、讲座时间、权重、讲座说明（限 200 个字符）、选择讲座日期、主题图片（图片格式必须为 bmp、png、gif、jpg、jpeg），点击更新即可添加该讲座。

讲座修改：点击表格内编辑，进入编辑讲座页面，编辑讲座名称（讲座名称不可重复）、主讲人、教室编号（必须为教室表存在的教室编号）、讲座时间、权重、讲座说明（限 200 个字符）、讲座日期、主题图片（图片格式必须为 bmp、png、gif、jpg、jpeg），点击更新即可更新该讲座。

（5）签到管理

签到记录可以实现对签到数据的查询操作。

查询入口：学工号、物理卡号、校园卡号、姓名、签到时间、终端 ID、教室编号、讲座名称。

查询结果：签到流水号、物理卡号、学工号、校园卡号、姓名、单位、签到时间、退出时间、终端 ID、教室编号、教室名称、讲座编号、讲座名称、是否有效（表格显示）。

（6）项目管理

项目统计可以实现对项目的查询、添加、修改、删除操作。

查询入口：项目编号、项目名称、建立时间。

查询结果：项目编号、项目名称、建立时间、说明（表格显示）。

项目添加：表格第一行项目编号为 0 的点击编辑可添加项目，项目名称、项目说明必须填写，项目建立时间默认为当前时间。

项目修改：除表格第一行 ID 为 0 的项外，点击其他编辑均可做更新操作，编辑录入项目名称（项目名称不可重复）、项目说明，点击更新即可更新该项目。

（7）项目讲座管理

项目讲座管理可以实现对项目讲座关系的查询、添加、修改、删除等操作。

查询入口：项目编号、讲座编号、讲座名称、项目名称、教室编号。

查询结果：关系流水号、项目编号、项目名称、讲座编号、讲座名称。

项目添加：点击编辑项目编号为 0 的表格第一行可添加项目讲座关系，添加时项目编号、讲座编号必须录入。

项目修改：除表格第一行 ID 为 O 的项外，编辑录入项目编号，讲座编号（同一个讲座内，讲座编号不可重复），即可更新该项目讲座关系。

2. 客户端

客户端通过与校园卡对接，引用 RFID 技术，实现通过读写器下载会议、读取信息、识别身份、显示会议、用户信息等操作。同时，读卡签到、上传流水供后台服务器统计数据。

（1）初始化读写器

运行系统后，先检测读写器的状态，如是否有读写器、连接是否正常、是否已驱动。如果初始化成功，读写器绿灯亮，则表示读写器工作正常；否则，则表示读写器有故障，有可能是连接问题，也有可能是驱动问题。

（2）初始化会议

读写器初始化成功后，开始初始化会议，界面会显示当前时间、教室编号、终端编号、教室名称等信息。此时，各个参数一一对应，可以判断四个参数设置是否正确，会议设置是否正确。

（3）下载会议

初始化会议成功后，如果会议对话框没有当前会议，说明当前会议没有下载，点击下载信息按钮，系统会加载会议，会议名称将出现在会议对话框，双击会议名称后即可进行身份识别、签到，此时系统显示当前会议名称，左边是会议主题图片，右边是签到者的照片、姓名、学工号，还有签到时间、签到人数、上传流水等信息，此时，可以通过读写器进行刷卡签到。

（4）识别签到

该系统集成与校园卡对接，采用 RFID 技术，利用 RFID 射频读写器读取校园卡信息，刷卡信息读取成功后，读写器会发出"嘀"的一声，同时，读写器上显示刷卡人的姓名，系统上也会显示刷卡人的个人信息。

刷卡时，读写器先读取卡片的物理卡号，然后对数据库中的对应学号进行本地数据查询，如果本地存在该学生的信息，则直接从本地读取该学生的信息，显示学生头像、姓名、学工号等。如果本地不存在该学生的信息，则通过调用 Web Service 查询服务器端，若该学生存在，则从服务器下载该用户信息，将记录添加至客户端，并且增加当前会议人数，否则界面会显示该卡无效或该用户不存在。

（五）系统测试与实施

1. 系统测试

（1）测试目的

软件测试是为了系统地找出软件中潜在的各种错误和缺陷，能够证明软件的功能和性能与需求说明相符合，获取系统在可接受风险范围内可用的信息，同时，尝试在非正常情况和条件下的功能和特性，在测试过程中可以尽早检测错误，提供预防或减少可能制造错误的信息，并且提前确认解决这些问题和风险的途径。

（2）测试方案

在该系统中，测试主要采用基于功能和性能的黑盒测试方法，同时，在软件开发的每个阶段分别进行单元测试、集成测试、系统测试和验收测试，以保证系统在投入运行前，尽可能多地发现 bug 并及时处理，避免系统在实际运行中出现问题。

（3）测试用例

测试用例是测试内容的一系列情景和每个情景中必须输入和输出的数据，而对软件的正确性进行判断的测试文档。

测试用例的要素包括测试用例编号 ID、测试用例标题、测试的模块、测试输入条件、期望的输出结果、其他说明等。

2. 系统实施效果

该系统安装方便，操作简单。在本地计算机安装 .net framework 2.0 以上框架后，解压程序，在配置文件（Exe.Config）中配置终端号、教室 IP、教室编号、读写器 COM 端口号四个参数。为了保证系统安全性，实现指定教室、指定会议签到，采用四个参数一一对应。同时，电脑必须联网才能下载会议，实现身份识别、签到，否则，系统会提示会议下载不成功。此系统不仅可以作为一种签到终端用于课外学分统计，还可应用于毕业生招聘会、学校干部培训会等多种会议签到。该系统实现了课外学分统计管理、身份识别、签到等功能的统一管理，为教务管理人员提供了一个便捷的工具，为教师和学生提供了一个公开透明的数据环境，在投入试运行的初期，发现了部分程序上和数据上的错误，然后一一解决。在不断地改进和纠正之后，系统运行稳定、统计准确，大大节省了工作人员的工作强度，特别是在签到、统计、打印报表方面起到了重要作用，显著提高了工作效率，节省了财力、物力，有力地促进了校园信息化、网络化办公的建设。

四、高校课外学分实施的实践

目前，关于课外学分的理论研究基本上还处于空白，有部分高校如西安交通大学、广州大学、长春大学等学校进行了课外学分制度的实践，但课外学分涉及面广，考核难度大，前大多数高校的课外学分界定与设置缺乏一定的科学性和系统性，因此，有必要从理论和实践两个方面来论证和构建课外学分制度的实施与管理体系。

（一）高校课外学分的研究

相关高校根据理工科高等院校专业人才培养方案的特点和学分制教学管理模式的内涵，以落实教育部"教学改革与教学质量工程"，推动高等教育教学改革与发展为主线，依据学校"厚基础、宽口径、善创新、高素质"的本科人才培养思路，按照培养具有强烈社会责任感和时代使命感，适应经济社会和科技发展需要，"适应能力强、实干精神强、创新意识强"的高级专门人才的要求，实施课外学分管理的研究与改革。按照边研究、边改革（实践）、边完善、边建设的方法，由局部到整体、由部分到全面地组织、滚动实施了有关改革措施，逐步实现改革的系统化，构建高校人才培养的新模式。

1.以观念更新为先导，进行课外学分实施与管理的研究

课外学分实施与管理要以终身教育、素质教育、创新教育等教育观念为指导。现代科学技术发展突飞猛进，知识更新周期缩短，市场经济条件下的

职业变动频繁，高等教育要将一次性教育观念转变为终身教育观念，必须树立融传授知识、培养能力与提高素质为一体的素质教育观念，在提高学生科学素质、业务素质的同时，要培养学生的文化素质和身心素质。课外学分的实施与管理要以全面提高学生的基本素质为目的，尊重学生的主体意识和主动精神，以巩固学生的基本知识、基本理论和基本技能为目的，以挖掘教育的深层内容，培养学生应用知识发现问题、分析问题、解决问题的能力，以开发学生的潜能、激发学生的想象力和创新意识为根本点。

2. 以三大关系的探讨为核心，探讨课外学分实施办法的制定

（1）课内与课外的关系

对于在校大学生来说，课堂教学和实践性教学环节是获取知识、培养能力、提高科学文化素质的首要途径，而课外活动则是课内学习和实践的延伸和拓展。课外学分的设置必须以课堂教学为基础，以理论教学和实践教学带动课外活动，以课外活动促进理论教学和实践教学改革。没有理论教学基础和实践性教学环节的磨炼，课外学分的设置就会成为无源之水、无本之木。而过分强调课外学分和学生的"兴趣"，也可能会荒废课程学习。因此，课堂教学与课外活动、课内学分与课外学分必须有机结合、统一规划、精心设计。

（2）数量与质量的关系

在处理课外学分的数量与质量两者的关系时，必须坚持质量标准。只有强调"质"的标准，才能实现课外学分的导向作用，才能吸引和鼓励学生投入课外的学习与创造活动；而"量"的标准，则主要通过科学设置课外学分项目来实现。

（3）个性发展与团队精神的关系

人才培养方案强调课程教学的统一性和培养规格的一致性，但这并不排斥学生的个性发展。课外学分为学生提供了个性发展的空间和施展个人才能的舞台，也并不等于削弱了集体观念和团队精神。

3. 以分类、分级、严格考核为原则，研究课外学分实施与管理体系的构建

（1）分类管理的原则

对于不同类别的课外学分，高校将由相应的管理部门实行分类认定。例如，科技创新活动、学术科研、学术论文、资质或资格培训主要由学生所在学院认定；专利技术主要由科研处认定；学科竞赛、科技竞赛主要由竞赛承办部门认定；体育竞赛及水平测试主要由相应的课程归属部门管理；校园文

化活动和社会工作或社会实践活动主要由学生工作部门管理；美育活动由艺术与设计学院管理；教务管理部门负责学生课外学分的汇总与审核等。

（2）分级设置的原则

事实上，不仅不同类别的课外学分的内涵及难易程度有很大的不同，而且同类别的课外学分也有层面的不同与难易的差别。所以课外学分的管理与设置应当采用分级分层的原则。

（3）严格考核的原则

严格考核不仅能体现公平性，也能体现课外学分的价值。为此，在课外学分的设置过程中要严格把关，执行申报、论证、审批制度，防止课外学分的泛化。同时，在课外学分的考核过程中必须严格把握考核质量。

4.构建创新高效、责权明确、目标清晰、协同有序的课外学分实施与管理体系

在实施体系的构建上，高校应坚持全面素质教育的观念和"以人为本、求是创新、强化特色、协调发展"的办学思路，以人才培养为根本，以教育质量为生命，按照"厚基础、宽口径、强能力、高素质、善创新"的要求，构建了高校课外学分实施与管理体系。学生应从思想道德素质、科学素质、人文素质、身心素质的教育要求出发，通过参加各种活动，包括各类竞赛、科技、科研、文艺、体育、学生社团、社会实践等大约几十个种类的课外实践活动获得课外学分。学生可以根据自己的兴趣爱好、特长，自主选择参加某些活动，经过努力达到一定的要求或标准后，获得相应的学分。根据活动类别的不同，每参加一项活动所得学分从 0.5 ~ 8 分不等，课外学分同课内学分在每学期同时录入学生成绩单，进入学籍档案。学生在大学学习期间，课外学分累计积满规定学分者，方允许毕业。除学校规定的课外活动外，学生也可以自己选择其他活动或集体自行组织的活动，经申请批准并核定标准后，学校对所获学分予以承认。

在管理体系的构建上，高校应依照"职能明确、分工合理、团结协作、富有成效"的原则，与有关职能部门、学院以及其他校内外有关单位共同制定出一整套开展课外活动的实施方案及相应的管理试行办法，对相关活动的实施与学分认定提出明确的管理办法与认定办法，这将进一步规范课外学分的认定和管理。

（二）高校课外学分研究的实践特色与发展

1. 实践特色

第一，突出学生在学习中的主体地位，提出以学生发展为中心的观点，发挥学生的学习主动性，并将此作为认定课外学分的一个重要标准，从观念和行动上向传统的教师中心论和课堂中心论发出挑战。

第二，把学校教育资源向学生的开放作为人才培养模式改革的一个重要的相关措施，为学生根据自己的兴趣爱好进行自主学习创造良好的条件。

第三，把课外学分实施管理办法的改革体系化，建立起以分类、分级、严格考核为原则的课外学分实施与管理体系，使课外学分实施与管理的各个方面更加系统化、科学化。

第四，依据学校特点和本科人才培养思路，制定《高校课外学分实施办法（试行）》，使培养出来的学生具有强烈的社会责任感和时代使命感，以更好地适应社会需要。

2. 发展前景

课外学分实施与管理是探索性、实践性、发展性很强的工作，需要不断地依据实际情况进行修订、更改和发展。

第一，课外学分应体现分类指导的原则，并具有可操作性。首先要研究如何分类制定课外学分实施标准，其次课外学分如何分类更具有科学性、如何体现分类指导的原则、如何更具有针对性和可操作性都是需要进一步研究的。

第二，课外学分的研究要贯彻"实践、认识、再实践、再认识"的原则。该项目成果是在其他高校课外学分研究与实践基础上上升到理性认识，总结出的课外学分实施办法，这是一个阶段研究成果。该研究下一步重点应转入阶段研究成果在指导实践应用工作上的作用，取得实践课外学分实施办法的感性认识，进一步完善其科学性和可操作性，促进其达到预期的效果。

第三，课外学分实施办法应形成定期的修改制度。应通过对课外学分管理制度的不断充实和完善来促进人才培养质量的不断提高；应建立定期完善、规范相关文件的清理、修改制度；应及时吸收、深化高等教育、素质教育改革的成果，丰富、充实和修改相关内容。

第四，发扬实事求是的学术科技精神，把课外学分管理制度建设成培养青年学生追求科学、探索真知的孵化器。继续积极引进新的课外学分管理机制，加大创新力度，使大学生课外活动在层次上继续提升、在质量上继续提高、在影响上继续扩大。

第五，进一步加强理论研究，提高对课外学分管理制度在大学教学管理体系中重要地位的认识，完善各种配套措施，促进高素质人才培养模式改革的体系化、科学化、系统化和制度化，努力为大学生的全面发展和综合素质的提高创造良好的条件。

参考文献

[1] 林榕.大数据背景下高校教育管理信息化发展与创新研究 [M]. 长春：吉林大学出版社，2019.

[2] 李晖.国防特色高校档案管理与信息化建设 [M]. 哈尔滨：哈尔滨工程大学出版社，2019.

[3] 吕浔倩，刘彬.信息化高职教育教学管理研究 [M]. 西安：西北工业大学出版社，2019.

[4] 杨大鹏，马亚格，罗茗.高校学生工作管理创新研究 [M]. 北京：北京理工大学出版社，2019.

[5] 芶生平，王存喜，李丽娟，等.高校公寓管理服务的探索与实践 [J]. 成高校后勤研究，2018（Ao1）：6.

[6] 关洪海.高校教育管理与创新实践研析 [M]. 北京：冶金工业出版社，2019.

[7] 唐燕.高校教育信息化教学资源建设改革思路与对策 [J]. 广西教育学院学报，2019（1）：4.

[8] 左婷婷.高校档案公共服务与信息化管理 [M]. 长春：吉林出版集团股份有限公司，2018.

[9] 刘慧君.我国高校外语教育信息化政策研究 [M]. 长沙：湖南大学出版社，2018.

[10] 尹新，杨平展.融合与创新 高校教育信息化探索与实践 [M]. 长沙：湖南科学技术出版社，2018.

[11] 朱楠，王硕鹏.基于"互联网＋大数据"的高校就业信息化建设 [M]. 长春：吉林人民出版社，2018.

[12] 赵洁.高校图书馆信息资源建设研究 [M]. 北京：海洋出版社，2018.

[13] 黄贤明，梁爱南，张汉君."互联网＋"背景下高等教育信息化的改革与创新研究 [M]. 长春：东北师范大学出版社，2018.

[14] 苏亚涛.高校信息资源管理研究 [M]. 合肥：合肥工业大学出版社，2017.

[15] 董波.高校体育管理研究 [M]. 西安：西安交通大学出版社，2017.

[16] 王洪东.高校学生事务信息化管理研究 [M]. 昆明：云南科技出版社，2017.

[17] 胡飒，奚冬梅.高校思想政治教育教学与实践研究 [M].北京：光明日报出版社，2017.

[18] 班秀萍，叶云龙.全面质量管理与高校人才培养 [M].长春：东北师范大学出版社，2017.

[19] 肖博.数字化校园探索与信息化管理能力评估 [M].北京：国防工业出版社，2017.

[20] 褚蝶花，黄丽芳，朱丽娜.教育管理与教学艺术 [M].北京：中国原子能出版社，2017.

[21] 陈虹，孟梦，李艺炜.新媒体视角下的高校思想政治教育创新研究 [M].天津：天津社会科学院出版社，2017.

[22] 李熙.互联网＋时代高校学生管理模式的转变及创新 [M].长春：东北师范大学出版社，2017.

[23] 张喜华，郭平建.信息化背景下大学英语教学改革研究 [M].北京：北京交通大学出版社，2017.

[24] 王新峰，盛馨.信息化思维下的高校学生管理 [M].长春：吉林文史出版社，2016.

[25] 郭亦鹏.高校教学管理信息化建设 [M].长春：吉林大学出版社，2016.

[26] 段艳兰.信息全球化背景下的高校思想政治教育 [M].长春：吉林大学出版社，2016.

[27] 乜勇，傅钢善，张首军.2016 年教育信息化发展研究 [M].西安：西北工业大学出版社，2016.

[28] 王忠政.信息技术与地方高校本科教学深度融合的研究 [M].广州：暨南大学出版社，2016.

[29] 娄成武，史万兵.教育经济与管理 [M].北京：中国人民大学出版社，2004.